WALTER
Reiseführer

Dieser Walter-Reiseführer ist ein kultiviertes Buch für kultiviertes Reisen in ein kultiviertes Land. Der Autor mit seiner Sichtweise und seinen Vorlieben ist überall im Text anwesend und versteckt sich nicht hinter Sachinformationen, aber er ersetzt auch nirgendwo Sachkenntnis durch flotte Sprüche. Er respektiert das Gebiet, über das er schreibt, indem er präzise schreibt. Er will den Spaß, den die Region ihm gemacht hat, mit dem Leser teilen. Der Text beginnt mit einem Blick vom Hafen von Antibes auf die Côte d'Azur. Es geht dabei nicht nur um Liebe, sondern um genaues, kritisches Sehen, wie es uns die Maler an dieser Küste lehrten. Es folgt eine Reihe kleiner Kapitel – so informativ wie Lexikonartikel, so vergnüglich wie Essays – über Land und Meer, Klima und Menschen, über Tiere und Pflanzen und die Kultur im weitesten Sinne. Schwerpunkt im zweiten Teil des Bandes sind Rundreisen zwischen Menton und Cannes; anders als viele andere Autoren fixiert Karl Heinz Götze seinen Blick aber nicht nur auf die Küste: er behandelt die gesamte Region bis zu den Spitzen der Seealpen, denn die Küste allein ohne das Hinterland wäre fad und reizlos. Ein weiteres Kapitel führt schließlich in die Gegend westlich der «klassischen» Côte über Saint-Tropez bis Toulon.

Karl-Heinz Götze, *Dr. phil., Jahrgang 1947, ist Literaturwissenschaftler und hat Bücher über den Vormärz, über Heinrich Böll, Wolfgang Koeppen und Peter Weiss veröffentlicht. Daneben arbeitet er als Literaturkritiker und macht Fernsehfilme über Gegenwartsliteratur. Er lebte acht Jahre als Lektor der Universität Nizza an der Côte d'Azur.*

Karl-Heinz Götze
Côte d'Azur

Walter-Verlag Olten und Freiburg im Breisgau

Text und Fotos Karl-Heinz Götze (Foto S. 277 Willi Hetzar)
Karten und Pläne: Huber Kartographie, München
Umschlagbild vorn: Der Hafen von Antibes
Umschlagbild hinten: Blumenhändler in Nizza

Verlag und Autor (und die Leser späterer Auflagen) sind den Benützern dieses Führers für Anregungen, Ergänzungen und Korrekturen jederzeit dankbar. Zuschriften erbeten an Walter-Verlag, Lektorat, CH-4600 Olten.

1. Auflage 1989

Alle Rechte vorbehalten
© Walter-Verlag AG Olten
Gesamtherstellung in den grafischen Betrieben des Walter-Verlags
Printed in Switzerland

ISBN 3-530-27440-2

Inhalt

(Die eingestreuten Zwischentexte sind am Schluß
des Inhaltsverzeichnisses zusammengefaßt.)

9 Was heißt hier Côte d'Azur?
Ein Literat erfand den Namen 9
Küste und Hinterland 11
Impressionistische Impressionen 14
Auf den ersten Blick 15

23 Land und Meer
Steinböcke und Skistationen: die oberste Etage 23
Die Bewohner ziehen aus: das mittlere Stockwerk 24
Alle drängen sich im Parterre: die Küste 29

32 Das Leben «auf der Straße»: Warum das Klima angenehm ist
Lage, Temperaturen, Regen, Winde 32
Wann ist es am schönsten? Die Reisezeiten 36

38 Zwischen Ölbaum und Palme: die Pflanzenwelt
Die Côte d'Azur – ein Gewächshaus 38
Botanische Gärten 41
Pinien und Olivenbäume 42

46 Landebahnen oder Flamingos? Die Welt der Tiere

48 Aus dem Schatten zu plötzlichem Glanz: die Geschichte
Frühe Spuren 48
Griechen und Römer 51

Inhalt

Am Rande der Geschichte 55
Aschenputtel und die Königssöhne: der Aufstieg durch
den Tourismus 61

64 «Und wovon leben die Leute hier?»: Bevölkerung und Wirtschaft
Die Krise findet im Norden statt 64
Vielerlei Zuwanderer 65
Wirtschaftszweige und Mentalitäten 67

75 Romanische Schlichtheit, barocke Pracht und die Mischung der Belle Epoque: die Architektur
Wenig «große» Baudenkmäler 75
Romanische Schlichtheit 76
Barocke Kirchen und wehrhafte Dörfer 89
Die «Folies» der Belle Epoque 91

95 Die Küste der modernen Malerei
Die Museen machen die Sinne hungrig 95
Picasso und der Bäcker Bianco 98
Die «Primitiven» von Nizza 100
Mit parfümiertem Handschuh: die Malerei der Van Loo
und Fragonard 103
Alle kamen, und alle fanden ihren Ort: vom Impressionismus
zur klassischen Moderne bis in die Gegenwart 104

108 Bouillabaisse und Estocaficada: Essen und Trinken
Wer sucht, der findet 108
Das Meer im Topf 109
Was Sie unbedingt kosten sollten 113
Und der Wein dazu? 120

122 Feste feiern und Festivals zelebrieren
Die Spreu vom Weizen trennen 122
Traditionelle Feste... 124
...und moderne Spektakel 126

Inhalt

133 Sport und Spiele
Es rollen die Kugeln: Boule und Roulette 133
Strandleben 137
Von Angeln bis Wandern 139

142 Nizza: die Hauptstadt der Côte d'Azur
Vom Meer her gesehen: die Promenade des Anglais 142
Rundblick vom Schloßberg 148
Das Herz Nizzas: die Altstadt 161
Jenseits des Paillon: die Neustadt 167
Römer, Mönche, Maler und wohlhabende Wintergäste: Cimiez 170

179 Die Côte d'Azur ist nicht nur Küste: Ausflüge ins Hinterland
Am Meer entlang: Spaziergang vom Nizzaer Hafen aus 179
Auf die küstennahen Gipfel: Aspremont, Mont-Cima und Mont-Chauve 180
Fromme Volkskunst: Notre-Dame-de-Laghet 184
Auf den Spuren der Pilger und Rallyefahrer 187
Über die Salzstraße ins Tal der Wunder 191
Von Nizza nach Digne mit dem Pinienzapfenzug 203

206 Zwischen Nizza und Monaco: die drei Corniches

213 Puppenstube mit Hochhäusern: Monaco

224 Angenehm extrem: Menton

232 Zwischen Promenade des Anglais und Croisette: die westliche Côte d'Azur
Alte Dörfer auf sanften Hügeln: Cagnes und Biot 232
Die Freude am Leben: Picasso in Antibes 238
Tonkunst: Vallauris 254
Heilige und Filmstars: Cannes 258

Inhalt

267 Von Saint-Raphaël bis Toulon

Was den westlichen Teil der Küste von der klassischen
Côte d'Azur unterscheidet 267
Unter dem Strand die Geschichte: Saint-Raphaël und Fréjus 271
Elemente eines Mythos: Saint-Tropez 279
Die blühenden Inseln der Côte d'Azur und ihre
Waffenschmiede: Hyères und Toulon 286

292 Am Fuß der Berge: von Grasse bis Saint-Paul-de-Vence

Wohlgeruch: Grasse 292
Eine lange Geschichte: Vence 300
Zusammenschau: Saint-Paul-de-Vence und
die Fondation Maeght 307

311 Noch mehr nützliches Wissen

Zeittafel 311
Mini-Sprachführer 314
Literaturhinweise 319

321 Informationen und praktische Tips von A bis Z

337 Register

Zwischentexte

Die Riviera 26
Wie warm ist's an der Côte? 34
Schatten 40
Sommernacht 68
Die Farben im Süden 101
Der Spazierweg der Engländer 164
Der Nationalpark Mercantour 201
Wie sich die Zeiten ändern... 218
Wo Italien beginnt... 229
Cannes und das Estérel 257
Besuch bei den Sträflingen in Toulon 288

Was heißt hier Côte d'Azur?

9 *Ein Literat erfand den Namen*
11 *Küste und Hinterland*
14 *Impressionistische Impressionen*
15 *Auf den ersten Blick*

Ein Literat erfand den Namen

Vor gut 100 Jahren hatte der französische Schriftsteller *Stephen Liégeard* bei der Suche nach einem geeigneten Titel für sein Buch über die südfranzösische Mittelmeerküste eine Idee, die ihn unsterblich machte. Er nannte das Buch **La Côte d'Azur** und hat damit einer Landschaft für immer ihren Namen gegeben.

Man sollte diesen Namen nicht übersetzen. Als «Blaue Küste» verdeutscht wird ihm der Glanz genommen, denn es ist nicht die Farbe allein, um die es geht, obwohl das Mittelmeer als das «blaueste» europäische Meer erscheint. Henri Matisse, der zur Erholung nach Nizza kam und sich am ersten Morgen nach seiner Ankunft kaum zu fassen wußte vor Glück über das Januarlicht, das in sein Zimmer drang, Matisse, der sich an der Côte ansiedelte und ihre Farben nachzuschaffen verstand wie kein anderer, der stellte gleichwohl fest: «Das ist ein Land, wo das Licht die wichtigste Rolle spielt, erst danach kommen die Farben.»

Der Name Côte d'Azur

Im Namen der Côte d'Azur schwingt dieses Licht als Glanz mit. *Azur* nannte man im Mittelalter den kostbaren blauen Lapislazuli, *Azur,* das läßt an die Unendlichkeit eines durch nichts getrübten blauen Himmels denken, einen Ort real gewordener Sehnsüchte nach dem Unbekannten. «Oh Himmel, strahlender Azur/enormer Wind die Segel bläht», reimte der junge Brecht, längst bevor er als Flüchtling an die südfranzösische Mittelmeerküste verschlagen wurde.

Liégeard fand für einen Eindruck, ein Gefühl, eine Sehnsucht einen Begriff und brachte Phantasie zum Schwingen. Eindrücke, Gefühle und Phantasien kennen keine scharf umrissenen Grenzen, deshalb ist der Begriff Côte d'Azur auch geographisch keineswegs scharf umrissen. Liégeard faßte unter dem Begriff die gesamte Mittelmeerküste zwischen Genua und Marseille zusammen. Italien war kaum Staat geworden, die Grafschaft Nizza gehörte erst 18 Jahre zu Paris statt zum Haus Savoyen, das in Turin residierte. Da bedeutete die Grenze zwischen Frankreich und Italien noch nicht viel. Für uns heute aber hört die Côte d'Azur bei **Menton** auf, und die italienische Riviera, die *Riviera dei Fiori* beginnt. Sie hat freilich landschaftlich und kulturell mit ihrem französischen Gegenstück manches gemeinsam. Das ehemalige Fischerdorf Menton begrenzt die Côte im Osten, das Meer bildet die südliche Grenze, die Alpen sind die nördliche; die westliche und nordwestliche hingegen ist durchaus nicht eindeutig und dies um so weniger, als auch die benachbarte *Provence* durchaus keine territorial fest umrissene Größe bezeichnet. Der *Petit Robert,* das kanonische französische Wörterbuch, dekretiert knapp: «Côte d'Azur – zwischen Toulon und Menton». Eine nicht minder angesehene französische Institution, das Gremium der Kartographen von Michelin, läßt die *Côte* schon **hinter Cannes** enden.

Küste und Hinterland

Faßt man den Begriff nicht geographisch, sondern von der Bau- und Lebensweise her, wird die Sache auch nicht klarer. *Jean Giono,* der Dichter der bäuerlich-kargen *Haute-Provence,* sprach verächtlich von der *Côte* mit ihren Appartementbauten, nannte sie «vulgäre Aufbewahrungsorte für Pinguine», verklagte das Meer «dieses schreckliche Sandpapier, das Felsen, Leiber und Seelen abschabt». *Alexandre Vialatte* bringt den Gegensatz zwischen dem provenzalischen Binnenland und der Küste auf eine knappe Formel: «Die Provence bringt den Mondschein hervor, die Côte d'Azur läßt ihn sich bezahlen.» An dieser Kulturkritik ist gewiß vieles richtig, denn der Lebensstil der Küste hat die bäuerliche Architektur zerstört, die Mentalitäten geändert, alte Werte zersetzt und den Wert des Geldes an deren Platz gesetzt. Nur ist das eben nicht spezifisch für den Küstenstreifen, während das Hinterland völlig davon verschont wäre. Auch die Haute-Provence um Gordes oder Gionos Manosque weiß nun den Mond zu vermarkten, wie denn auch Giono verbittert am Ende seines Lebens feststellen mußte.

Nein, statt von der Küste oder vom Hinterland her den völligen Gegensatz zwischen beiden zu betonen, möchte ich gerade dafür werben, beides zusammen zu sehen, beides zusammen zu erschließen: Wer nur in dem schmalen Landstreifen zwischen Meer und Autobahn bleibt, der bringt sich um das Erlebnis einer Region, die erst im Gegensatz zur Einheit wird, wer nur aufs Hinterland schaut, dessen karge, verschlossene Welt öffnet nie ihren Horizont.

Der Begriff *Côte d'Azur,* so wie ich ihn in diesem Führer verwende, ist also im wesentlichen identisch mit dem **Département Alpes Maritimes** (Seealpen), dessen Westgrenze im *Esté-*

Eine Küste, die Jugend und Schönheit vergöttert. Mädchen auf der Place de Frêne in Vence

rel-Gebirge zwischen Cannes und Saint-Raphaël/Fréjus verläuft, aber das Hinterland bis zu den Alpenpässen einschließt. Dafür spricht mehr noch als die administrative Einteilung, die nicht von besonderer Bedeutung ist, da die Départements in Frankreich weder die Größe noch die relative Autonomie der Länder in der Bundesrepublik haben, die Geographie und Sozialgeographie unserer Region: *die Region von Menton bis Cannes* wächst immer mehr zu einer Einheit zusammen und wird gewiß in nicht allzu ferner Zeit im ersten Moment als eine zusammenhängende Stadt empfunden werden. Das unwegsame und bis auf einige Ferienorte wenig besiedelte *Estérel-Gebirge* schließt diesen Raum westlich ab: seine charakteristische Silhouette sieht man von allen hohen Aussichtspunkten der Côte am Horizont. Am Estérel-Gebirge, das die Reisenden noch im 19. Jahrhundert aus Angst vor Räubern umgingen, verläßt auch heute die Autobahn den Küstenbereich und weichen die wichtigsten Straßen ins Binnenland aus. Hinter dem Estérel beginnt eine Reihe kleinerer Badeorte des Var, die aber weder wirtschaftlich noch geographisch eine Einheit mit dem Zentrum der Côte um Nizza bilden. Das gilt noch mehr für *Toulon* mit seiner Abhängigkeit von der französischen Kriegsmarine und natürlich längst schon für *Marseille,* das – obgleich ebenfalls wunderbar am Mittelmeer gelegen – in mehr als einer Hinsicht gerade den Gegenpol zum Leben an der Côte bildet.

Die Côte, das ist also im Kern ein Küstenstreifen, der 130 Kilometer lang ist, folgt man den Windungen der Küste, aber nur 75 Kilometer in der Luftlinie, sowie ein Hinterland, das ungefähr ebensoweit nach Norden reicht.

Es ist nützlich, zunächst einmal grob den Raum zu umreißen, von dem die Rede ist, aber ich halte mich im folgenden natürlich nicht strikt an die Departementsgrenzen: unser Blick wird auf den Markt im italienischen *Ventimiglia* ebenso fallen wie auf das selbständige Fürstentum *Monaco,* Ausflüge führen uns bis in die *Haute-Provence.*

Überhaupt sind Reisen und sind Reiseführer in den Süden nicht gerade die Orte für Konsequenz: Sosehr dieser Reiseführer auch dafür zu werben versucht, daß Küste und Hinterland als Einheit verstanden werden, so groß mir auch der Unterschied zwischen der Region um Nizza und der um Saint-Tropez oder gar um Toulon zu sein scheint – auch derjenige, der sich für die Küste zwischen Cannes und Toulon interessiert, die wir aus lange erwogenen Gründen nicht zur klassischen «Côte» rechnen möchten, findet in diesem Führer Begleitung für seine Reiseroute.

Reiseführer sollten ihre Meinungen haben, aber es ist wohl nicht ihre Aufgabe, über Reiserouten zu entscheiden. Wenn es wirklich nur die Küstenstraße sein soll: Warum nicht?

Impressionistische Impressionen

Auch wenn man in alle Richtungen ausgreift, bleibt die Côte doch ein relativ kleines Gebiet. Findet man einen geeigneten Aussichtspunkt, sucht und sieht genau hin, kann man es weitgehend überblicken.
Es gibt viele solcher Orte, von denen aus sich eine Übersicht über das Ganze gewinnen läßt. Der Perspektivreichtum gehört zu den schönsten Qualitäten dieser Landschaft. Meist sind es Berge, die diese wunderbaren Über-Blicke erlauben. Wir richten aber von der Küste, vom Meer her die ersten Blicke auf «unsere» Region. Als Standort schlage ich die mächtigen Befestigungsmauern am Hafen von **Antibes** vor. Nehmen wir gutes Wetter und klare Sicht an, lassen wir das klare Nachmittagslicht eines Januartages leuchten.
Das Bild, das Sie jetzt sehen, hatte **Claude Monet** vor sich, als er sich von Januar bis Mai 1888 in Antibes aufhielt. Er hat es in vielen Varianten auf 36 großen Leinwänden festgehalten, mit denen die Côte in gewisser Weise in die moderne Kunst eintritt, mit der ein einmaliges Verhältnis zwischen der Kunst der Moderne und ihrer bevorzugten Region beginnt. Es wäre nicht unangemessen, unsere Reise mit einem Blick auf Monets Gemälde *Antibes, Antibes von la Garoupe gesehen* oder *Antibes im Nachmittagslicht* zu beginnen, denn sie zeigen in anschaulicher Reduktion immer wieder das, was dort wichtig ist: «Ich male die Stadt Antibes, eine kleine befestigte Stadt.

Ganz von der Sonne überglänzt, hebt sie sich von den schönen blau- und rosafarbenen Bergen und der ewig schneebedeckten Alpenkette ab.»

Das Meer erwähnt Monet nicht, so selbstverständlich ist es auf allen Bildern vertreten. Nehmen wir noch die Olivenbäume dazu, so ist das beschrieben, was ihn in dieser Gegend vor allem interessierte. Mit Bildern zu beginnen, wäre auch deshalb eine glückliche Wahl, weil Bilder uns in diesem Buch noch häufiger leiten werden, und weil dieses Verfahren zugleich bewußt machen würde, daß die Côte keine Landschaft ist, die man entdecken kann, als hätte man noch keine Bilder und Vorstellungen von ihr im Kopf. Jeder, der zum erstenmal dorthin kommt, bringt seine Bilder schon mit. Im Gegensatz zu vielen anderen wichtigen Kunstwerken, die in dieser Region entstanden und zu sehen sind, befinden sich aber Monets Ölbilder von Antibes in den USA und können so dem Besucher der Côte nicht als Cicerone dienen. So müssen wir den Überblick doch selbst suchen. Aber in diesem Landstrich ist es ein Vergnügen, seinen eigenen Augen zu trauen.

Auf den ersten Blick

Wir stehen in Antibes auf der östlichen Seite einer Halbinsel, deren Spitze einige Kilometer entfernt liegt. Der Hafen schmiegt sich in die geschützte Beuge zwischen Küstenlinie und Halbinsel. Aber zunächst sehen wir nicht auf den Hafen, sondern auf die Bucht. Vor uns liegt kobaltblau die *Baie des Anges,* vor uns liegt der Kern der Côte d'Azur um Nizza bis zur nächsten Halbinsel, dem *Cap Ferrat.* Die Küstenlinie ist so perspektivreich wie die Bergstraßen. Von den Kaps her kommend, kann man eine Ankunft vom Meer her simulieren, kann bald auch erkennen, daß nicht nur die beiden großen Kaps ins Meer ragen, sondern daß sich die Küstenlinie zwischen vielen kleinen Landzungen in immer neue Buchten schwingt, vom *Cap d'Antibes* zum *Cap de Nice,* von dort zum *Cap Ferrat,* hinter dem sich das *Cap d'Ail* und das *Cap Martin* einstweilen verbergen.

Zugleich mit dem Meer nimmt man das Weiß der zum Greifen nahen Berge wahr. Sie schimmern nicht nur unscharf am Horizont, sondern man kann jeden einzelnen beschreiben, unterscheiden, beim Namen nennen bis hin zum **Mont-Gélas,** dem mit 3143 Metern höchsten von ihnen. Weiß leuchtet diese Bergkette übrigens beinahe immer. Von Oktober bis Ende Juni sind die Gipfel schneebedeckt, danach schimmert der helle Stein durch den sommerlichen Dunst.

Das Mittelmeer ist fast rundherum von hohen Bergen umgeben: Alpen, Apennin, Balkan, Taurus, Libanon, Sierra Nevada oder Pyrenäen, aber kaum irgendwo ist der Kontrast zwischen den schneebedeckten Firnen der Berge und der warmen Ebene des Meeres so sinnfällig erfahrbar. Sieht man diese Bergkette auf der Grenze nach Italien, die sich, von Antibes aus auch im Norden gegen die Alpen auf Barcolonette und Grenoble hin fortsetzt, so kann man sich leicht vorstellen, daß dieses heute dank italienischen wie französischen Autobahnen, dank mehreren Zugverbindungen und dem zweitgrößten Flughafen Frankreichs so leicht zugängliche Land früher abgeschieden in einem vergessenen Winkel der Geschichte lag.

Der zweite Blick nimmt wahr, daß es nicht nur schneebedeck-

---

40 Kilometer von Monaco – das öffentliche Waschhaus von Lucéram wird noch benutzt

te Gipfel und Meer gibt, sondern ein hügeliges, manchmal bergiges **Mittelland** (an der Côte *Moyen Pays* genannt), das den größten Teil der Fläche der Region ausmacht. Es sieht zuerst kahl, karg, wenig bewohnt aus, ganz im Gegensatz zur Küste, wo sich Haus an Haus reiht, am spektakulärsten die geschwungenen weißen Wohntürme von *Marina Baie des Anges*. Bei Nizza haben sich die Häuser schon am weitesten die Hänge hinaufgezogen, Vorboten dessen, was der gesamten Region bevorsteht. In den Alpen gibt es wenige Großstädte. Nizza gehört zu den größten von ihnen.

Ein tiefer Einschnitt in der Küstenformation kommt in den Gesichtskreis, die **Mündung des Var.** Nur in seinem Tal kann der Blick ungehindert bis zu den Bergen wandern. Der Var bildet – das ist nicht gleich zu sehen – in vieler Hinsicht eine wichtige Grenze dieser Landschaft. Man merkt aber sofort, daß der Var die Grenze zweier unterschiedlicher Küstenformationen ist. Östlich fallen die Steilfelsen der Alpen immer direkter und steiler ins Meer, während westlich zwischen den rund 20 Kilometer entfernten Bergketten und dem Meer sanft abfallende, dicht besiedelte Hügel liegen; ein schroffer Übergang im Osten, ein allmählicher im Westen des Var.

Gestaffelte Voralpenlandschaften, die sich aus der Ebene bis zu den höchsten Gipfeln vor den Augen des Betrachters erheben, gibt es auch am Nordrand der Alpen. Was dieses Panorama davon unterscheidet, ist, daß das Meer direkt bis an die Berge reicht und daß vor allem Ebene und Gipfel in zwei grundverschiedenen Klimazonen liegen. Wenn Sie an unserem Januartag um die Mittagszeit gekommen sind, dann spüren Sie eine Sonne, die wärmt und nicht nur als fahler Ball am Winterhimmel steht wie im Norden. Die Menschen kommen aus ihren Häusern, die Restauranttische im Freien finden ihre Kunden, die Bänke warten auf die alten Männer. Am fast lee-

Einführung und Überblick

ren Sandstrand nutzen einige Angestellte die Mittagspause dazu, ihren Teint auf die begehrte Sonnenbräune vorzubereiten. «Ich fechte und kämpfe mit der Sonne», schrieb Monet. «Und welche Sonne hier! Man müßte mit Gold und Edelsteinen malen.»
Daß dieses Wetter kein Ausnahmewetter ist, dafür bürgen die Palmen und exotischen Pflanzen an der Straße zum Hafen. Sie brauchen kein schützendes Gewächshaus. Der Schnee am Horizont, der sich nur höchst selten bis an die Küste herabwagt, bedroht sie nicht. Die Pflanzen signalisieren zuverlässiger noch als die Menschen, daß in diesen Breiten der unerbittliche Wechsel der Jahreszeiten zu einer sanften Bewegung gemildert ist und der europäische Winter nicht stattfindet. Und zugleich liegen die Skigebiete näher als in den süddeutschen Großstädten...
Der große *Hafen* zu unseren Füßen läßt die ökonomische Struktur der Region ahnen. Große Transportschiffe gibt es nicht. Die einfachen weiß-blauen Fischerboote, die ohne Aufbauten auskommen, wirken verloren unter den Hunderten von Sportbooten, sorgfältig registriert und zur Kasse gebeten von einer Hafenverwaltung in einem futuristisch anmutenden Gebäude auf dem Pier. **Das Meer** ist in dieser Gegend nicht mehr in erster Linie Transportweg oder Nahrungsmittelquelle, sondern Ort des Vergnügens, kaum einmal wirklich bedrohlich. Ein Ort des Massenvergnügens. Man kann sich leicht vorstellen, was diese Zahl von Booten für die Küste bedeuten mag: Auch kleine Boote brauchen Liegeplätze, immer neue; auch kleine Boote verbrauchen Benzin, auch kleine Boote brauchen Anker, die sich in den Meeresboden graben. Wenn alle diese Boote und die auf dem Boden verpackten Surfbretter dazu an einem Sommerwochenende ausfahren, dann herrscht Verkehr wie abends um sieben an der Pariser

Place de la Concorde, dem man doch gerade entfliehen wollte. Und zu den Booten gehören Appartements, Campingplätze, Parkplätze...
Aber es gibt nicht nur Nußschalen. Wie in einer Stadt die Einfamilienhäuser, die Villen, die Hochhäuser alle ihre Viertel haben, so gibt es auch in diesem Hafen die Viertel der großen Boote. Plumpe, aber luxuriöse Motorboote, auf deren Heck feine Leute sich und ihren Reichtum den minder Glücklichen ausstellen, Boote, die nie auslaufen müßten, um ihren Zweck zu erfüllen. Daneben schlanke Segelboote mit hohen Masten, hölzernen Planken und blitzendem Messing. Die Fahnen und Namen zeigen an, daß dies Reichtum aus aller Herren Länder ist, aus England und der Bundesrepublik Deutschland vor allem und in jüngster Zeit immer mehr Boote mit Namen aus dem Morgenland, Ölschiffe besonderer Art. Die schwimmenden Schlösser der Superreichen haben ein tieferes Bassin für sich, ein Dutzend elegantester Schiffe mit unendlich viel Platz; die Namen der Besitzer sind aus den Wirtschafts- oder den Klatschspalten der Weltpresse vertraut. Der gehobene Massentourismus und der Tourismus der Reichen kooperieren dort überall. Sie sind aufeinander angewiesen. Die einen glauben, sich im großen Schatten der anderen sonnen zu können, und diese wiederum brauchen Publikum, damit der Glanz ihres Reichtums nicht ins Leere strahlt.
Fabriken wollen jedenfalls beide da nicht sehen, die nicht, denen woanders Fabriken gehören, und jene nicht, die woanders darin arbeiten. Vorn, wo die Befestigungsmauer des Hafens endet, über die wir gerade schlendern, stehen die Hallen einer ehemaligen Fabrik, leer, ein idealer Boulesplatz für die alten Männer des Ortes: die Vergnügungen sind so vielfältig und so sozial gegliedert wie die Bevölkerungsgruppen.
Dem Hafeneingang gegenüber liegt wehrhaft das *Fort Carré*.

Einführung und Überblick

Die Leute aus Antibes erzählen gern, daß es im 16. Jahrhundert begonnen und vom berühmten Festungsbaumeister Vauban zu seiner heutigen Form ausgebaut wurde: von einem runden Kernbau strahlen Bastionen und Vorbastionen gleichmäßig in alle Richtungen ab, so daß das Ganze wie ein achteckiger Stern aussieht. Von den Antibois kann man auch erfahren, daß 1794 ein General namens *Napoléon Bonaparte* dieses Fort kurzfristig befehligte. Aber daß da 1939 bei Kriegsbeginn die deutschen Antifaschisten, viele von ihnen Maler und Schriftsteller, die vor Hitler an die Côte geflohen waren, zu mehreren tausend interniert und dann in größere Lager, manchmal auch in den Tod geschickt wurden, wird Ihnen wohl niemand erzählen, selbst dann nicht, wenn Sie danach fragen.

Auf Ordnung wird geachtet – Polizist in Saint-Paul-de-Vence

Einführung und Überblick

Wenn Sie sich nun umwenden und zur Stadt hin schauen, so fallen sofort die Türme des **Grimaldi-Schlosses** auf. Dort hat Picasso 1946/47 gewohnt und gemalt, einer der vielen Orte an dieser Küste, wo er vorübergehend lebte. Das Schloß ist jetzt *Picasso-Museum,* eines der beiden schönsten in dieser an Kunstmuseen so reichen Region. Von seinem Garten, heute sparsam mit Plastiken ausgestattet, hatte er die gleiche Aussicht, mit der Sie eben Ihre Annäherung an die Côte begonnen haben.

Der erste Überblick hat die Côte als eine Region gezeigt, die dem Sehen und dem Gefühl gegenüber offen ist – eine oberflächliche Region auch im guten Sinn. Vielleicht rührt unter anderem daher die Anziehungskraft, die sie auf Maler ausgeübt hat. Bevor wir freilich auf Rundreisen gehen, um sie aus der Nähe in Augenschein zu nehmen, ist es nützlich, die am Hafen von Antibes gewonnenen Eindrücke zu prüfen und zu erweitern. Wie ist das *Land* gegliedert und beschaffen, wie das *Meer?* Wie ist das *Klima,* was kann man zu welcher Reisezeit erwarten? Wie sind *Fauna* und *Flora,* sowohl die oben in den Bergen als auch am Meer? In welche *Geschichte* war die Region verwickelt, wovon lebt sie, wenn nicht vom Tourismus? Was also macht ihre *Wirtschaft* aus? Wie wohnen die Menschen, wie bauen sie, was bestimmt ihre Architektur? Welche *Malerei* hat die Region hervorgebracht? Wie feiern die Menschen ihre Feste? Was spielen sie? Was essen und trinken sie gern?

Land und Meer

23 *Steinböcke und Skistationen: die oberste Etage*
24 *Die Bewohner ziehen aus: das mittlere Stockwerk*
29 *Alle drängen sich im Parterre: die Küste*

Steinböcke und Skistationen: die oberste Etage

Der Blick auf eine Karte bestätigt den schon gewonnenen Eindruck: «unsere» Region hat gewissermaßen drei Etagen. In den **Hochalpen,** die die Grenze zum italienischen Piemont bilden, lagen früher die Sommerhäuser der wohlhabenden Küstenbewohner, die vor der Hitze dorthin flüchteten. Die **Nizzaer Schweiz** heißt eines dieser Gebiete um *Saint-Martin-Vésubie*. Heute ist im Sommer an der Küste Hochsaison, und nur Kenner verirren sich in dieser Zeit in die Berge. Auf sie warten ein großes Naturschutzgebiet, kristallklare Seen, die zum Baden freilich fast immer zu kalt sind, warten Steinböcke und Murmeltiere, viele anspruchsvolle Gipfel, einfache Hütten und vor allem das, was 100 Kilometer weiter, an der Küste, um keinen Preis zu haben ist: Einsamkeit.
Die meisten Einheimischen fahren nur im Winter in die Berge, zum Skifahren. **Auron, Isola 2000** und **Valberg** heißen die größten Skistationen mit hoher Schneesicherheit, wo meist noch meterhoch Schnee liegt, wenn die Lifte im April/Mai

längst stillstehen. Zumindest die beiden erstgenannten Stationen verfügen über einen großen Skizirkus, über lange, schwierige Abfahrten und stehen den Stationen in den Nordalpen nicht nach, allerdings auch auf der (Hoch-)Ebene der Preise nicht. Nur Winterzauber und Hüttenromantik darf man nicht erwarten, denn der Rummel, der im Sommer an den Stränden stattfindet, verlagert sich im Winter in die Berge. Wo heute die Appartements, Hotelzimmer, Diskotheken und Kaufhäuser von *Isola 2000* in einer riesigen, städtisch geprägten Wohnanlage zusammengepfercht sind, stand Ende der sechziger Jahre nur eine winzige steinerne Sennhütte. Im Sommer, wenn die gnädige Schneedecke fehlt, zeigen sich die Unangemessenheit dieser Gebäude, ihr nutzloser Prunk und ihre von frühem Verfall rührende Schäbigkeit auf krasse Weise. Aber natürlich gibt es Pläne, weitere Skistationen zu bauen.

Jedenfalls hat man in der oberhalb der Baumgrenze sehr kargen Hochgebirgslandschaft den Eindruck, daß da kein Weg nach Osten und nach Norden sein kann, und im Winter sind diese Wege oder Pässe auch meist gesperrt, mit Ausnahme des *Col de Tende* in Richtung Cuneo, unter dem in 1560 Meter ein Tunnel verläuft. Der *Col de Fenestre,* einst «Hauptübergang» in die frühere Hauptstadt Turin, ist ein nur drei Monate schneefreier Bergpfad, über den *Col de Restefond-La Bonette* (2692 m) führt die höchste Paßstraße Europas.

Die Bewohner ziehen aus: das mittlere Stockwerk

Das **Mittelland** nimmt mit Abstand den größten Teil der Fläche dieser Region ein. Wer es mit dem Auto erkunden will,

Mittelland 25

findet zwar viele – fast menschenleere – Straßen, glaubt sich aber in einen Irrgarten versetzt. In keinem anderen Abschnitt sind die Alpen so verwirrend gestaffelt, so unübersichtlich, so wild. Enge Schluchten, in die im Winter nie ein Sonnenstrahl fällt, Hochplateaus mit Dörfern, die zeitlos anmuten, schwindelerregende Bergstraßen wechseln ab. Die Straßen folgen meist den Tälern, aber sie sind oft noch nicht einmal 100 Jahre alt, denn viele Täler galten früher als unpassierbar. Der Austausch zwischen den Dörfern erfolgte auf Höhenwegen.
Das *Relief des Mittellandes* wird von Gebirgsflüssen strukturiert. In der östlichen Hälfte des Départements fließen sie meist in Nord-Süd-Richtung. Am weitesten in Richtung Italien liegt das Tal der *Roya* mit seinen Nebentälern wie dem der *Bévéra*. Durch das Hinterland von Nizza zieht der *Paillon,* die letzten Kilometer vor seiner Mündung überbaut, weil Bauland im Zentrum von Nizza teuer ist. Dann der **Var**, der größte Fluß der Region, der sich ein breites Flußbett geschwemmt hat, die einzige Ebene im bergigen Land, der Bereich, wo sich ein wenig Industrie häßlich angesiedelt hat. In den Var münden die Täler der *Vésubie* und der *Tinée,* die ins Hochgebirge führen.
Der Var bildete früher die *Grenze der Grafschaft Nizza* und galt als ein kaum überwindbares Hindernis. Die Brücken wurden immer wieder weggespült. Wer im Sommer über das breite, aber seichte und träge Rinnsal namens Var in seinem steinigen, befestigten und augenscheinlich viel zu großen Bett fährt, kann sich kaum vorstellen, daß dieser Fluß Jahrhunderte lang Angst und Schrecken verbreitete. Ebenso übrigens der Paillon, den früher Wachen beobachteten, um dann zu Pferde den Frauen von Nizza, die an seinen Ufern die Wäsche wuschen, die Ankunft einer Flutwelle zu melden.
Alle diese Gebirgsflüsse können, wie der Var, der sie auf-

nimmt, im Herbst, zur Zeit der Gewitter, oder im Frühjahr, zur Zeit der Schneeschmelze, binnen kurzem auf das Zehnfache anschwellen und alles mit sich reißen. Dann werden die Talstraßen unpassierbar, Erdlawinen rutschen auf die Straßen, und das blaue Meer färbt sich grau vom Kalkwasser, das aus den Alpen kommt.

Die Flüsse westlich des Var, die *Cagne,* der *Loup* und die *Siagne,* die bei Cannes mündet, sind meist noch unscheinbarer als die östlichen; aber auch sie haben tiefe Einschnitte in das dort parallel zur Küste gestaffelte Hinterland geschaffen: abgeschiedene Täler, stille, grünüberwachsene Flußläufe mit natürlichen Bassins, kleinen Wasserfällen, wunderbaren Stellen zum Picknicken und zum Angeln, stille, schattige und kühle Alternativen zum Bad im Meer. Dieses Hinterland von *Saint-Jeannet,* von *Vence* und *Grasse* ist äußerst karg. Steine

---

Die Riviera

An der Riviera kann man sich nicht langweilen. Von November bis Mai ist Karneval in Nizza, allein im August kann man ein wenig aufatmen, und wenn es jemals eine Gesellschaft gab, die so extravagant und komisch war, daß sie einen Toten zum Lachen bringen konnte, dann die, die man hier zwischen Saint-Raphaël und Menton trifft, Antibes und Cap Martin eingeschlossen. Alle Verrückten dieser Erde, männlichen und weiblichen Geschlechts, alle aus dem Gleichgewicht Geratenen und alle Hysterischen haben sich hier verabredet und kommen persönlich vorbei. Sie kommen aus Rußland, aus Amerika, aus Tibet und Australien. Welche Auswahl an Prinzen und Prinzessinnen, an Grafen und Marquisen, wirklichen und falschen, hochangesehenen und kompromittierten — und die Majestäten, die regierenden und die gestürzten, die im Exil, die abgesetzten und die, die am Vorabend ihrer Absetzung leben. Die Könige ohne Zivilliste und die

und Macchia, niedrige immergrüne Eichen, ab und zu ein bescheidenes, verlassenes Gehöft im Stil der *Mas provençaux,* vielleicht Spuren einer Schafherde – und kaum ein Mensch zu sehen.

Der Ursprung der mediterranen Kulturen ist fast immer im Hügel- und Bergland, weil die Küste von Wasser und Feinden bedroht war. So auch im Gebiet der Côte. Früher lebte ein großer Teil der Einheimischen von der Landwirtschaft, von Ackerbau auf mageren, mal zu trockenen, mal weggeschwemmten Böden. Eine immer noch anhaltende Landflucht hat dazu geführt, daß mittlerweile auf dem schmalen Küstenstreifen, der nur 20 Prozent des Departements umfaßt, 96 Prozent der Bevölkerung leben! Zurück blieben meist nur die Alten, zurück bleibt Land, das nicht mehr bebaut wird und dessen Steinterrassen allmählich verfallen.

Ex-Königinnen mit großen Budgets, wirkliche Budgets aus den Ersparnissen der Regierungszeit und... alle diese ehemaligen Geliebten des Kaisers...! Und die Croupiers, die von amerikanischen Millionärinnen geheiratet, die Zigeuner, die von Prinzessinnen entführt, die ehemaligen Küchenjungen, die fürstliche Sekretäre wurden und die verwirrten Pianisten für die intimen Konzerte, Liszt, Franck und Chopin, alle umschwärmten Schwindsüchtigkeiten Schumanns, die von den Hoheiten geliebten Artilleristen, die Droschkenkutscher für die Moskauer Baronessen und die Gebirgsjäger für die nihilistischen, theosophischen reisenden Bojaren, und darunter gemischt welch' unnennbare Zahl alter Damen!

An der Riviera liegt die üble Nachrede in der Luft; es gibt hier eine Kraft und einen Reichtum des Bodens, der die Abenteuer in der Vergangenheit der Leute blühen läßt wie die Anemonen auf den Abhängen und die Adelstitel auf den bürgerlichen Namen.

(Jean Lorrain)

Mittelland

Die **Terrassen** aus mörtellos geschichteten Kalksteinen prägen bis heute das Gesicht des landwirtschaftlich genutzten Mittellandes. Die Bauern haben sie aufgerichtet, weil sonst an den Hängen keine Blumen, keine Weinstöcke, keine Mandel- und keine Nußbäume kultivierbar gewesen wären – von Getreide ganz zu schweigen. Sie schufen Terrassen, wo sonst nur steile Hänge waren, sie hielten den Humus zurück. Sie zeugen von einem harten Leben, das ganz im Gegensatz zu den landläufigen Vorstellungen vom paradiesischen Mittelmeerraum steht. Wenn sie auch häufig ihren Zweck eingebüßt haben, so bleibt doch noch im Verfall ihre Schönheit sichtbar. Sie schmiegen sich der Landschaft an, statt ihr ein Korsett zu sein wie der Beton, sie respektieren hier einen alten Olivenbaum, dort eine Quelle, sie sind robust, aber nicht brutal, folgen alle denselben Prinzipien und sehen doch alle anders aus.

Landschaft, die nicht zweckmäßig kultiviert wird, Wälder, in denen niemand mehr forstet, weil es sich nicht lohnt, gewinnen in diesen Regionen nicht an ökologischer Qualität, sondern werden zur Macchia-Wüstenei. Dort finden im heißen Sommer die durch Nachlässigkeit oder bauspekulative Absicht entstehenden Flammen sofort reichlich Nahrung und keinerlei Widerstand. Nach dem Katastrophensommer 1985, der beträchtliche Teile des *Estérel* in eine Landschaft verbrannter Erde verwandelt hat, aber auch im Hinterland von Nizza (bei *l'Escarène* und *Lucéram* vor allem) enorme Schäden anrichtete, kam eine vom französischen Ministerpräsidenten eingesetzte Kommission zum Ergebnis, daß einzig ein großzügiges Programm zur (Re-)Kultivierung der Wälder vorbeugend gegen solche verheerenden Brände wirken könnte. Aber natürlich war es für die politisch Verantwortlichen einfacher, sich vor neuangeschafften «Wasserbombern» fotografieren zu lassen als ein solches Programm durchzusetzen...

Die Unwegsamkeit des Hinterlandes – die unendlich vielen Kurven, die sich für Rallyes so gut eignen wie sie für den täglichen Weg zur Arbeit stören – ist sicher für die Konzentration der Bevölkerung im Küstenstreifen wesentlich verantwortlich. Was in Sichtweite liegt, kann mehr als einstündige Anfahrtswege bedeuten – und dann zieht man schließlich doch hinunter in die Stadt, an die Küste, deren Straßen schon im Winter verstopft sind und die im Sommer noch Millionen von Touristen zusätzlich aufnehmen müssen.

Alle drängen sich im Parterre: die Küste

Im Hinblick auf die Landschaft kann man von *der* Küste eigentlich nicht sprechen, sondern verschiedene Küstenformationen lösen einander ab. Das *Estérel-Gebirge* im Westen läßt keinen Platz für einen durchgehenden Uferstreifen. Die spektakulären roten Porphyrfelsen mit ihren Spitzen und Rissen, ihren überhängenden Felswänden, ihren bizarren, nur von magerer Macchia bedeckten Gesteinsformationen gehen direkt ins Meer über. Dabei formen sie vielfältige kleine Buchten, unübersichtlich, keine wie die andere. Überall sind rote Felsen vorgelagert, um deren grünen Algensaum das blaue Meer weiß schäumt. Zu den Stränden außerhalb der Orte kommt man nur vom Meer her oder über schmale Wege durch das Unterholz, die von der Küstenstraße hinabführen.

Nach dieser wilden Küstenformation öffnen sich vor **Cannes** mit sanftem, gleichmäßigem Schwung weite Buchten, der *Golfe de Cannes* und der *Golfe-Juan*. Die Felsen treten zurück und lassen dem Strand, der Stadt und den Hügeln Platz. Zwei vorgelagerte Inseln geben zusätzlichen Schutz. Auf der anderen Seite des **Cap d'Antibes** bis hin nach **Nizza** zeigt sich ein ähnliches Bild.

Das Einladende, Geschützte, Sachte, Freie dieser Küste zwischen so ganz anders strukturierten Abschnitten dürfte wesentlich dazu beigetragen haben, daß sich gerade in dieser Gegend die Touristen zuerst niederließen: ein kleines, von schroffen Bergen umgebenes Paradies. Der Reiz des Küstenabschnitts zwischen **Nizza** und **Menton** hat andere Gründe: Dort reichen weiße Kalkfelsen, die bis zu einer Höhe von etwa 1100 Metern ansteigen (*Mont Agel,* dessen Gipfel kaum 2 km vom Meer entfernt ist), bis direkt ans Meer, aber die *Kaps* formen mehr oder minder ausgeprägte Halbinseln, bieten geschützte kleine Buchten. Diese Abwechslung zwischen exponierter Lage am offenen Meer und Eintauchen in den Schutz einer Bucht akzentuiert den Rhythmus der Côte zwischen Nizza und der italienischen Grenze.

Längst formt nicht mehr nur die Natur die Küste. Das riesige Terrain des *Flughafens Nice-Côte d'Azur* wurde durch Aufschüttung dem Meer abgewonnen. Auf ähnliche Weise vergrößerte auch der Fürst von *Monaco* sein kleines Territorium. Wo jetzt der neue Stadtteil *Fontvieille* liegt, war früher Meer, nichts als Meer... Die Küste ist aber nicht nur eine Landschaft, sondern ein beinahe durchgehend, mal mehr, mal weniger dicht bebauter Raum. Um die jeweils mit ausgeprägter Physiognomie hervortretenden alten Ortskerne legen sich immer neue bebaute Ringe, und die wachsen allmählich zusammen, nicht ohne Lücken zu lassen. Diese Tendenz wird sich so rasch nicht ändern, denn es drängt nicht nur die Bevölkerung des Hinterlandes an die Küste, sondern ganz Frankreich träumt davon, sich «wenn wir pensioniert und die Kinder aus dem Haus sind» im Süden ein kleines Studio zu kaufen. Dazu kommen wir Touristen, dazu kommt der Durchgangsverkehr zwischen Marseille und Norditalien... Und so ergibt es sich fast von selbst, daß der Küstenstreifen über weite Strecken von der Abfolge: schmaler Strand – breite Küstenstraße – Eisenbahnstrecke – Appartementhäuserzeilen – Route Nationale – Häuser – Autobahn bestimmt wird. An Anlässen für kultur- und tourismuskritische Bemerkungen hat die Côte keinen Mangel. Freilich sollte man dabei nicht übersehen, daß diese Region seit jeher die Gäste anzieht, die mediterrane Ferienqualitäten suchen, aber auf ihre städtischen Gewohnheiten und Vergnügungen nicht verzichten möchten. Diese Küste ist das Andere, aber eben auch nicht das ganz Andere. Ihre Kultur bleibt im Angenehmen wie im Unangenehmen deutlich verknüpft mit der städtisch-industriellen Kultur ihrer Besucher.

Das **Meer** scheint von alledem nichts zu wissen. Besonders bei Ostwind ist es von kristallener Klarheit. Rund um die Kaps mit ihren Felssträngen sieht man das ganze Jahr über Taucher. Im Gegensatz zum Mittelmeer der Rhônemündung und des Languedoc ist der Festlandsockel schmal. 300 Meter vor Nizza erreicht das Wasser eine Tiefe von 400 Metern, einen Kilometer vor dem Cap Ferrat sind es schon mehr als 1000 Meter.

Das Mittelmeer ist sehr strömungsarm und sein Wasser daher durch Verschmutzung besonders gefährdet. In den sechziger Jahren hat man mit dem Bau von Kläranlagen begonnen. Da es in der Region nur wenig Industrie gibt und auch die Flüsse aus dem Hinterland eher Schmelz- als Abwasser mit sich führen, war es nicht allzu schwierig, die Qualität des Wassers auf einem Niveau zu halten, das die Badegäste nicht verschreckt. Das bleibt für dieses Gebiet lebenswichtig, denn dort ist das Mittelmeer ein Freizeitmeer, während es als Verkehrsweg oder Nahrungsquelle nur noch eine geringe Rolle spielt.

Das Leben «auf der Straße»: Warum das Klima angenehm ist

32 Lage, Temperaturen, Regen, Winde
36 Wann ist es am schönsten? Die Reisezeiten

Lage, Temperaturen, Regen, Winde

Am 1. Februar 1884 schrieb *Friedrich Nietzsche* aus Nizza an seinen Freund Gast: «Dieser Januar war dank der klimatischen Bedingungen der schönste, den ich je erlebt habe.» Mögen sich auch die Landschaft und das Meer verändert haben, das Klima zumindest ist an der Côte so mild wie immer schon.

Dieses außergewöhnliche Klima, das einen Großteil der Gäste anlockt, geht auf mehrere Faktoren zurück: zunächst natürlich auf die südliche Lage, dann aber auch auf die Nähe eines relativ warmen Meeres, dessen Temperatur nur wenig schwankt (in der Tiefe hat es immer 13 Grad, während die vergleichbare Temperatur des Atlantiks zwischen 4 und 14 Grad schwankt) und dessen Wärme durch den hohen Schirm der umgebenden Berge gehalten wird. In dieser Gegend hat das angenehme Leben den Rücken frei, die Region ist vor Depressionen geschützt, ein Privileg, an dem die Besucher gern teilhaben.

Die Meteorologen haben Zahlen für das Wohlbehagen, das das Klima der Côte vermittelt. Die **mittlere Jahrestemperatur**

Klima 33

liegt um 15 Grad Celsius, während es in Paris oder Frankfurt im Durchschnitt fünf Grad kälter ist. Dabei sind die Schwankungen zwischen den Jahreszeiten nicht extrem hoch. Im Sommer ist es durchschnittlich 24 Grad warm, im Herbst sinkt die Temperatur auf 18, im Winter auf 10 Grad, um dann im Frühjahr wieder auf 17 Grad zu steigen. Einen wirklichen Winter gibt es an der Küste nicht. Nur alle zehn Jahre traut er sich für einen Moment über die Ränder der Küstengebirge mit Eis, Frost und Schnee hinaus. Dann freilich werden die Pflanzen nachhaltig geschädigt wie 1985, als wegen einer dünnen Schneedecke die Schulen schlossen, der Verkehr zusammenbrach und die Sportwagen mit klirrenden Schneeketten durch den städtischen Matsch fuhren.

Die **Temperatur des Wassers** beträgt im November noch beinahe 17 Grad, eine Temperatur, über die sich Sylt-Urlauber bisweilen im Juli freuen; in den Wintermonaten fällt sie nicht unter 12 Grad, und zwischen Juni und Oktober liegt sie über 20 Grad. Man kann also bis weit in den Herbst baden, eine Auffassung, die freilich die Einheimischen nicht teilen. Wer sich an den schönen Wintertagen in die verlockend blauen Fluten stürzt, spricht meist Englisch, Deutsch oder eine der skandinavischen Sprachen.

Die Côte ist keineswegs eine regenarme Gegend, sie kennt lediglich regenarme Jahreszeiten. Während in Paris jährlich zirka 600 Millimeter Niederschläge fallen, sind es in Monaco 850 (davon 38 Prozent im Herbst, 29 im Winter, 18 im Frühjahr und 15 im Sommer). Freilich tröpfelt es nicht auf die Côte, sondern das Wasser stürzt hinunter aus Wolkenbrüchen, vor allem im Frühjahr und Herbst. Und dann, während der an mitteleuropäische Verhältnisse gewöhnte Besucher erwägt, einen Schirm zu kaufen, schaut die Sonne schon wieder durch die Wolken und strahlt auf die wie eben gewaschen da-

Klima

liegenden Häuser mit ihren aufgefrischten Gelb- und Ockertönen. Man kann auf das gute Wetter warten und das schlechte einfach ignorieren. Generell regnet es nur an 75 Tagen im Jahr, während es an der französischen und deutschen Nordseeküste Orte gibt, wo durchschnittlich an jedem zweiten Tag Niederschläge fallen.

Im Herbst und im Winter fällt in den Seealpen das, was an der Küste seltener, aber ausgiebiger Regen ist, als Schnee. So sind die Seealpen sehr schneesicher, freilich erst später im Jahr, während sich das so begehrte Weiß zu Weihnachten häufig noch nicht hinreichend eingestellt hat.

Die **Luftfeuchtigkeit** ist relativ hoch, gut für die Pflanzen während der trockenen Jahreszeit, schlecht für die Kranken, die häufig ins trockene Hügelland zwischen Vence und Grasse ausweichen. Die Luftfeuchtigkeit ist bei gleichzeitiger Hitze auch dafür verantwortlich, daß das Land dunstig-verhangen aussieht, während Dezember und Januar berühmt für die Transparenz der Luft sind.

Wie warm ist's an der Côte?

Durchschnittliche Luft- und Wassertemperaturen (unten) in Grad Celsius

Jan.	Febr.	März	April	Mai	Juni
8,5	9,2	10,7	13,2	16,4	19,8
12,9	12,6	13,3	14,7	17	20,6

Juli	Aug.	Sept.	Okt.	Nov.	Dez.
22,5	22,4	20,3	16,6	12,3	9,4
23,8	24,6	22,6	19,8	16,6	14

Winde gibt es viele, aus allen Richtungen und mit vielen Namen, manche kommen von weit her und bringen den Sand der Sahara übers Meer, der sich als braune Schicht über die Autos legt. Der Ostwind bringt meist schlechtes Wetter aus dem Golf von Genua, der Westwind verheißt im allgemeinen gutes Wetter. Der berühmteste der Winde, den alle mit Namen kennen, heißt *Mistral.* In der Provence ist er gefürchtet, er bläst kalt und stark das Rhonetal hinunter, biegt die Zypressenhecken, hält die Züge auf und treibt die Menschen in die Häuser. Aber bevor er an der Côte ankommt, haben ihm die Voralpen von Grasse einen Großteil seiner Stärke geraubt. Mit der restlichen Kraft fegt er den Himmel rein, bis nur ein tiefes Blau übrigbleibt, treibt er weiße Schaumkronen auf die Wellen und schüttelt er die Blätter der Palmen.

Die Zahlen der Meteorologen sagen nicht alles, und auf dem Thermometer läßt sich das wirkliche Geheimnis des Klimas an der Côte ohnehin nicht ablesen. Weshalb man es, aus dem Norden kommend, als prinzipiell anders empfindet, liegt wohl daran, daß das Wetter im Süden Frankreichs nicht feindlich ist, und wenn, dann nur für Stunden, allenfalls ein paar Tage. Dann wischen die Kellner den Regen von den Tischen, die Leute sitzen wieder draußen und lassen sich von der Mittagssonne wärmen. Unser Leben spielt sich vorwiegend in schützenden Gebäuden ab, an der Côte bleiben die Menschen nur im Haus, wenn es wegen der Arbeit oder angesichts besonderer Umstände unbedingt sein muß; das wirkliche, selbstbestimmte Leben findet «dans la rue» statt. Und selbst bei der Arbeit versucht man, die kleinen Läden, Bars und Werkstätten so weit als möglich nach draußen zu öffnen. Die Bars wollen mit ihren Glastüren mindestens die Illusion erwecken, man säße auf der Straße; der Automechaniker arbeitet auf dem Bürgersteig, draußen ist das Leben.

Wann ist es am schönsten? Die Reisezeiten

Da das Wetter bei der Wahl der Reisezeit eine wichtige Rolle spielt, werden Sie hier Hinweise auf die Vorzüge der Reisezeiten erwarten. Objektiv werden solche Hinweise freilich nicht sein, denn sie hängen von Erfahrungen und Vorlieben ab, von dem, was man dort tun will, wo man hinreist. So seien denn meine auch sofort bekannt: Ich finde die Côte **im Winter am schönsten,** genau in der Zeit, als im 19. Jahrhundert Hochsaison war in Nizza und Cannes, von Dezember bis Ende März. Während aus den grauen Himmeln des Nordens ein paar Schneeflocken fallen, die sich hier in schmutzigen Matsch auflösen, dort zu einem Verkehrshindernis gefrieren, während die Natur tot ist und der Frühling noch fern, während man schon die Nase voll hat von solchem Winter, der doch noch lange dauern wird, während dieser Zeit empfinde ich das milde Klima der Côte am dankbarsten. Dabei ist es dort zu dieser Zeit nicht wirklich warm. Wer nicht darauf trainiert hat, kann kaum baden und auch kaum tiefgebräunt zurückkehren. Abends wird es manchmal empfindlich kühl, und man hört auf, über die Frauen in Pelzmänteln zu lächeln. Die Decken im Hotel sind dünn, und wo man nicht speziell auf ausländische Touristen eingestellt ist, heizt man zuwenig. Die mollige Wärme der Weihnachtsstuben fehlt und kann durch die Reklamesterne und importierten Tannenbäume auch nicht herbeigerufen werden. Aber das Licht, der blaue Himmel, der beim Aufwachen schon wartet, die fast schmerzhaft reinen Farben, die dichtbelaubten Orangenbäume, durch deren Grün farbig Früchte leuchten, als seien sie nur der Schönheit wegen dort, die Sonnenuntergänge, die man nicht zu fotografieren wagt, weil auf dem Foto kitschig aussehen wird, was hier doch einfach so ist, entschädigen reichlich. In den Museen hat man Zeit für die Bilder, in den Restaurants findet man Platz und freundliche Bedienung. Und wenn es am Abend kühl und dunkel wird, dann kann man ins Theater, in die Oper gehen, kann sich einschleichen in ein gesellschaftliches Leben, das nicht auf Touristen berechnet ist. Im Februar, meist zur Zeit des Karnevals, geht die Periode des ganz stabilen Wetters oft zu Ende, dafür gibt es schon Tage wie bei uns im Mai, kleine Vorschüsse auf Frühsommerwärme.

Die Nachteile seien nicht verschwiegen: Weihnachtsgefühl will sich nicht so recht einstellen, ebensowenig die Sensation des plötzlichen Frühlings. Die Jahreszeiten gehen ineinander über. Was nur vom Tourismus lebt, wirkt verlassen, was sich freilich in städtischen Bereichen weniger auswirkt als etwa in der Region zwischen Saint-Raphaël und Toulon. Und man merkt natürlich auch, daß sich vor allem ältere Leute einen Daueraufenthalt an der Küste erlauben können.

Der **Sommer** kommt schnell, Wärme, die den ganzen Körper umfängt wie ein Bad und sich bald auch abends nicht mehr wirklich verliert. Die Matratzen der Strandrestaurants finden ihre Kunden, die Strände füllen sich, Handtuch an Handtuch. Noch könnte man der Hitze entkommen, denn in den nahen Bergen ist Frühling. Aber man will es erst einmal nicht. Das Leben findet auf einmal auch abends statt, wird immer lebendiger, lärmender, schneller, nackter, bis im September die französischen Schüler und Studenten zur «Rentrée» gerufen werden. Alles packt die Koffer, und das Leben von Lille, Paris oder Lyon, das sich für kurze Zeit auf den Weg machte, um sich an der Küste zu ballen, kehrt wieder in die Städte des Nordens zurück. Am Wetter liegt es nicht, denn die Sonne scheint weiter, wenn auch mit weniger Kraft, und das Wasser ist noch warm bis zu den großen Novemberregen, die dem langen Sommer ein Ende setzen.

Zwischen Ölbaum und Palme: die Pflanzenwelt

38 Die Côte d'Azur – ein Gewächshaus
41 Botanische Gärten
42 Pinien und Olivenbäume

Die Côte d'Azur – ein Gewächshaus

Der französische Historiker *Fernand Braudel,* dem wir wesentliche theoretische Aufschlüsse über die mittelmeerische Zivilisation verdanken, sieht die Grenzen dieses Raums durch zwei Bäume markiert: «So erstreckt sich denn der Mittelmeerraum vom ersten Ölbaum, dem man vom Norden kommend begegnet, bis zum ersten dichten Palmenhain, der in der Wüste vor einem erscheint... Ölbäume und Palmen halten... Ehrenwache.» An der Côte begegnen sie sich, die Ölbäume und die Palmen, die spektakulärsten Zeugen einer anderen, mediterranen Flora.
Manche Besucher, die aus den ländlichen Teilen der Provence an die Côte kommen, empfinden die Palmen an der *Croisette* von Cannes oder der *Promenade des Anglais* in Nizza bei all ihrer unbestreitbaren Schönheit als etwas Künstliches, Nur-Dekoratives, ohne tiefe Beziehung zur Region. Als die Colette am Beginn der fünfziger Jahre ihren Garten in Saint-Tropez einrichtete, befahl sie ihm: «Ich will dich grün, aber nicht in dem unbarmherzigen Grün von Palmen und Kakteen, die das

Schein-Afrika Monaco verunstalten!» Nur: die Platanen, die wir mit provenzalischer Ursprünglichkeit zusammen denken, stammen aus China, die Kastanien aus Indien. Die Orangen- und Zitronen- und Mandarinenbäume, die seit je Heimrecht an der Küste zu haben scheinen, kamen aus dem Fernen Osten, sind Fremdlinge wie Kaktus, Agave und Aloe, die aus Amerika importiert wurden. Die Heimat des Eukalyptus war Australien, die der Zypressen Persien. Die Kultur des Mittelmeerraumes – die der Côte besonders – ist eine Mischkultur aus Ungleichartigem, keine abgeschlossene «Reinkultur». Wie sollte das im Bereich der Pflanzen anders sein?

Heimisch ist auf den Küstenfelsen seit langem eigentlich nur die Macchia, der *Maquis,* in dem sich die Widerstandskämpfer versteckten und der deshalb der Bewegung der Widerstandskämpfer den Namen gegeben hat («Maquis» ist der Name für eine durchgehende Bewachsung mit niedrigem Gebüsch, während wir von «Garrigue» sprechen, wenn Gebüsch und Gesträuch den weißen Kalkstein nur stellenweise bedekken). Kahlschlag, Waldbrände und weidende Tiere taten jeweils das Ihre, so daß sich allenfalls Hartlaubgewächse ansiedeln konnten, während die dünne Humusschicht abgeschwemmt wurde. Doch paradoxerweise entstanden auf einem Boden, der unfruchtbar war wie der Sand der Sahara, dank Bewässerung und Pflanzenimport die sortenreichsten exotischen Gärten Europas. Die Côte ist eine Bühne exotischer Pflanzen, nicht ihr Ursprungsort. Sie wurden überall auf der Welt gesammelt und dann angepflanzt, eine Orangerie unter freiem Himmel, ein Palmengarten ohne Gewächshaus.

Eine erste Fahrt der Küste entlang nährt überall den Eindruck, in einem gepflegten exotischen Garten zu sein. *Phönixpalmen,* die alle zwei Jahre aufwendig geschnitten werden müssen, damit keine verdorrten Zweige das Wachstum hem-

Vegetation

men und die Form regelmäßig bleibt, *Oleanderhecken* und *Magnolien,* denen die Abgase offenbar nichts anhaben können; *Bougainvilleen,* die sich am Beton hochranken, dunkle *Zedern* und *Zypressen,* die in dieser Region unter so vielen Konkurrenten nicht die Würde haben, die sie in der Toskana ausstrahlen, und vielerlei Aloepflanzen. Die Aufzählung der Namen würde kein Ende nehmen. Fachleute schätzen, daß an der Côte etwa 20000 Arten mediterraner, tropischer und subtropischer Pflanzen heimisch geworden sind. Es gibt allein rund 60 verschiedene Sorten von Palmen – sie wurden Anfang des 19. Jahrhunderts eingeführt. Die Mimosen, die zwischen Januar und März ganze Landstriche im Estérel- und Tannerongebirge mit ihrer Blütenpracht gelb färben, sind dort seit kaum 100 Jahren bekannt. Während in klimatisch weniger begünstigten Gegenden die Akklimatisation fremder Gewächse strengen natürlichen Gesetzen unterliegt, konnte an der Côte bisweilen der Zufall walten: Kaiserin Josephine schenkte 1804 dem damaligen Präfekten Dubouchage einen Euka-

---

Schatten

Hier sucht man einzig Schatten und Rast. Die vier Wände und das Dach spenden Schatten: Mehr verlangt man von ihnen nicht... Während man sich in den Ländern mit langer Dämmerung um den warmen Herd schart, ihn zum anheimelnden Mittelpunkt des Hauses macht, begnügt man sich hier damit, die Mauern strahlend weiß zu streichen, um angesichts dieser Helle die Schatten um so dunkler, um so wohltätiger zu empfinden. Und das genügt, gerade angesichts der Einwirkung der Sonne auf das Geflecht der Empfindungen. Es ist eine Einwirkung, die direkt ins Blut geht, die dazu verleitet, seinem Verlangen unmittelbar zu gehorchen.
(Jean Giono)

Vegetation

lyptus, den wenige Jahre zuvor Kapitän Cook aus Australien mitgebracht hatte – seither gibt es Eukalyptusbäume an der südöstlichen Mittelmeerküste Frankreichs. Die Kakteen und Sukkulenten sind ursprünglich Beutegut aus dem Mexiko-Feldzug von Napoleon III. Erst seit dem Ende des 19. Jahrhunderts findet man sie an der Côte. Das war generell die Zeit, in der die großen Parks und exotischen Gärten der Region entstanden, friedliches Nebenprodukt kolonialer Politik in aller Welt.

Botanische Gärten

Ist die Côte selbst schon eine Art Botanischer Garten, so bieten ihre «richtigen» Botanischen Gärten das allgemein Verbreitete in höchster Konzentration. Sie sind auch für Besucher interessant, die eine Aloe nicht von einer Agave unterscheiden können, denn sie liegen häufig in den privilegiertesten Gegenden, zu denen der normale Tourist sonst kaum Zutritt findet.
Als der allerschönste galt früher der 17 Hektar große Garten **La Martola bei Ventimiglia,** den deutsche Gärtner im Auftrag von *Thomas Hanbury* anlegten. Heute ist er ein wenig verwahrlost, andere haben ihm seinen Rang abgelaufen. Aber gerade deshalb ist er ein so schöner (und nicht stark frequentierter) Zeuge mediterraner Vegetation, wo die Pflanzen auch wachsen, ohne daß die Gärtner immer darauf achten können, ob sie auch in Reih und Glied stehen oder sich gar eine unwürdige heimlich unter sie mischt. Der **Botanische Garten von Monaco** hingegen ist äußerst gepflegt, immer gerüstet für den Empfang von 600 000 Besuchern jährlich, die meist nicht nur

die unzähligen Fett-, Kropf-, Stangen-, Schwert-, Säulen- und Stachelpflanzen kennenlernen wollen, die sich da am Steilhang hochrecken, sondern von diesem privilegierten Platz aus auch einen Blick auf den nahen Palast des umtriebigen Fürsten und seiner schönen Töchter werfen wollen. Dieser Botanische Garten ist aus dem gleichen Geist entstanden wie das *Ozeanographische Museum* unten im alten Palast: eine von Natur aus arme Gegend sammelt in der ganzen Welt, was die Natur ihr vorenthalten hat.

Einige der schönsten Gärten sind auf den Kaps, wo die Feuchtigkeit besonders hoch ist. Der sieben Hektar große Garten der **Villa Ephrussi de Rothschild** auf dem Cap Ferrat besteht eigentlich aus vielen Gärten, Zitaten aus vielen verschiedenen Regionen der Welt und verschiedenen Stilen der Landschaftsarchitektur. Der Garten der nahen *Villa des Cèdres* soll der reichste und gepflegteste der Region sein, ist aber nicht zugänglich, sondern Privateigentum des Likörfabrikanten Marnier. Öffentlich zugänglich, weil von der französischen Forstverwaltung betreut, ist aber auf dem benachbarten Cap d'Antibes die **Villa Thuret.** Neben diesen Botanischen Gärten gibt es aber an der ganzen Küste Parks und vorbildlich betreute Gärten, in denen sich Besucher am Reichtum exotischer Natur freuen können. Der nützlichste ist vielleicht der dichte *Hängende Garten,* der *in Nizza* gnädig den häßlichen Betonkomplex des Busbahnhofs einhüllt.

Pinien und Olivenbäume

Wenn wir den Blick allein auf die exotischen Pflanzen der Küstenregion richten, entgeht uns freilich ein Teil des botani-

Vegetation 43

schen Reichtums der Region, denn der natürlichen Stufung der Landschaft entsprechen stark differierende Vegetationstypen. An der Küste und auf den niedrigen Hügeln begegnen wir neben den exotischen Gewächsen vor allem der immergrünen Eiche und dem Olivenbaum. In der spezifischen Flora des Estérel-Gebirges finden sich auch Korkeichen mit Bruyère-Hölzern und Lavendelpflanzen, Ginster und Mimosen als Nachbarn.
Von 1200 bis 1600 Meter Höhe herrscht in der ganzen Region die Kiefer vor. Im 19. Jahrhundert gab es in dieser Höhe noch große Laubwälder, aber die sind zum Teil «wild» abgeholzt worden, zum Teil Bränden zum Opfer gefallen. Die *Forêt de Turini* unter dem gleichnamigen Paß gibt noch einen Eindruck vom Charakter dieser Wälder mit ihrer mitteleuropäisch anmutenden Vegation, ihrer Feuchtigkeit und ihrem Pilzreichtum. Darüber, im alpinen Bereich zwischen 1600 und 2300 Metern, wachsen vor allem niedrige Lärchen, die abermals ein anderes vegetatives Ensemble um sich gruppieren.
Die nach Höhenlage verschiedenen Vegetationstypen haben für den Besucher der Côte einen seltenen Vorteil: er kann auf knappstem Raum die Fauna und die Jahreszeit wechseln. Wenn im Juni eine Wanderung durch die küstennahen Gebirgsausläufer schon zu einer schweißtreibenden, dem Klima unangemessenen Angelegenheit wird, kann man in den Hochtälern den Ausbruch des Frühlings erleben; während es «unten» betörend nach Ginster, Lavendel, warmer Erde und Meer duftet, riecht man «oben» den harzigen Geruch der Lärchen und die Feuchtigkeit des Unterholzes. Und umgekehrt: während die Wege des Hinterlandes unter dem Schnee verschwinden, kann man in Küstennähe auch im Januar Wanderungen in lebendiger Natur machen. «Tot» wirkt die Natur zu keiner Jahreszeit, irgend etwas blüht immer.

Vegetation

Wir haben unseren Überblick mit den spektakulärsten Bäumen der Côte begonnen, den *Palmen,* aber der König bleibt der *Olivenbaum.* Er ist der älteste Baum des Mittelmeerraumes, Aristide soll das Geheimnis seiner Herstellung Akrops, dem Gründer von Athen, verraten haben; Isis, die Frau von Osiris, kannte es in Ägypten schon vor 6000 Jahren, dem Gott des Alten Testaments wurden Oliven als Opfergabe gebracht. Olivenöl, so berichtet die *Ilias,* wurde auf die Scheiterhaufen gegossen, auf denen vor Troja die Toten verbrannten, mit Olivenöl behandelten die römischen Athleten ihre Muskeln wie heute die Sonnenhungrigen ihre Haut. Die Palmen sind schön, aber sie tragen (an der Côte) keine Frucht. Der Olivenbaum mit seinem mächtigen Stamm und den immer bewegten grün-silbernen Blättern ist schön und macht schön, versorgt eine Kultur mit ihrem Grundnahrungsmittel, die Bauern brauchen ihn, die Städtegründer und die Helden. Für die Tischler stellt er das wertvollste Holz, das durch Benutzung immer schöner wird. Er ist ein Baum für Götter und Menschen zugleich – ein Baum, der altern kann und doch ewig jung bleibt.

Man nennt den Olivenbaum unsterblich, weil sich viele Sorten immer wieder aus Stamm und Wurzeln erneuern können. 300 Jahre erreicht auch die kurzlebigste der 60 Arten, wenn sie nicht, wie im Winter 1985, vom Frost auf ewig zerstört wird. Nach ungefähr zehn Jahren beginnt er zu tragen, nach 25 Jahren erreicht er den Höhepunkt seiner Fruchtbarkeit. Die Ölbäume von Nizza werden traditionell eng gepflanzt, in Abständen von drei bis fünf Metern, statt, wie in der Provence, acht Meter voneinander entfernt. Dadurch gewinnen sie an Höhe, und die Oliven werden deshalb auch nicht gepflückt, sondern die fallenden Früchte werden während der Erntezeit im Winter mit Netzen aufgefangen. Die schwarzen

Vegetation 45

Olives de Nice sind kleiner als die spanischen oder italienischen und sehr aromatisch, eignen sich aber gerade deshalb nicht für den Anbau in großem Stil, so daß man von den 400 Tonnen des vorzüglichen Olivenöls, das diese Region hervorbringt, woanders nur schwer einen Tropfen bekommt, ganz zu schweigen von den zur Konservierung eingelegten Sorten, die Sie auf den Märkten sehen und unbedingt kosten sollten.
Da sich mit den Olivenbäumen nicht das große Geld verdienen läßt, wird auch nur ein Viertel der rund 400 000 Exemplare an der Côte kultiviert und abgeerntet, häufig von Liebhabern, die eine kleine Menge für den eigenen Bedarf herstellen. Jede Lage schmeckt anders, wie Wein. Noch zu Beginn des Jahrhunderts hatte jedes Dorf seine Ölmühle, mindestens 150 gab es insgesamt. Jetzt existieren in den Alpes Maritimes noch 17 dieser Mühlen, die die ganzen gewaschenen Oliven unter den traditionellen Mühlsteinen zermahlen (der Stein gibt Geschmack und garantiert die Haltbarkeit), die Paste dann auspressen und bei der ersten von meist fünf Pressungen das wunderbar aromatische *Huile d'olive vierge* hervorbringen. Mit diesen Mühlen scheint es wieder aufwärtszugehen. Manche von ihnen, etwa die Mühle von *La Brague bei Opio* oder die von *Le Broc* oder *Gillette* im Var-Tal weisen den zufällig vorbeikommenden Besucher nicht ab, wenn er sich neugierig zeigt. Mit etwas Glück wird er zu einer Scheibe geröstetem, mit Olivenöl benetztem, mit Knoblauch eingeriebenem und mit etwas Wurst oder Tomate belegtem Brot und einem Glas Wein eingeladen; zu der Dreifaltigkeit, die die mediterrane Erde seit je hervorbringt: Brot, Olivenöl und Wein.

Landebahnen oder Flamingos?
Die Welt der Tiere

Die Fauna an der Côte ist weniger reich als die Flora. Genauer: ist *heute* weniger reich als die Flora. Die importierten Pflanzen lassen sich besser den Bedürfnissen der Menschen anpassen als die heimischen Tiere. Es hat symbolischen Charakter, daß der *Ange de mer,* der «Meerengel», ein noch zu Anfang des 20. Jahrhunderts weit verbreiteter Fisch, ausgestorben ist. Kaum jemand weiß, daß dieser Fisch der Bucht von Nizza den Namen gab. Die *Baie des Anges* hatte keine himmlischen Taufpaten, wie man gern glauben mag, sondern submarine, und die sind aus der Genealogie getilgt. Es gibt ein böses Buch über die Politik, die in den letzten Jahrzehnten über die Region bestimmte. Es hat den Titel *Baie des requins,* also «Haifischbucht». Es müssen menschliche gemeint sein, denn die kleinen Haie, die man früher in der Region fing, sind auch ausgestorben.

Auch die Kritiker einer Politik, die alles den kurzfristigen Bedürfnissen des Tourismus unterordnet, müssen freilich zugeben, daß sich die Alternative Ökologie oder Ökonomie an der Côte d'Azur besonders zugespitzt präsentiert. Man nehme das Beispiel des immer weiter wachsenden *Flughafens Nice-Côte d'Azur.* Er ist gerade in einer so schwer erreichbaren Region von großer Bedeutung, wie die Tatsache beweist, daß er hinter dem Pariser Flughafen, aber vor dem von Marseille der zweitgrößte Frankreichs wurde. Das bergige Hinterland verbietet den Bau von Landebahnen, das Küstengebiet ist so dicht besiedelt, daß nirgendwo Platz war. Also haben die Behörden mit Aufschüttungen im Meer begonnen und schütten seither für jede neue Landebahn immer weiter auf. Noch am Ende der sechziger Jahre lagen im Var-Delta, wo jetzt die Lichter für den Landeanflug leuchten, ausgedehnte Feucht-Biotope, in denen rosa Flamingos, Pelikane und Störche beheimatet waren. Wer sie heute sehen will, muß schon zum Naturschutzpark in der *Camargue* fahren.

In den höher gelegenen Wäldern des Hinterlandes soll es noch viele Füchse, Wildschweine, Dachse geben. Versuchen Sie mal, welche zu sehen... Die Wölfe galten hingegen als ausgestorben, bis 1986/87 ein rätselhaftes Tier im Roya-Tal über 400 Schafe riß. Was schließlich bei Fontan erlegt wurde, war ein Wolf.

Mit etwas Glück erspähen Sie einige Adler, Bussarde, Falken, und auch der Schrei des Käuzchens ist noch nicht ganz verklungen. Im *Nationalpark Mercantour* stößt man leicht auf Rudel von Gemsen, bisweilen auch auf Steinböcke, auf Eichhörnchen und sogar auf Hermeline. Das Pfeifen der Murmeltiere ist weithin zu hören.

Aber obwohl die Tiere des Nationalparks die größten und schönsten der Gegend sind, akzeptiert sie unser Vorstellungsvermögen doch nicht als typische Tiere der Region. Die Fauna der Côte, das sind doch eher die Zikaden, die unter der Hitze des Tages unsichtbar sind und zirpen, bei Einbruch des Abends abgelöst vom seltsamen Quaken der Kröten aus den Zisternen.

Aus dem Schatten zu plötzlichem Glanz: die Geschichte

48 *Frühe Spuren*
51 *Griechen und Römer*
55 *Am Rande der Geschichte*
61 *Aschenputtel und die Königssöhne: der Aufstieg durch den Tourismus*

Frühe Spuren

Die meisten Reisebeschreibungen, die wir aus der Provence haben, erzählen von Bildungsreisen. Die römische Antike, das mittelalterliche Papsttum, die Höfe der Troubadours stehen so sehr im Mittelpunkt der Texte, daß der Leser sich fragt, ob die Reisenden denn wirklich nichts sonst getan haben, als von Monument zu Monument zu ziehen. Ganz anders die Reiseschilderungen von der Côte d'Azur. *Tobias Smollet,* einer der ersten Touristen, dessen Bericht («Voyage à Travers la France et l'Italie», 1776) seine englischen Landsleute mit Nizza bekannt machte, schreibt hingegen von Engländern, die in Nizza den Winter verbringen, «um ihre Gesundheit wiederherzustellen, ihren chronischen Spleen zu bekämpfen oder ihre Phantasie zu befriedigen». Die Côte wird als «Baderegion» angesehen, als Heilmittel gegen die Melancholie, die unter grauen Himmeln entsteht. Was zählt, sind die Landschaften und das gute Wetter, nicht die Geschichte, der die Fremden ja gerade entkommen wollten, wenn sie sich in den Windschatten der politischen Entwicklungen zurückzogen, wie die gekrönten Häupter des 19. Jahrhunderts, die im Winter Urlaub nahmen von der strengen Aufgabe, die Welt zu regieren. Die Provence, das ist die Erde, die das Verschüttete bewahrt, die Côte, das ist das Meer, das die Fußabdrücke im Sand immer wieder verwischt.

Ausgerechnet dort, fern der großen Industrie, haben aber Archäologen in der **Grotte von Vallonet** das vor 900 000 Jahren benutzte, älteste in Frankreich bekannte Werkzeug gefunden. Und da, so mögen die Niçois gern glauben, haben die Vorväter das Feuer erfunden, denn zu den Funden von *Terra Amata* gehört eine der drei ältesten in der Welt bekannten Feuerstellen. Der Fund ist noch nicht alt: 1966 begann man am Fuß des Mont-Boron, links von der Küstenstraße hinter dem Hafen von Nizza in Richtung Monaco, mit dem Bau eines Appartementhauses. Dabei stießen Bauarbeiter auf Terra Amata, keine Höhle, sondern einen Lagerplatz von Menschen, die vor zirka 500 000 Jahren lebten, Jäger und Sammler, die sich vom Fleisch erlegter Hirschen, Elefanten und Nashörner ernährten. Die wesentlichsten Funde können Sie heute im **Museum Terra Amata** besichtigen – im Erdgeschoß jenes Appartementblocks, der schließlich doch an der vorgesehenen Stelle gebaut wurde, denn an der Côte interessiert zwar, wie die Menschen der Vergangenheit überlebten, aber nur, wenn es mit Bedürfnissen guten Lebens in der Gegenwart nicht kollidiert. So sind jetzt also die frühen Jäger seßhaft geworden und bewohnen ein Appartement im Parterre.
Sie haben einst, wie die Exponate zeigen, weit schlechter gelebt. Als Schutz diente eine Art rundherum mit großen Kieselsteinen befestigtes Zelt aus Zweigen, in dessen Mitte das

Feuer brannte. Mittelpunkt und Renommierstück des Museums ist der naturgetreue Abguß der reichsten Schicht des gefundenen Lagerplatzes, 45 Quadratmeter groß. Zu sehen sind primitive Werkzeuge, Knochensplitter, Teile von Hirschgeweihen und Elefantenstoßzähnen. Die einzige direkte Spur der Bewohner, die sich erhalten hat, ist der Fußabdruck eines ungefähr 1,55 Meter großen Menschen, buchstäblich seine erste Spur an dieser Küste. In den seit dem 19. Jahrhundert bekannten **Höhlen von Lazaret,** die, wer will, nach Absprache mit dem Museum Terra Amata besichtigen kann, entdeckten die Ausgräber neben vielen Tierknochen auch das Skelett eines Kinderkopfes, eines Vorfahren, dem die tierische Herkunft unserer Rasse noch deutlich auf die (flache) Stirn geschrieben steht.

Überhaupt ist die Steilküste zwischen Nizza und Ventimiglia durchsetzt von Höhlen, die in vorgeschichtlicher Zeit nomadisierende Jäger als gelegentliche Unterkünfte benutzten, so die **Grotte de l'Observatoire in Monaco** und die **Grottes de Grimaldi.** Die reichen Funde aus diesen Höhlen, teils in der Region, teils in Paris ausgestellt, lassen wesentliche Stationen der menschlichen Frühgeschichte ahnen: das Auftauchen des *Cromagnonmenschen,* des ersten *Homo sapiens,* die ersten künstlerischen Darstellungen aus dem älteren Paläolithikum, die ersten Haustiere, der Übergang vom Jagen und Sammeln zu Ackerbau und Viehzucht im Neolithikum, die ersten Bronzewerkzeuge, die *Dolmen,* von denen sich vor allem in der Region von Grasse noch Reste finden. Einiges aus dieser Zeit reicht noch auf seltsam fremde Weise bis in unser Jahrhundert, so die **Castellares,** ähnlich den provenzalischen *Bories* mehr oder minder runde Unterkünfte aus mörtellos geschichteten Steinen, deren Verwendungszweck umstritten ist, und die Zeichnungen am *Mont-Bégo* (S. 199–203).

Geschichte

Griechen und Römer

Den Eintritt in die Geschichte erlebt die Region etwa sechs Jahrhunderte vor Christus, als phokäische **Griechen** entlang der Küste Handelsniederlassungen gründeten, offenbar ohne daß es zunächst zu größeren kriegerischen Auseinandersetzungen mit den ligurischen Ureinwohnern kam. Die Hauptniederlassung der Griechen war Marseille, die älteste französische Stadt, aber etwa gleichzeitig gründeten sie die heute noch wichtigsten Küstenstädte der Alpes-Maritimes: Nizza, Antibes, Monaco. Nizza soll von «Nikaia» (die Siegreiche) kommen; Historiker streiten sich, welcher Sieg gemeint ist; Antibes wird von «Antipolis» abgeleitet, meint also die «Stadt gegenüber» – aber gegenüber von was und wem?

Nach den Griechen, so eine Elementarregel des Geschichtsunterrichts, erschienen die **Römer**. Sie gilt auch für «unsere» Küste. Zunächst kamen sie freilich nicht als Konkurrenten, denn die Griechen sahen sich als Seemacht, während die Römer auf Landgewinn aus waren und sich auf Landstreitkräfte stützten. Am Land zwischen Marseille und Monaco mußten die expandierenden Römer interessiert sein, denn durch dieses Land führten die kürzeste Route nach Spanien und ein schneefreier Weg nach Gallien. Im 2. Jahrhundert vor Christus unterwarfen sie erst die Ligurer bis Ventimiglia, und als wenig später die Griechen oder vielmehr deren Niederlassung Massalia, von aufständischen Ligurern bedrängt, um Hilfe riefen, da kamen sie gern und gingen nicht wieder, schlugen die Ligurer in die Berge zurück und hatten sich so bald einen Korridor bis nach Spanien gesichert. Es folgte die Gründung der ersten «Provinz» Roms in Gallien, die römische Provence entstand, deren Bauwerke wir heute noch in Arles und Nîmes,

Geschichte 52

in Orange und am Pont du Gard bewundern. Als sich im Streit von Pompejus und Cäsar das griechische Marseille auf die falsche Seite schlug, bedeutete Cäsars Sieg auch das Ende der griechischen Herrschaft über die Küste. Was Augustus zu tun blieb, um die römische Vormacht auf Jahrhunderte zu gewährleisten, war die Sicherung des Weges durch definitive Niederwerfung der rebellischen Alpenstämme und durch Ausbau einer festen Straße, der *Via Aurelia* oder *Julia Augustus,* die übrigens über weite Strecken dort verlief, wo jetzt die Autobahn entlangführt.

Wer heute noch über Monaco diese Autobahn entlangfährt, sieht zum Meer hin bei **La Turbie** eine auf weißen Säulen hochragende Ruine, die seltsam kontrastiert mit allen umliegenden Gebäuden, die hineinragt aus fremder Zeit in unsere

Die römische Arena in Cimiez

Zeit, aber nach Form und Größe die architektonische Konkurrenz nicht zu fürchten hat, nicht einmal die der einfältigen Hochhäuser unten in Monaco. Es ist eine 40 Meter hohe **Siegestrophäe,** sechs Jahre vor Christi Geburt errichtet als Zeichen des endgültigen Siegs der römischen Heere unter Augustus über die rebellischen Alpenstämme, besonders die Ligurer. Sie steht am höchsten Punkt der Via Julia Augustus und zugleich am geographischen Scheitelpunkt zwischen Italien und Frankreich: «Huc Usque Italia / Ab Hinc Gallia» ist in den Sockel des Monuments eingraviert, neben den Namen der 45 unterworfenen Alpenstämme und der Widmung an Augustus.

Die Siegessäule des Augustus, die natürlich in nachrömischer Zeit zerstört und erst im 20. Jahrhundert partiell wiederaufgebaut wurde, ist das imposanteste Zeichen der römischen Periode der «Alpes Maritimae», jener in Augustäischer Zeit zum erstenmal zu einer Verwaltungseinheit zusammengefaßten Region zwischen der Provence und Italien. Es ist der spektakulärste, aber nicht der einzige Zeuge der römischen Zeit. Die anderen finden sich in Fréjus und in Cimiez, heute ein Stadtteil auf den Hügeln von Nizza. **Fréjus** bei Saint-Raphaël ist eine Gründung Cäsars. Die am besten erhaltenen Bauwerke sind gleicher Natur, wenn auch kleiner als die römischen Ruinen in Arles, Nîmes und am Pont du Gard: ein Amphitheater und ein Aquädukt. **Cimiez** war Verwaltungshauptstadt der Alpes Maritimae. Neben dem kleinen Amphitheater und Resten des Aquädukts verdienen vor allem die Ausgrabungen Interesse; sie vermitteln eine Vorstellung davon, daß die Römer nicht nur als Besatzer gekommen waren, sondern auch eine hochentwickelte Kultur mitbrachten. Da gibt es verschiedene Thermen mit nach Ständen und Geschlechtern getrennten Bädern, Saunen, Schwimmbecken, Ertüchtigungsräumen,

Wohnvierteln, Läden, einem Baptisterium, Versammlungsräumen... Die Historiker gehen davon aus, daß in Cimiez die damals etwa 20000 Einwohner auf hohem zivilisatorischem Niveau lebten. Und wenn wir auch nicht wissen, wie der Alltag derer aussah, die nicht zu den Besatzern gehörten, können wir doch annehmen, daß am Anfang unserer Zeitrechnung eine erste Blütezeit an der Côte herrschte. Eine zweite folgte eigentlich erst im 19. Jahrhundert, denn die unangefochtene römische Vorherrschaft brachte der Region die «Pax Romana», eine vier Jahrhunderte währende Friedensperiode, die in ihrer Geschichte einmalig blieb und die es den einheimischen Eliten erlaubte, an der importierten römischen Zivilisation teilzuhaben. In den Arenen von Cimiez finden heute im Sommer Jazzkonzerte statt; auf die Arenen von Fréjus wird immer

Die Römer haben hier komfortabel gelebt. Ausgrabungen in Cimiez

dann zurückgegriffen, wenn Raum für große Rockkonzerte gesucht wird: Wenn David Bowie und Madonna die Massenkultur des ausgehenden zweiten Jahrtausends zelebrieren, bietet sich immer noch die Arena römischer Massenkultur als geeigneter Rahmen an. Was für Brot und Spiele gut war, reicht jedenfalls auch noch für Hamburger und Rock.

Am Rande der Geschichte

Auch die kleine Ewigkeit der römischen Blütezeit an der Côte fand ihr Ende. 412 fielen die Wisigoten in die Region ein und zerschlugen die morsch gewordenen römischen Institutionen. Das Neue, das auf lange Zeit die Zukunft bestimmen sollte, reifte zur gleichen Zeit in der Einsamkeit des *Estérel-Gebirges* und auf den *Iles de Lérins* vor dem heutigen Cannes. Dort siedelte sich der heilige Honorat an, der auf eine glänzende Karriere im römischen Machtapparat verzichtet hatte, zum Christentum übergetreten war, später in Palästina und Ägypten das orientalische Mönchstum kennenlernte und nun auf dem Rückweg nach Europa einen Ort fern der «Welt» suchte, wo er asketisch leben konnte. Sein Vorbild zog zahlreiche Schüler und Anhänger auf die heutige **Insel Saint-Honorat**. Um ihr Zusammenleben zu regeln, entwarf Honorat eine Ordnung, die als Geburtsurkunde des abendländischen **Mönchstums** gelten darf. Aus dem Kloster gingen viele wichtige Bischöfe des französischen Südens hervor. Es war lange der größte Landbesitzer an der ganzen Küste und verteidigte seinen Besitzstand bis 1789, als es vorübergehend säkularisiert wurde. Gegen Mitte des 19. Jahrhunderts kaufte es die Kirche zurück. Heute ist es Zisterzienserkloster.

Die Epoche zwischen dem 6. und dem 10. Jahrhundert nennen die Lokalhistoriker gern eine «dunkle» Zeit, und das war sie wohl auch in vieler Hinsicht. Für die Historiker deshalb, weil aus dieser Periode keine Dokumente erhalten sind. In der Historie aber deshalb, weil es eine Ära des Zerfalls der Gemeinwesen war, gefördert durch permanente Angriffe sarazenischer Seeräuber auf die nördliche Mittelmeerküste.
Als im 10. Jahrhundert wieder etwas Licht auf die Geschichte der Alpes-Maritimes fällt, da zeigt die Region wenig Glanz. Es gibt keine effektive Zentralgewalt; ökonomisch, demographisch und kulturell lebt die Landbevölkerung in den Dörfern auf den Hügeln weit unter dem Niveau der römischen Zeit. Ökonomisch hat sich der Feudalismus durchgesetzt, die stabilste Macht bildet die Kirche. Die Städte werden vorübergehend kleine, autonome, von Konsuln regierte Republiken.
Freilich war deren wirtschaftliche Bedeutung nicht groß genug, um auf Dauer unabhängig zu bleiben. Die Region mußte sich entweder nach Italien orientieren, also mit der starken Republik Genua paktieren, oder Anschluß an die Provence suchen. Diese Frage wurde für die nächsten Jahrhunderte zur Lebensfrage. Sie bestand schon im 12. Jahrhundert, wurde einstweilen zugunsten der **Provence** entschieden. Die Gegend um Nizza kam zur Provence, die ihrerseits zunächst unter katalanischem, dann im 14. Jahrhundert zunehmend unter französischem Einfluß stand.
Zu dieser Zeit, im hohen **Mittelalter,** ließ es sich an der Küste wieder leben. Die ständige Gefahr räuberischer Übergriffe war durch Siege der Provenzalen über die Sarazenen gebannt. 1340 zählte Nizza wieder 9000 Einwohner und war nach Marseille und Arles die drittgrößte Stadt der Provence. Erbfolgekriege, Hungersnöte und die Pest sollten die Situation nachhaltig ändern.

Gegen Mitte des 14. Jahrhunderts entvölkerte die Pest Europa. Auch die südfranzösische Küste blieb nicht verschont.
Langfristigere Konsequenzen hatte die Tatsache, daß sich nach dem Tode der *Reine Jeanne* (1382) das französische Haus d'Anjou und der König von Neapel um die Erbfolge in der Provence stritten. Nizza votierte für den König von Neapel, der freilich weit war und keinen effektiven Schutz gewähren konnte. Als provisorische Schutzmacht bot sich **Savoyen** mit der Hauptstadt *Chambéry* an, dessen Territorium teils auf heutigem französischem Gebiet in den Alpen lag, teils auf heute italienischem Gebiet um Turin. Wir wissen, was das heißt, sich als «provisorische Schutzmacht» anbieten: Nichts dauert länger als ein Provisorium, vor allem wenn es sich um Landnahme handelt. Mit Hilfe eines Teils der lokalen Aristokratie und der Krämerbourgeoisie einverleibte sich Savoyen 1388 die Alpes-Maritimes östlich des Var. Das «Provisorium» dauerte bis 1860. Die Gebiete westlich des Var, also *Villeneuve, Cagnes, Antibes, Vence, Grasse* und so weiter, blieben Teil der Provence und wurden bald französisch. Vom Mittelalter bis ins 19. Jahrhundert hinein gehörten also die beiden Teile der heutigen Côte zu verschiedenen, einander feindlichen Machtblöcken.
Die unseligen Folgen der Entscheidung Nizzas für Savoyen kann man sich leicht vorstellen: Man hatte eine Hauptstadt gewählt, die jenseits der Alpen lag, acht Tagesreisen entfernt. Der Wirtschaftsraum entsprach nicht der politischen Option. Wer heute mit dem Auto von Norden her an die Côte reist, kann trotz des unvergleichlich besseren Straßensystems noch an den Fahrzeiten und an der Landschaft merken, daß die Küste durch das Rhonetal viel leichter zugänglich ist als quer durch die französischen Alpen oder von der italienischen Poebene her. Dazu kam, daß Frankreich eine Großmacht wurde,

während Savoyen, ein Staat, dessen Grenzen den natürlichen Grenzen hohnsprachen, immer mehr an Bedeutung einbüßte: im 16. Jahrhundert verlor es die Gebiete des heutigen Départements *Haute-Savoie* an Frankreich und behielt nur die italienischen Territorien mit der Hauptstadt Turin, um dann im 19. Jahrhundert mit der überfälligen Einigung Italiens ganz zu verschwinden.

Zudem lag das Gebiet nun genau beiderseits der Grenze zweier Großformationen und mußte die Auseinandersetzungen zwischen ihnen direkt erleiden. Die Grafschaft Nizza konnte auf diese Weise keine ökonomische Bedeutung erlangen, sehr wohl aber eine militärische. Die Burg von Nizza, die diese Periode symbolisch repräsentieren könnte wie die Siegessäule des Augustus die römische Zeit, existiert nicht mehr. Sie nahm den ganzen heutigen Schloßberg ein und stand, wie alte Stiche zeigen, sowohl architektonisch als auch in ihren Dimensionen in denkbar größtem Kontrast zu den Häusern der Stadt unten im *Tal des Paillon*. Lange galt sie als uneinnehmbar. Wer sie in den Händen hatte, besaß den Schlüssel für den Übergang nach Italien.

Also Krieg, immer wieder Krieg. 1524 zum Beispiel griffen die kaiserlichen Truppen die französische Provence an. Nizza war Aufmarschgebiet. Einige Monate später kehrten sie geschlagen zurück, die Franzosen folgten, plünderten die Stadt. Zwölf Jahre später das gleiche Szenario. 1543 griff umgekehrt der französische König mit türkischer Hilfe Nizza an. Die Stadt wurde zerstört, die Burg konnte nicht eingenommen werden. Danach folgte eine relativ friedliche Epoche, während derer die *Altstadt von Nizza,* die *Vieille Ville,* entsteht, die ihre Struktur und bauliche Substanz bis heute im wesentlichen erhalten hat. 1650 lebten wieder rund 12 000 Einwohner dort, die Stadt ließ ihre Straßen und den Hafen ein wenig ausbauen. Zur Zeit Ludwigs XIV. erneut jahrzehntelange Kriegshandlungen. 1691 fiel Nizza nach erbitterten Kämpfen – sechs Jahre später gab der französische König die Grafschaft Nizza an Savoyen zurück, um dessen Fürsten zum Austritt aus der kaiserlichen Liga zu bewegen. Savoyen schlug sich abermals auf die Seite des Reichs gegen den Sonnenkönig. Der belagerte daraufhin 1705 wiederum Nizza, seine Truppen siegen – und diesmal ließ Ludwig XIV. die Burg in einjähriger Arbeit bis auf die Grundfesten zerstören. Heute sind nur noch einige Ruinen zu sehen und die *Tour Bellanda,* ein mächtiger Eckturm am Aufgang zum Schloßberg; sie legen Zeugnis ab von der einstigen Festungsstadt.

Zwar gab Ludwig XIV. im Tausch gegen andere Vorteile das besiegte und völlig ausgeblutete Nizza 1713 aufs neue an Savoyen zurück – um es 1749 wieder zu besetzen, eine lächerliche, für die betroffene Bevölkerung jedoch überaus blutige Angelegenheit – aber mit der **Zerstörung der Burg Nizza** Anfang des 18. Jahrhunderts ging die Geschichte der geschlossenen Festung Nizza zu Ende. Die Stadt, die ihr Glück nicht in der Befestigung fand, suchte es mit Erfolg in der Öffnung: Reisende wie der Engländer Smollett oder der Schweizer Sulzer lockten mit ihren Berichten von der schönen unbekannten Küste am Rand der europäischen Welt die ersten Touristen an. 1787 lebten schon 115 ausländische Familien während des Winters in Nizza.

Die **Revolution von 1789** ließ sich Zeit, bis sie nach Nizza kam, es fehlten dort ihre materiellen und ideellen Voraussetzungen. Zuerst kamen also die flüchtenden Adeligen. 1793 folgten die revolutionären Truppen, die in der Grafschaft kaum Widerstand fanden. So kam die Region kampflos an Frankreich. Die neuen Herren reorganisierten die Verwaltung, bauten eine Brücke über den Var, richteten ein öffentliches Schulwesen ein, aber es war schon so, wie es die in Grasse entstandene «Gesellschaft der Freunde der Freiheit und Gleichheit» sah: «Das Volk von Nizza ist nicht im mindesten geneigt, ein Volk von freien Menschen zu werden.» In den Bergen bildeten sich Freischärlergruppen, die gegen die französischen Heere kämpften. Der *Saut des Français,* der «Franzosensprung» genannte heutige Aussichtspunkt über den Schluchten des Vésubie zeugt noch heute davon, was diese Freischärler mit denen machten, die ihnen historisch auf die Sprünge aus dem Mittelalter helfen wollten. Als zur Verwaltungsreform, zum verordneten Atheismus und zu sonstigen Seltsamkeiten die Hungersnot und die vielen Kriege Napoleons hinzukamen, hatten die Menschen rasch von der Revolution genug und kehrten 1815 gern wieder in die Arme des fernen Savoyen zurück. Freilich dauerte der Versuch, sich erneut aus der modernen Geschichte fortzustehlen, nicht sehr lange, denn er war allzu anachronistisch. Savoyen konnte und wollte nur wenig für die ökonomische Entwicklung der Grafschaft jenseits der Grenze tun, die zusätzlich an Bedeutung verloren hatte, weil es nun mit Genua über einen weit bedeutenderen Hafen verfügte. Für das norditalienische Bürgertum, das unter Cavours Führung das Land einigen wollte und dazu die Unterstüzung Napoleons III. brauchte, war der transalpine Wurmfortsatz nur hinderlich, und so kam es dazu, daß die Heimatregion Garibaldis, des Volkshelden der Einigung Italiens, an Frankreich fiel. Die Bevölkerung akklamierte, was die große Politik über sie verhängt hatte. Von den 25 935 Stimmberechtigten der Grafschaft plädierten 1860 genau 25 743 für den schon seit Jahrhunderten überfälligen **Anschluß an Frankreich.** Das Departement Alpes Maritimes entstand. Monaco, das seit dem ausgehenden Mittelalter seine Selbständigkeit hatten wahren können, blieb weiter autonom.

Aschenputtel und die Königssöhne: der Aufstieg durch den Tourismus

Nach dem Anschluß an Frankreich wurde unvermutet die Geschichte vom Aschenputtel wahr. Eine vorher weitgehend bedeutungslose Region fand sich plötzlich angebetet von den Königen und Königssöhnen, von der Aristokratie Europas. Alles, was Rang und Namen hatte im Gotha (die preußischen Könige ausgenommen), fand sich alljährlich im Winter an der Côte ein: die englische Königin Victoria, der russische Zar, die schöne Sissy von Österreich, Napoleon III., Leopold von Belgien, Ludwig von Bayern... Dazu die erfolgreichen Politiker wie Thiers, die erfolgreichen Kokotten wie die Otéro, Schauspielerinnen wie Sarah Bernhardt. Wo Geld, Macht und Schönheit sind, läßt auch die Kunst nicht lange auf sich warten und kreuzt auf wie Maupassant mit seiner Jacht. Der neue Schienenweg brachte neue Kunden, die Kunden brauchten neue Hotels, die Platz hatten für die Diener, Kutscher, Pferde, Papageien und alles, was sonst noch mitreiste in den fast halbjährigen Winterurlaub. Für die Hotels brauchte man Kapital, das reichlich floß, und man brauchte Arbeiter, die man in großer Zahl aus Italien holte. Nizza wuchs rasch auf 50000 Einwohner und wurde die **Winterhauptstadt Europas.** Bald erhielt es Konkurrenz von Monaco, weil die Gäste dort spielen durften, und von Cannes, wo sich vor allem die Engländer ansiedelten. Kurzum: das reichlich fließende Geld wirkte auf das Leben an der Côte so wie künstliche Bewässerung und Gartenbau auf Pflanzen. Wo vorher nur Dürre war, sproß es auf einmal auf die unglaublichste Weise. Alles gedieh, aber nichts aus eigenen Mitteln.
Der **Erste Weltkrieg** setzte dem Boom erst einmal ein Ende,

nicht nur, weil die königlichen Hoheiten ausblieben und ihre Einsätze nun auf den Schlachtfeldern wagten, statt am Spieltisch, sondern weil mit diesem Krieg eine Lebensform zu Ende ging, der die Côte des Fin de siècle sich verschrieben hatte.

Nach Kriegsende blieb die Abhängigkeit der Côte vom Tourismus bestehen, aber es kamen nun andere Touristen, weniger vornehme, die zudem weniger lange blieben. Dafür wurden es mehr. In den dreißiger Jahren, als die Volksfrontregierung den Urlaub für alle durchsetzte, wurden nach und nach die Voraussetzungen des Massentourismus geschaffen. Die Hauptsaison verlagerte sich vom Winter auf den Sommer. Neben den Touristen kamen aus dem deutschen Norden auch immer mehr Emigranten, die das nationalsozialistische Deutschland und ab 1938 auch das «angeschlossene» Österreich hatten verlassen müssen. Heinrich Mann, der seine wichtigsten Werke in Nizza schrieb, war der bekannteste von ihnen.

Der **Zweite Weltkrieg** kam von Italien her an die Côte. Die «italienische» Vergangenheit der Grafschaft Nizza war ein willkommener Vorwand für Mussolini, im Juni 1940 die Grenze mit der Absicht zu überschreiten, den Südostzipfel Frankreichs «heim» zu holen nach Italien. Das bedeutete Krieg, Besetzung, schlechte Versorgung, Ausbleiben der Gäste. Nach dem Bruch zwischen Italien und Deutschland übernahmen die deutschen Truppen im September 1943 die Besatzung. Damit verschlechterte sich die Situation der Bevölkerung weiter, besonders die der noch verbliebenen Emigranten und des französischen Widerstands. Der italienische Faschismus war zum Beispiel nicht antisemitisch gewesen, während nun die Juden gejagt und über zentrale französische Lager zur Vernichtung abtransportiert wurden. Der gegen Kriegsende an Intensität zunehmende Widerstand wurde brutal unterdrückt. In vielen Stadtvierteln Nizzas, aber auch in den kleineren Orten des Hinterlandes erinnern Inschriften an hingerichtete Widerstandskämpfer. Im August 1944 befreiten die Amerikaner die Küste, die deutschen Truppen zogen sich ins Hinterland zurück. In den Bergen zeugen noch heute Befestigungsanlagen von den letzten Kämpfen, die sich weit ins Jahr 1945 zogen.

Nach dem Zweiten Weltkrieg, der weder die politische noch die soziale Struktur in diesem Teil Frankreichs wesentlich verändert hatte – auch der Bürgermeister von Nizza, Jean Medecin, der Vater des jetzigen, nahm nach kurzer Unterbrechung seinen Platz wieder ein –, setzte die Côte wieder auf den **Tourismus.** Aber es war nun endgültig ein ganz anderer Tourismus. Die Salons, die richtigen und die falschen Prinzessinnen, die reichen Erben waren für die Wirtschaft auf einmal weniger wichtig als die Rentner, die unter südlicher Sonne sterben wollen, die leitenden, die mittleren und bald auch die kleinen Angestellten, schließlich sogar die Arbeiter. Die Eisenbahnlinien gehören nicht mehr den Sonderzügen der gekrönten Häupter, die Straßen nicht mehr den Equipagen, nicht den Rolls und nicht den Cadillacs.

Das letzte Wort darüber, welches Monument neben Terra Amata, neben der Siegessäule des Augustus, neben Saint Honorat, den Resten der Burg von Nizza, neben den Grandhotels der Belle Epoque in den Augen der Nachwelt einmal «unsere» Côte symbolisieren wird, ist noch nicht gesprochen.

«Und wovon leben die Leute hier?»
Bevölkerung und Wirtschaft

64 Die Krise findet im Norden statt
65 Vielerlei Zuwanderer
67 Wirtschaftszweige und Mentalitäten

Die Krise findet im Norden statt

Wenn man bedenkt, daß die Côte Mitte des 19. Jahrhunderts noch dazu verdammt schien, eine unterentwickelte Region zu bleiben, in der das Pro-Kopf-Einkommen der Bevölkerung kaum die Hälfte des französischen Durchschnitts betrug, so hat die heutige Prosperität etwas Wunderbares. Die Küste zwischen Menton und Cannes gehört zu den wenigen auf Tourismus eingerichteten Küstenstrichen des Mittelmeeres, wo der soziale Unterschied zwischen den «armen» Einheimischen und den «reichen» Fremden nicht existiert. Das liegt nicht nur daran, daß die Bewohner die Armut gern verstekken, um die Gäste nicht abzuschrecken, oder sie dort siedelt, wo Besucher kaum hinkommen. Auch am heutigen französischen Durchschnitt gemessen, steht die Côte ökonomisch recht gut da. Die Krise, die Armut und Arbeitslosigkeit finden sich jetzt im Norden, in den Kohle-, Stahl- und Werftregionen. Dennoch ist nicht alles Gold, was glänzt, und trotz des Betons nicht alles solide. Was die Region anziehend macht, zieht meist auch Probleme nach sich.

Vielerlei Zuwanderer

Und anziehend ist die Côte. Wo 1860 200000 Einwohner lebten, da sind es jetzt 900000, und jedes Jahr kommen zwei Prozent dazu, das Fünffache des Bevölkerungszuwachses in den anderen französischen Regionen. Nizza hatte am Vorabend der Französischen Revolution 18000 Einwohner, jetzt sind es zirka 350000. In Cannes lebten damals 2000 Menschen gegenüber heute 75000. Im Hinterland dagegen sind die kleinen Städte und Dörfer meist auf ein Viertel der Bewohner geschrumpft, die sie im 19. Jahrhundert hatten. Ausnahmen gibt es nur dort, wo der Wintertourismus auch in den Bergen Arbeitsplätze geschaffen hat, Ausnahmen bilden auch die Orte des Hinterlandes, die Pendler relativ leicht mit dem Auto erreichen können.

Die Ursache für den Zuwachs der Bevölkerung war Zuwanderung von außen, eine Zuwanderung, die aus ganz verschiedenen Motiven und Regionen erfolgt, aber jeweils ihre besonderen Probleme nach sich zieht: Augenfällig, besonders im Winter, ist die *hohe Zahl von Rentnern*. Zu ihnen zählen etwa 25 Prozent der Bevölkerung, zehn Prozent mehr als im französischen Durchschnitt. Anders gesagt: Sie stellen ein Viertel statt ein Siebtel der Einwohnerschaft. In manchen Orten, zum Beispiel in Menton, liegt die Zahl sogar noch höher. Der Zuzug der Rentner hat eine spezifische Infrastruktur nach sich gezogen, Klubs, Heime und vor allem sehr viele Ärzte. Dennoch verlassen fast 40 Prozent von ihnen innerhalb von anderthalb Jahren die Region wieder, die ihre Jugendlichkeit und ihre Dynamik demonstrativ ausstellt und keine Region der «Alten» sein will.

Eine spezifische Gruppe von «Einwanderern» sind die *Pieds noirs,* die in den sechziger Jahren aus Algerien zurückgekehr-

Bevölkerung und Wirtschaft 66

Und nebenan die schicken Boutiquen. Eines der letzten alteingesessenen Geschäfte auf dem Cours Saleya in Nizza

ten Kolonialfranzosen, die sich meist in Südfrankreich ansiedelten, ihrer ehemaligen Heimat gegenüber. Die *Pieds noir* – etwa 60 000 dürften es an der Côte sein – sind in die lokale Ökonomie gut integriert, meist als selbständige kleine Händler, bilden aber nach Mentalität und innerem Zusammenhang eine eigene Gruppe, die politisch sehr großen Einfluß hat. Nizza sieht sich gern als *Hauptstadt der Pieds noirs.*
Weniger gern gesehen sind die anderen Einwanderer aus Nordafrika, die *arabischen Gastarbeiter,* die vor den Italienern und Spaniern das Hauptkontingent der ausländischen Arbeiter stellen. Gerade weil sie französisch sprechen und weil sie sich *integrieren wollen,* sind sie Objekt eines wenig verschleierten Rassismus. Überheblichkeit, die noch aus der Kolonial-

zeit stammt, manchmal Rachewünsche, der Affekt gegen den arabischen Fundamentalismus – in der französischen Gesellschaft besonders ausgeprägt – und Konkurrenzängste schließen zu einem vehementen *Rassismus* zusammen, der vor allem dafür verantwortlich ist, daß es an der französischen Mittelmeerküste eine starke rechtsradikale Strömung gibt, die sich mit dem traditionellen Konservatismus der führenden Politiker des Départements nicht begnügen mag.
Neben den Zuwanderern, die sich dauerhaft ansiedeln, kommen die Besitzer von Zweitwohnungen und vor allem die Touristen. Die starke Zunahme von *Zweitwohnsitzen* wird mindestens von den Bürgermeistern der betroffenen Gemeinden mit gemischten Gefühlen betrachtet, denn die Wohnungen und Villen erfordern eine entsprechende Infrastruktur, während die Steuern woanders bezahlt werden. Und die Fronten mit geschlossenen Rolläden geben gerade vornehmen Wohngegenden im Winter eine unangenehm «geisterhafte» Atmosphäre. Im Sommer sind «alle» da – und im August noch etwa 300 000 Urlauber dazu, Gäste, die für die Wirtschaft unentbehrlich sind, aber einer ohnehin stark bevölkerten Region endgültig den Charakter der **schönsten Feriengroßstadt Europas** verleihen.

Wirtschaftszweige und Mentalitäten

Über die Schwierigkeiten, die das für die Einheimischen nach sich zieht, beklagt man sich nur leise, denn vom **Tourismus** hängt fast alles ab. Der Tourismus hat die Region berühmt gemacht, der Tourismus hat ihr Wohlstand gebracht, der Tourismus hat ihr modernes Gesicht geschaffen, der Tourismus ist die Basis der Wirtschaft der Gegenwart, auf den Tou-

Wirtschaft

rismus setzt man auch die Zukunft. Das 19. Jahrhundert, als die Bevölkerung noch vom Export des Olivenöls, parfümierter Seife sowie relativ kleiner Mengen an Orangen und Zitronen leben mußte, wünscht niemand zurück. Gegen Ende des 19. Jahrhunderts kamen dann die Parfümindustrie und die Blumenzucht dazu. All das gibt es noch, all das ernährt auch heute noch ein paar Tausend Familien – aber die lokale Ökonomie wäre darauf nicht zu gründen, obgleich die **Blumen- und Gemüsezucht** durchaus in großem Stil betrieben wird und viele Hänge mit Gewächshäusern verglast sind, beinahe so wie an der italienischen Riviera. Letztlich arbeiten kaum vier Prozent der Bevölkerung des Départements in der Landwirtschaft.

Es gibt aber auch traditionell **keine nennenswerte Industrie.**

Sommernacht

Ihr schweißfeuchten, von warmen Mauern halb erstickten Schläfer, beneidet mich! Denn die Nächte dieses leuchtenden Landes sind kühl, und sie geben dem Körper dessen, der sich ihm unter seinen Sternen überläßt, wohlige Schwäche und Frische zugleich, wiegen ihn zwischen Traum und seliger Fühllosigkeit. Und welcher glückliche Traum käme der schlaflosen Stunde vor Tagesanbruch gleich, die das Meer nur mit mir teilte, das schläfrige, blasse Mittelmeer mit einem Hauch von überirdischem Weiß! Und der Himmel, der sich ans Wasser schmiegte und es küßte, schon von Farbe durchpulst und früher erwacht als seine Geliebte; das trübe Rot seines Siegels zerbrach langsam am Rand der Welt, langsam wurde es abgezogen , gerade als ich überwältigt wieder zurücksank in einen Traum, den mein Wachen farbglänzend hervortrieb, wie wenn der Wind in die Segel fällt, sie bläht und das Schiff hinausbegleitet.
(Sidonie-Gabrielle Colette)

Das ist weniger Resultat einer weitsichtigen Fremdenverkehrsplanung als Auswirkung natürlicher Bedingungen: was daran sichtbar wird, daß man bereit ist, die Hügellandschaft der Küste mit häßlichen Steinbrüchen zu zerstören, wenn sich ein günstiger Ort für Zementfabriken anbietet. Es gibt kaum eigene Bodenschätze, die Transportwege sind lang, und zudem fehlt es an geeigneten Standorten für Großindustrie. So sieht, wer die «Industrieregion» des unteren Var-Tales durchfährt, neben Zementfabriken vor allem große Supermärkte und Gartenbaubetriebe. Nur in der Region von *Carros* existiert ein wenig Industrie. Bloß 16 Prozent der aktiven Bevölkerung des Départements arbeiten im industriellen Sektor.

Arbeiter sein, das bedeutet an der Côte in erster Linie: Bauarbeiter sein. In diesem Bereich werden auch die meisten Gastarbeiter beschäftigt. Aber natürlich ist auch das **Baugewerbe** hochgradig abhängig vom Tourismus und von öffentlichen Bauten, die meist mit der Perspektive geplant werden, zahlende Gäste anzulocken.

Die größte Zahl der Arbeitsplätze, rund 65 Prozent, findet sich im *Hotel- und Gaststättengewerbe,* im *Transportwesen,* in der *öffentlichen Verwaltung* und im *Einzelhandel.* Trotz der vielen Supermärkte ist die Konzentration in diesem Bereich weniger weit fortgeschritten als in der Bundesrepublik Deutschland, der Schweiz oder Österreich. «Le petit commerçant», *der kleine Kaufmann,* dominiert das soziale Milieu in den Städten. Er verbringt mit seiner Familie fast das gesamte Leben in seinem Lädchen, weil keine amtlich festgesetzte Ladenschlußzeit ihn daran hindert, am Morgen um sieben zu öffnen und am Abend um 20 Uhr zu schließen, weil er sich nie erlauben könnte, am Sonntagmorgen, wenn die großen Käufe für das beste Essen der Woche getätigt werden, den Lebensmittelladen oder die Fleischerei, das Nudelgeschäft oder gar die Bäckerei geschlossen zu halten. Nur die Mittagszeit, die sich manchmal bis 16 Uhr hinzieht, und der Sonntagnachmittag sind geheiligt. Ein offener Laden, wo man Lebensmittel bekommt, findet sich aber natürlich auch dann in jedem Stadtviertel.

Für den Kunden ist es paradiesisch: Er kann jederzeit frische Waren kaufen, und es gibt nebeneinander modernste Einkaufszentren und wunderbare alte Läden, die ihren Stil seit Jahrzehnten nicht verändert haben. Besonders in der Altstadt von Nizza begegnen wir dem ganz Neuen und dem ganz Alten in seiner extremsten Form, die Mode von übermorgen und die kleine, enge, unübersichtliche Drogerie, wo Hunderte von Pinseln aller Größen, Besen, Scheuertücher, Bürsten, Bindfäden unter der Decke hängen. In den Regalen, in denen sich nur das alte Besitzerehepaar auskennt, liegen Türgriffe neben Schläuchen, Gasflaschen neben Haushaltkerzen, Bohnerwachsbüchsen stehen neben Talg und Schuhcreme. Wenn die Côte ein *Konsumentenparadies* ist, dann liegt das nicht zuletzt an diesen Läden, denen ich nur wünschen kann, daß sie so lange überleben werden, bis es wieder als «chic» gilt, dort zu kaufen.

Wenn der «Patron» einer solchen Drogerie auch weniger verdient als eine Kassiererin im Supermarkt, hat er doch die ganz andere Mentalität eines Laden*besitzers:* Das Eigentum steht im Mittelpunkt, so bescheiden es auch sein mag. Damit geht ein tiefwurzelnder Konservatismus einher, denn schließlich ist es ja die neue Zeit, die die alten Lebensgrundlagen bedroht; ein Mißtrauen gegenüber dem Staat und seinen Tech-

---

Ein vornehmes Hotel hat «seinen» Strand. Eingang zum Privatstrand des Hotels «Beau Rivage»

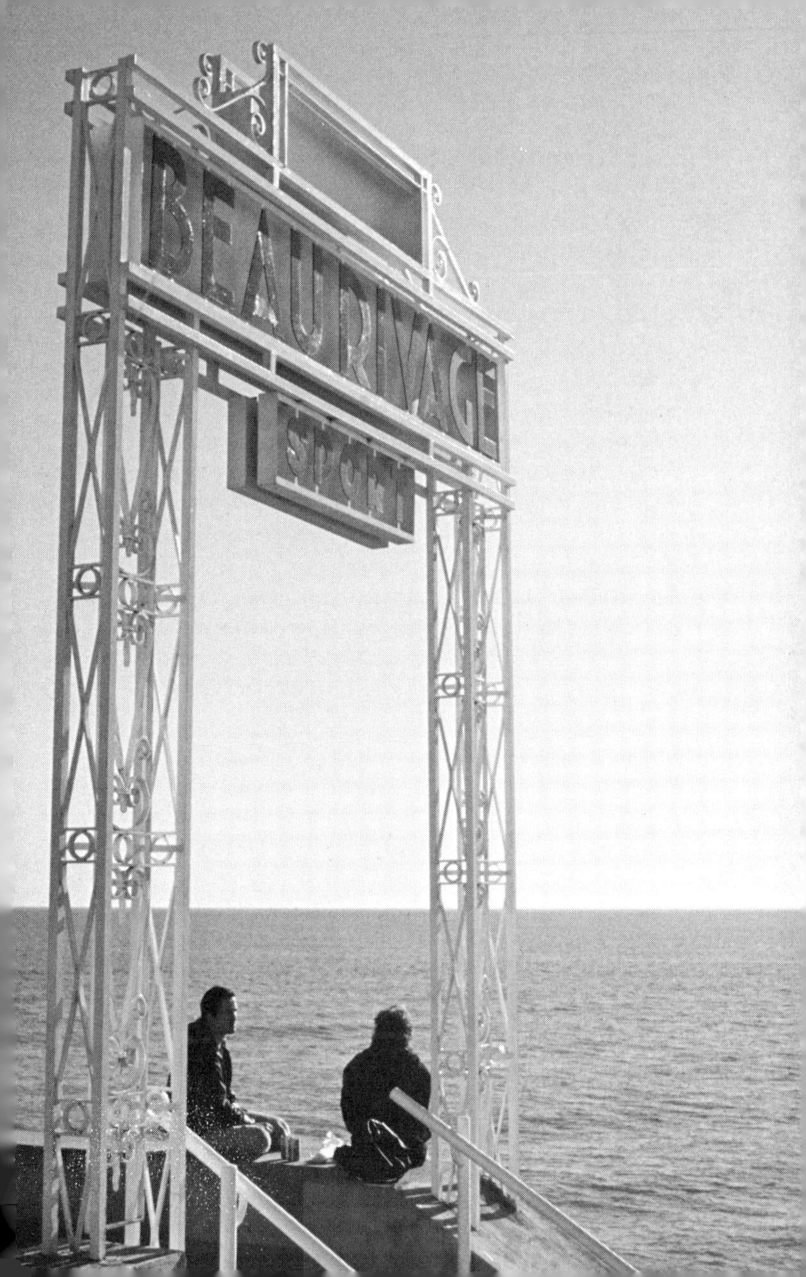
BEAURIVAGE
SPORT

nokraten, von Gewerkschaften oder gar vom Kommunismus nicht zu reden...

Die Mentalität der direkt im Tourismusgewerbe Beschäftigten ist gelegentlich Anlaß zu selbstkritischen Bemerkungen der Verantwortlichen, die das Ausbleiben von Gästen beklagen, weil das «Preis-Leistungs-Verhältnis» nicht stimmt oder weil die Bevölkerung insgesamt «nicht gastlich genug» sei. An diesen Klagen wird sich auch in Zukunft kaum viel ändern, denn die Côte ist eine relative teure Urlaubsgegend, die manches bietet, was man woanders nicht bekommt, aber auch manchen darauf spekulieren läßt, daß die Fremden im Gedränge Teures mit Wertvollem verwechseln. Wer auf eine Bevölkerung rechnet, bei der er zu Gast sein kann wie in einer österreichischen Pension, wo der Urlauber das Leben der Einheimischen teilt, ist ohnehin in der falschen Region, selbst im bäuerlichen Hinterland: die Leute an der Côte d'Azur verkaufen Dienstleistungen an Touristen, aber weder ihr Privatleben noch gar ihre Seele. Der Privat- und Familienbereich wird vor den Gästen sorgfältig abgeschirmt. Entsprechend kommen die Feriengäste in Zweit- und Mietwohnungen, Hotels und auf Campingplätzen unter (zu jeweils etwa gleichen Anteilen), während «Pensionen» oder Institutionen wie «bed-and-breakfest» keine Rolle spielen.

Freilich sind die Verantwortlichen nicht blind gegenüber den Gefahren einer touristischen Monokultur, in der drei Sommermonate weitgehend über das Schicksal der Region entscheiden. Deshalb gibt es durchaus erfolgreiche Versuche, den **Geschäfts- und Kongreßtourismus** an die Côte zu ziehen und «saubere» Industrien anzusiedeln.

Der Geschäfts- und Kongreßtourismus ist deshalb so interessant, weil damit finanzkräftige Gruppen angesprochen werden und weil zudem diese Art des Fremdenverkehrs außer-

Wirtschaft 73

halb der Saison die Betten füllt. Cannes und Monaco, die bevorzugten Orte der Reichen, haben zuerst auf diese neue Kundschaft gesetzt, denn man weiß, daß diese Kreise im Durchschnitt das Vierfache eines normalen Touristen ausgeben. Während der Filmfestspiele oder während des Grand Pix sind schon seit langer Zeit auch im März oder April alle Betten belegt. Cannes und Monaco haben auch zuerst erkannt, daß der Geschäftstourismus entsprechende Hotels und passende Kongreßzentren zur Voraussetzung hat. Deshalb wurden an beiden Orten moderne Großhotels und ebenso gigantische wie häßliche Festivalpaläste aufgerichtet. Auch die alten Grandhotels wie das *Carlton,* das *Martinez* oder das *Majestic* in Cannes, das *Hermitage* oder das *Hôtel de Paris* in Monte Carlo, die trotz ihrer blendenden Fassaden den Vorstellungen des anspruchsvollen Publikums nicht mehr entsprachen und dem langsamen Verschwinden geweiht schienen, wurden mit großem Aufwand renoviert und haben den alten Glanz zurückgewonnen. Nizza, die lärmende, bunte, populäre und unsichere Großstadt mußte etwas tun, wenn es seine wohlhabenden Gäste nicht weiter an die beiden Nachbarstädte verlieren wollte, und so kam es zum Bau der gigantischen *Acropolis* im überdeckten Tal des Paillon, wo seit 1985 Kongresse, Ausstellungen, Festivals, Opern- und Theateraufführungen stattfinden. 28 000 Kongreßtouristen waren es 1978, 35 000 im Jahr 1982; 1985, nach der Eröffnung der Acropolis, stieg die Zahl auf 69 000.

Ebenso bedeutsam für die Region ist aber zweifellos der Versuch, zum erstenmal in nennenswertem Umfang **Industrie** anzusiedeln, «saubere» High-Tech-Industrie. Die Côte träumt von einem *Silicon-Valley.* Täler und Palmen gibt es genug, um dem kalifornischen Vorbild nachzueifern. Und wandert nicht auch in den USA und der Bundesrepublik Deutschland der

Wirtschaft

industrielle Reichtum von Norden nach Süden? Daß der Traum wirklich werden kann, dafür steht seit den sechziger Jahren das Forschungszentrum des amerikanischen Informatik-Konzerns IBM in *La Gaude* über *Cagnes*. Die Überlegungen der Manager, die damals den Standort des Forschungszentrums wählten, waren ebenso einfach wie ermutigend für all jene, die an der Küste den Plan der Ansiedlung moderner Informatik-Industrien vertraten: das Gelände liegt eine halbe Stunde von einem internationalen Flughafen inmitten einer für hochqualifizierte Wissenschaftler attraktiven Region. Heute gehört das Forschungszentrum dort zu den größten Arbeitgebern.

Das gelungene Experiment von La Gaude stand Pate für das noch weit ehrgeizigere Projekt des Innovationsparks *Sophie Antipolis* bei *Valbonne*. Als aus den USA die Berichte über Regionen mit kleinen Forschungslabors und zukunftsträchtigen Produktionsstätten von Spitzentechnologie nach Südfrankreich drangen, war ein Modell gefunden und dann bald auch der Platz: 2400 Hektar Wald in der Nähe von Valbonne. Dort wachsen jetzt neben dem alten Dorf mit seinen provenzalischen Steinhäusern und seinem platanenüberschatteten Platz modernste Unternehmen, von der Chemie bis zur Telekommunikation, von neuen Energien bis zur Gentechnologie. Etwa *5000 Arbeitsplätze in über 90 Unternehmen* gibt es auf Sophia Antipolis, und Platz ist noch für viele weitere.

Die Côte setzt auf Modernisierung.

Romanische Schlichtheit, barocke Pracht und die Mischung der Belle Epoque: die Architektur

75 *Wenig «große» Baudenkmäler*
76 *Romanische Schlichtheit*
89 *Barocke Kirchen und wehrhafte Dörfer*
91 *Die «Folies» der Belle Epoque*

Wenig «große» Baudenkmäler

«Es war sehr wertvoll für mich, beinahe gleichzeitig die Luft von Leipzig, München, Florenz, Genua und Nizza auszuprobieren. Sie werden nicht glauben können, wie sehr Nizza in diesem Wettbewerb triumphiert hat», schrieb Friedrich Nietzsche im November 1885 an seine Schwester. Was die Luft angeht, ist die Côte unschlagbar, was aber die Schlösser, was die Architektur überhaupt betrifft, kann sie mit keiner der genannten Städte konkurrieren. Bedeutende Bauwerke sind nicht nur an bedeutende Baumeister, sondern auch an bedeutende Mittel gebunden, und da kann nicht ohne Folge sein, daß die Region zu Füßen der Seealpen zwischen ihrer römischen Zeit und dem 19. Jahrhundert trotz aller Sonne im Schatten der Geschichte lag. Wie groß etwa der Abstand zu den oberitalienischen Städten war, kann sinnlich erfahren, wer das *Palais Lascaris,* den einzigen Adelspalast in der Nizzaer Altstadt besucht (S. 161/162). Es ist ein hübscher kleiner

Barockpalast – aber wie groß ist der Unterschied zu den florentinischen Palazzi, zu denen am Canal Grande in Venedig oder selbst denen im nahen Genua!

Aus architekturhistorischem Interesse wird also kaum jemand in diese Gegend reisen. Die gotischen Kathedralen, die Renaissancedome, die barocken Schlösser muß man woanders suchen. Dennoch gibt es vieles zu entdecken, für das sich vielleicht keine Reise lohnt, aber ein Besuch, ein Umweg allemal.

Romanische Schlichtheit

Gruppiert man die Gesamtheit des Sehenswerten nach groben Kriterien und läßt die Zeugnisse der römischen Zeit, von denen schon die Rede war, beiseite, so ergibt sich etwa folgendes Bild: Die Region ist reich an Sakralbauten aus dem Mittelalter, meist bescheidene **Kirchen im romanischen Stil,** der später häufig von barocken Elementen überlagert wurde. Überhaupt ist das Barock im Bereich der Sakralbauten reich vertreten. Direkt – und auf angenehmste Weise – konfrontiert mit dem architektonischen Erbe der Region wird der Tourist beim Besuch der zahlreichen befestigten Dörfer, der **Villages perchés,** und beim Gang durch die Städte mit ihren Bauten aus der Zeit der **Belle Epoque.** Trotz ziemlich wahlloser Abrisse und Umwidmungen bietet die Küste zwischen Menton und Cannes einen einmaligen Reichtum an Bauwerken aus der Zeit zwischen 1870 und dem Ersten Weltkrieg. Diese in vieler Hinsicht kuriose erste Generation von Ferienarchitektur ist bisher kaum erschlossen worden und läßt viel Platz für Entdeckungen. Natürlich gibt's an der Côte auch Gebäude des *Art Deco* der zwanziger Jahre und der am Bauhaus geschulten

Moderne, aber sie verschwinden leicht in der Menge des gesichts- und einfallslos Modernen.

Der Grundriß der *romanischen Kirchen* die vom 11. Jahrhundert an entstanden, ist denkbar schlicht. Sie haben die Form der Basilika mit einem Mittelschiff und zwei kleineren Seitenschiffen, kein Querschiff. In den provenzalisch beeinflußten Regionen bei **Grasse** und am **Esteron** herrscht die einschiffige Basilika vor. Überhaupt wird die Grenzlage der Region auch in der Architektur immer wieder sinnfällig. Bei den romanischen Kirchen markieren vor allem die *Glockentürme* den Unterschied zwischen der provenzalisch und der italienisch-lombardisch ausgerichteten Bauweise. Charakteristisch für die Provence sind die «Glockenmauern», das heißt, die gedrungenen Kirchen werden überragt von einer Art Giebel, einer überdachten Mauer geringer Tiefe mit zwei parallelen Öffnungen, in denen die Glocken schwingen, so etwa über den Kirchen von **Sigale** oder von **Haut-Gréolières**. In den östlichen, alpinen Teilen des Départements dominieren hingegen die *lombardischen Glockentürme,* mächtige quadratische Türme, deren Form sich während des Mittelalters kaum ändert. Im unteren Teil haben die meist aus unregelmäßigen Steinen, manchmal aber auch aus geschliffenen Quadern errichteten Türme keine Fenster, oben, in Höhe der Glocken, dann nach allen vier Seiten schmale Fensteröffnungen übereinander, sparsam verziert mit Simsen und Ornamenten im lombardischen Stil. Das steile, spitz zulaufende Dach des Turms, die *Diamantenspitze,* ist nicht ziegelgedeckt, sondern aus Steinen gemauert. Besonders die lombardischen Glockentürme sind Zeugen einer Epoche, in der sich die Menschen immer wieder bedroht sahen und ihren wichtigsten Gemeinschaftsbauten den Charakter trutziger Wehrhaftigkeit verleihen mußten. Die Glockentürme haben denn auch häufig die Jahrhunderte

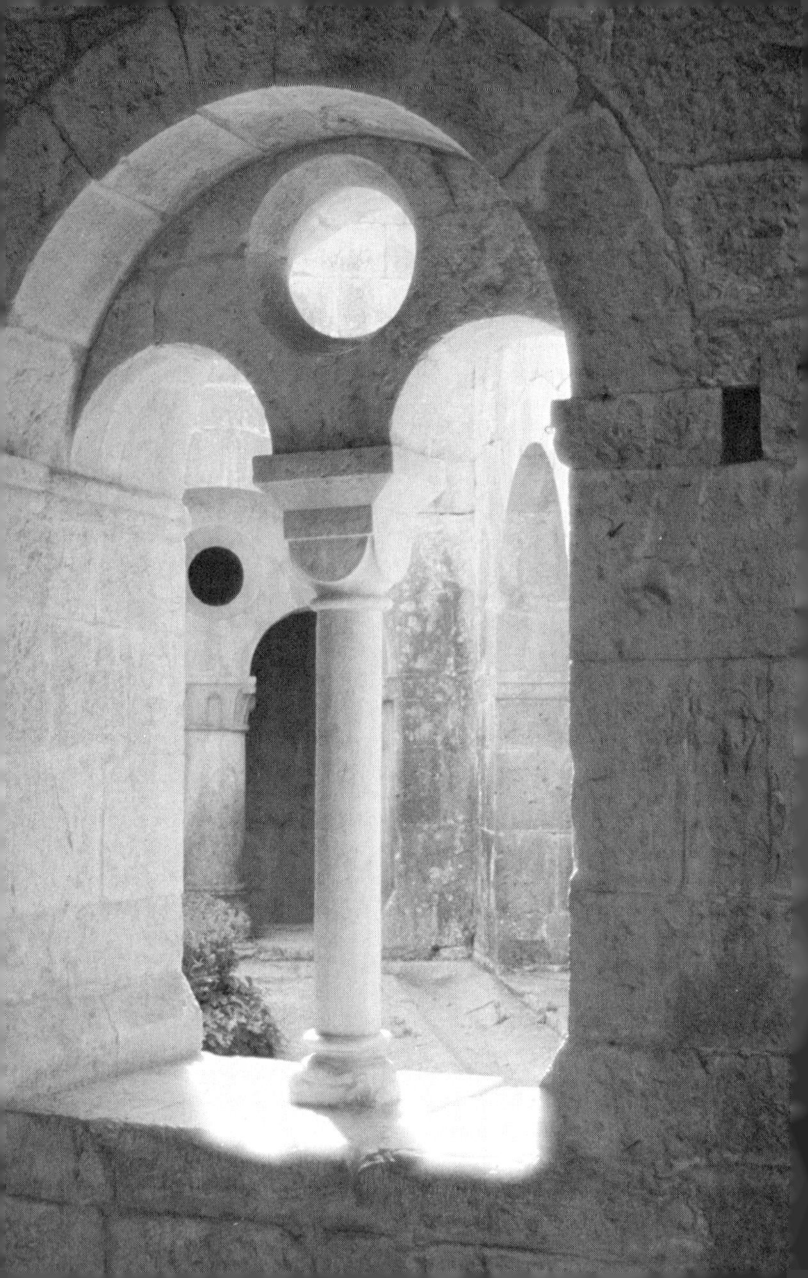

überstanden, während die zugehörigen Kirchen zerstört wurden, so etwa in **Isola**. Bisweilen hat man auch die romanischen Kirchen durch barocke Neubauten ersetzt, neben deren spielerischem Dekor der wehrhaft-schlichte romanische Glockenturm sich archaisch ausnimmt.

In **Nizza** wurde mit den Befestigungsanlagen auf dem Schloßberg auch die romanische Kathedrale zerstört, von der heute nur noch die Grundmauern zu sehen sind. Die bedeutendste romanische Kirche der Region findet sich in **Grasse**. An der Küste ziehen die Kathedrale von **Antibes** aus dem 13. Jahrhundert neben dem wuchtigen Wachtturm und dem heutigen Picasso-Museum sowie die Wehrkirche Sainte-Anne in **Cannes-Le Suquet,** gleichfalls neben dem Wachtturm, zahlreiche Besucher an. Beim Weg durch das Hinterland beeindrucken etwa im *Tinée-Tal* die Glockentürme von **Saint-Etienne-de-Tinée** und von **Auron**. Im *Roya-Tal* findet sich der früheste dieser Türme *(Breil-sur-Roya)* und der mächtigste *(Madone de Poggio* in **Saorge**). Wirkliche Liebhaber der südfranzösischen Romanik werden freilich, ehe sie auf kurvigen Straßen ins Hinterland von Nizza fahren, die Grenzen des Départements ignorieren und auf der Autobahn rund 100 Kilometer zur **Zisterzienserabtei Le Thoronet** fahren, ein Bauwerk, das an der Côte nicht seinesgleichen hat. *Le Thoronet* ist das kleinste, bescheidenste und älteste der drei provenzalischen Zisterzienserklöster (1136 gegründet). Sie lagen allesamt völlig einsam und waren als Orte der Reinheit, der Askese und der Weltflucht konzipiert. «Begehr und Genuß» durften sich nach dem Willen des heiligen Bernhard von Clairvaux nicht einmal

---

Klarheit, Schmucklosigkeit, Ökonomie der Mittel —
die Zisterzienserästhetik. Kreuzgang des Klosters Le Thoronet

beim kargen Essen zeigen, die Mönche trugen farblose Kutten und verbrachten ihre Tage mit körperlicher Arbeit und Gebet. So sind die (nicht heizbaren) Klosterbauten absolut schmucklos, selbst bunte Glasfenster waren verpönt. Aber aus diesem Geist der Askese entstand eine überwältigende Schönheit eigener Art. Sie durfte nicht im Ornament liegen, also brach sie sich Bahn im Material und in der Form. Die Klarheit in der Ordnung der Linien, die Reinheit des sauber gefügten rötlichen Steins und das kalkulierte Spiel des Lichts zeugen vom ästhetischen Sinn des Menschen, der auch durch Askese nicht zu töten, sondern allenfalls zu läutern ist.

Aber das ist nicht der Geist, aus dem heraus die Bewohner der Seealpenregion lebten. Auch gotisch beeinflußte Bauten gibt

---

81 Monumental und verspielt zugleich — die Architektur der Belle Epoque. Villa am Boulevard de Cimiez in **Nizza**
82/83 Leicht zu überblicken — das Herz der Côte d'Azur zwischen Nizza und Cannes. Blick von **Eze** auf Nizza (im Vordergrund der aufgeschüttete Flughafen) und das Cap d'Antibes. Im Hintergrund das Estérel-Gebirge westlich von Cannes
84 Nirgends scheint das Wasser so blau und nirgends scheinen die Schiffe so weiß — Fähre nach Korsika
Steinig und karg — das Hinterland bei **Coursegoules**
85 In den Großstädten wie unter Dorfplatanen — ein Platz für das Boulesspiel findet sich immer.
86 Auf uralten Wegen durch die Alpen: Wanderschäfer mit ihren Herden
87 Fromm und sinnenfroh — barocker Turm der Kirche von **Lucéram**
88 Provenzalische Ziegel, italienische Fassaden und Türme — die Grafschaft Nizza zwischen Frankreich und Italien. Kirche Notre-Dame-de-la-Menour im **Tal der Bévéra**

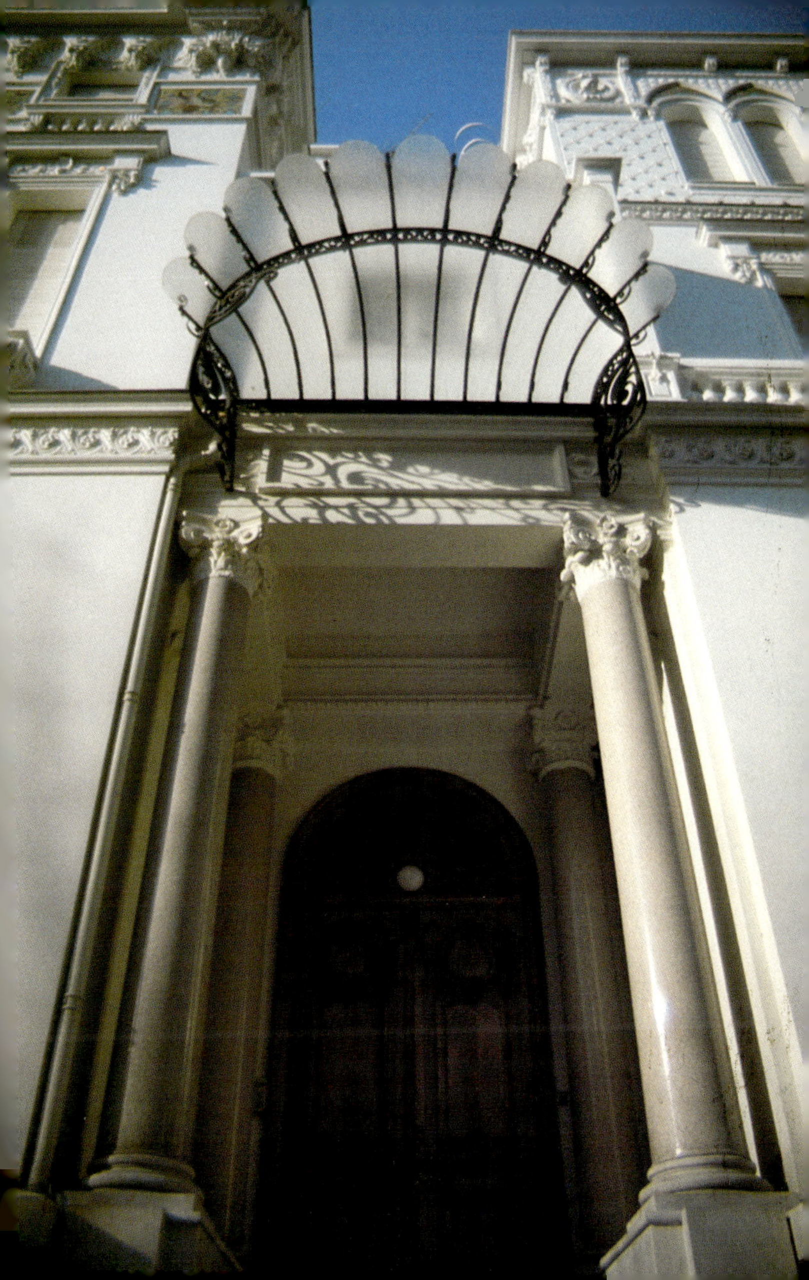

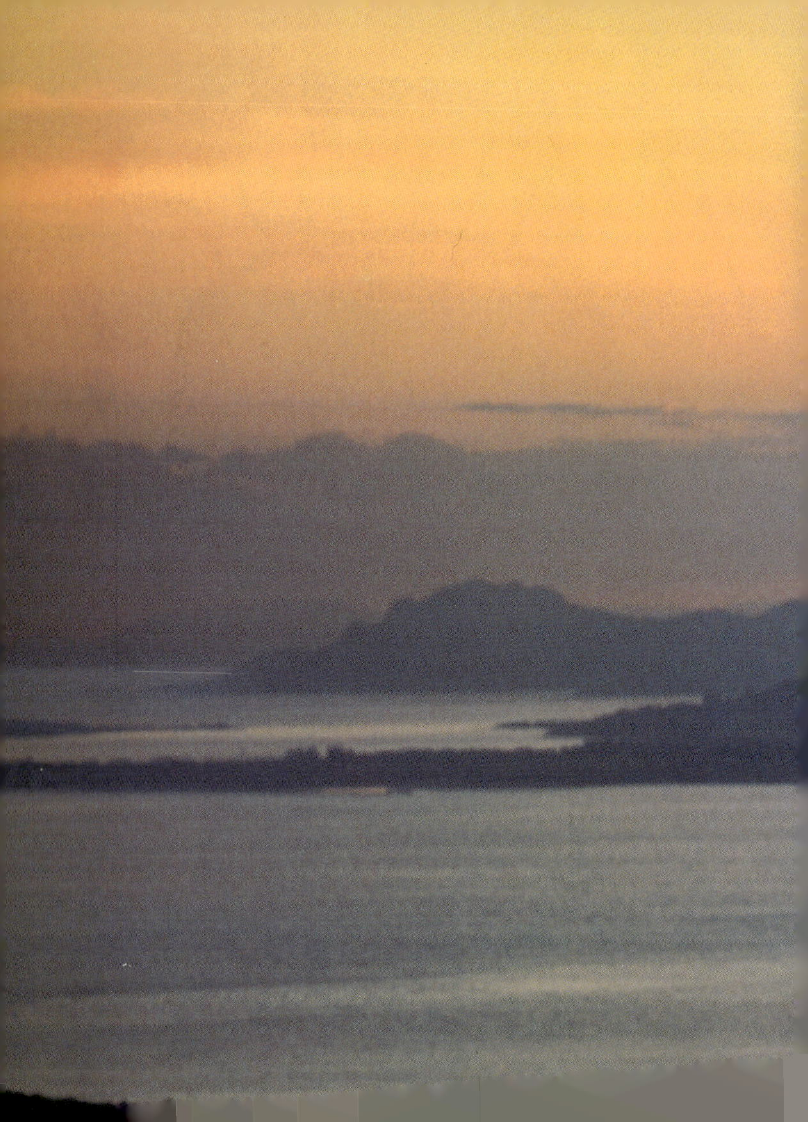

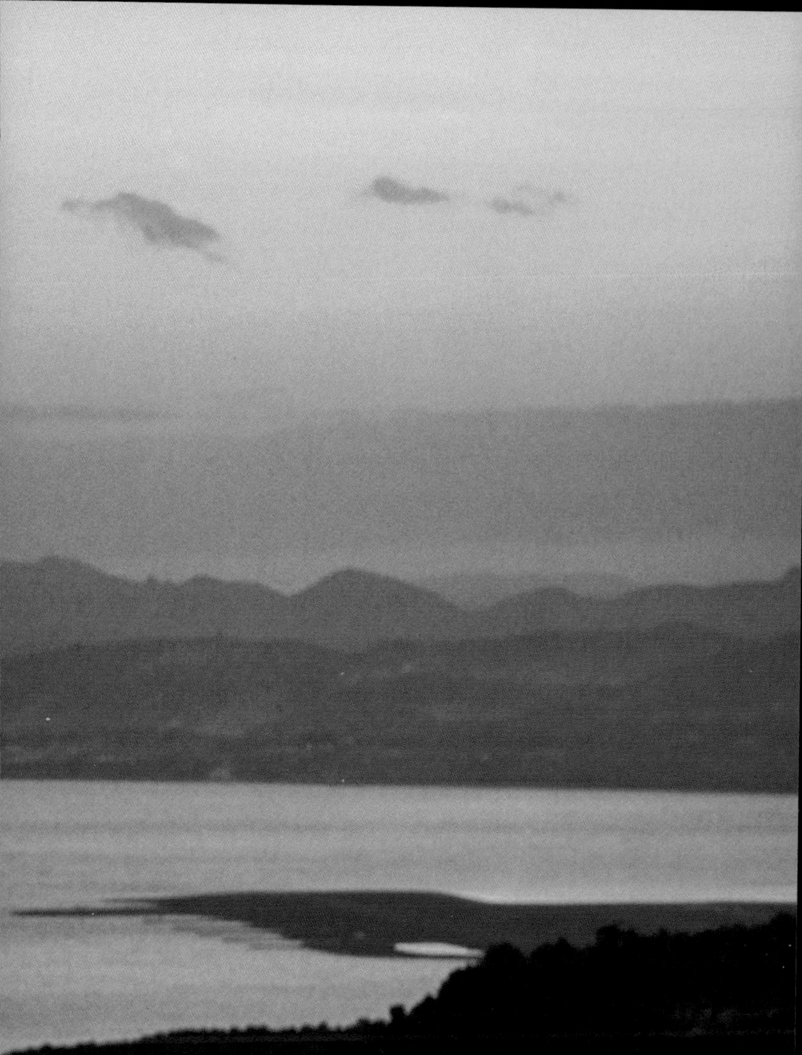

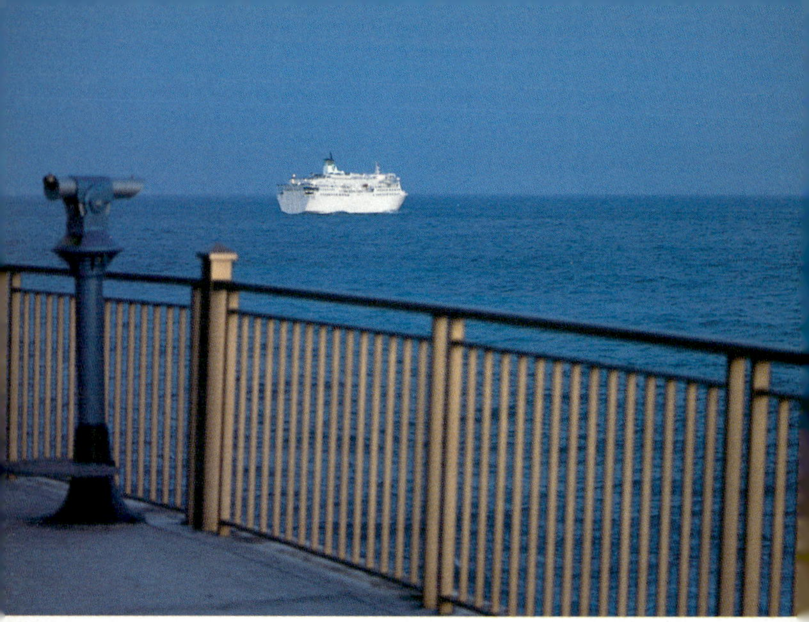

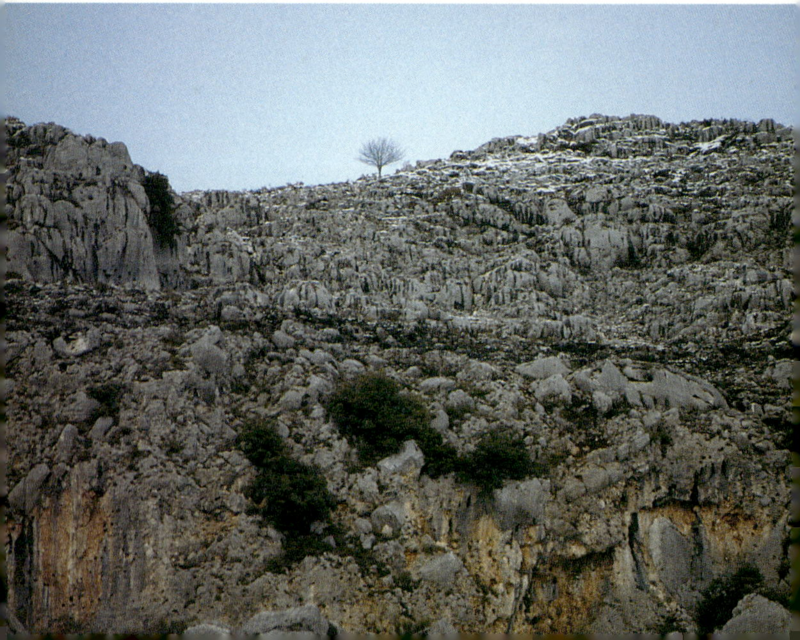

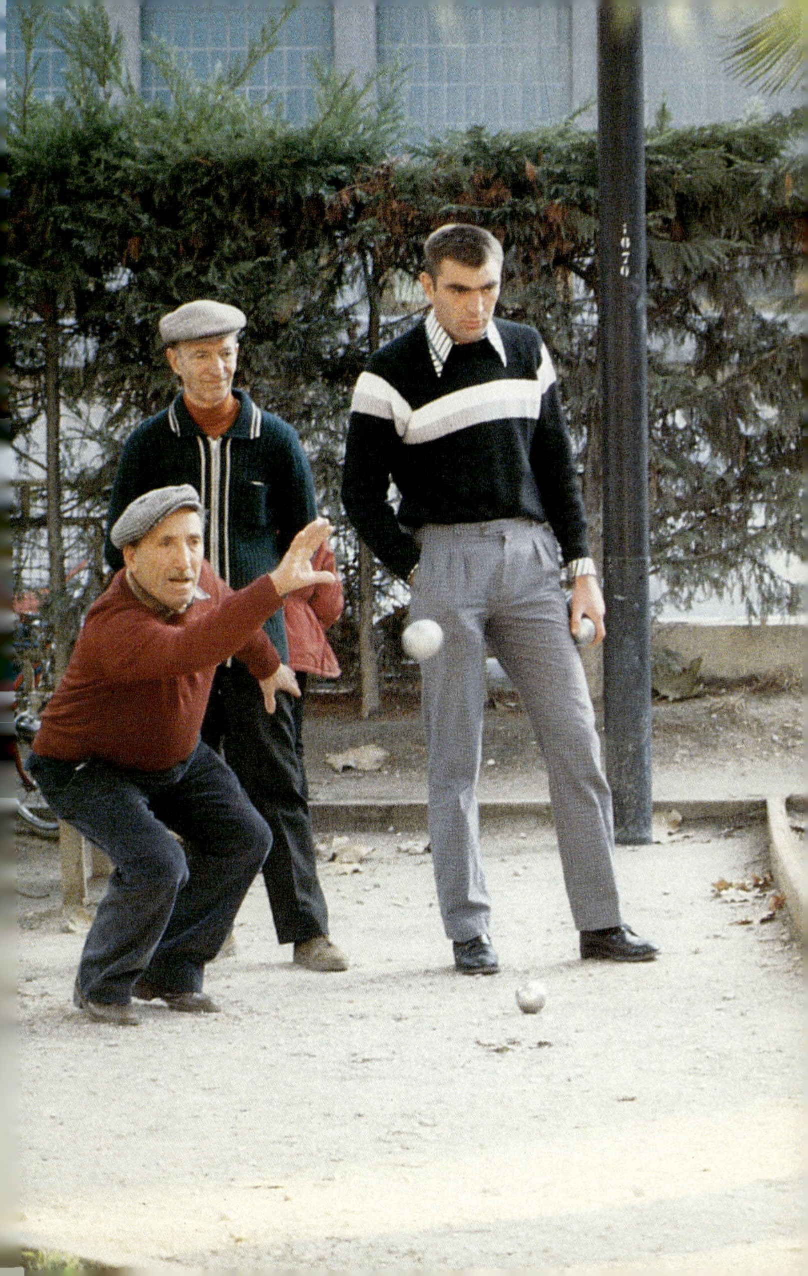

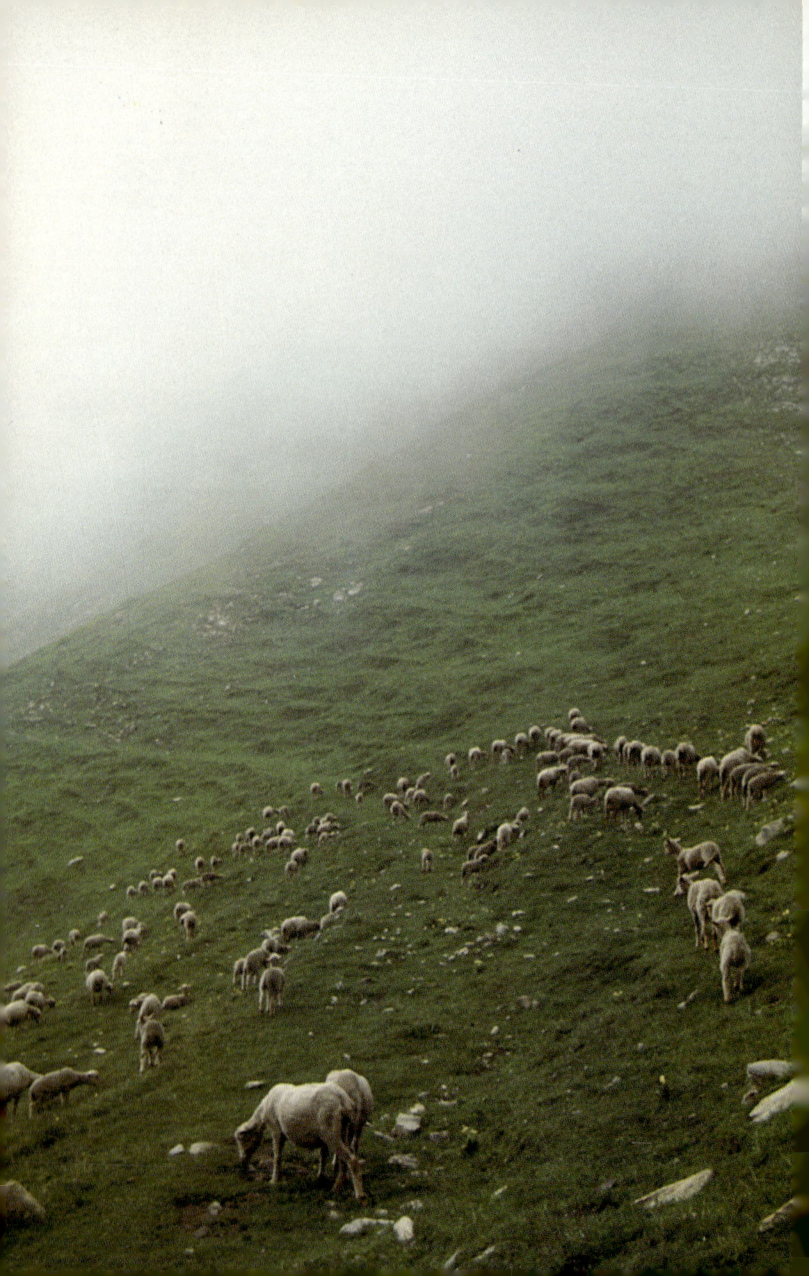

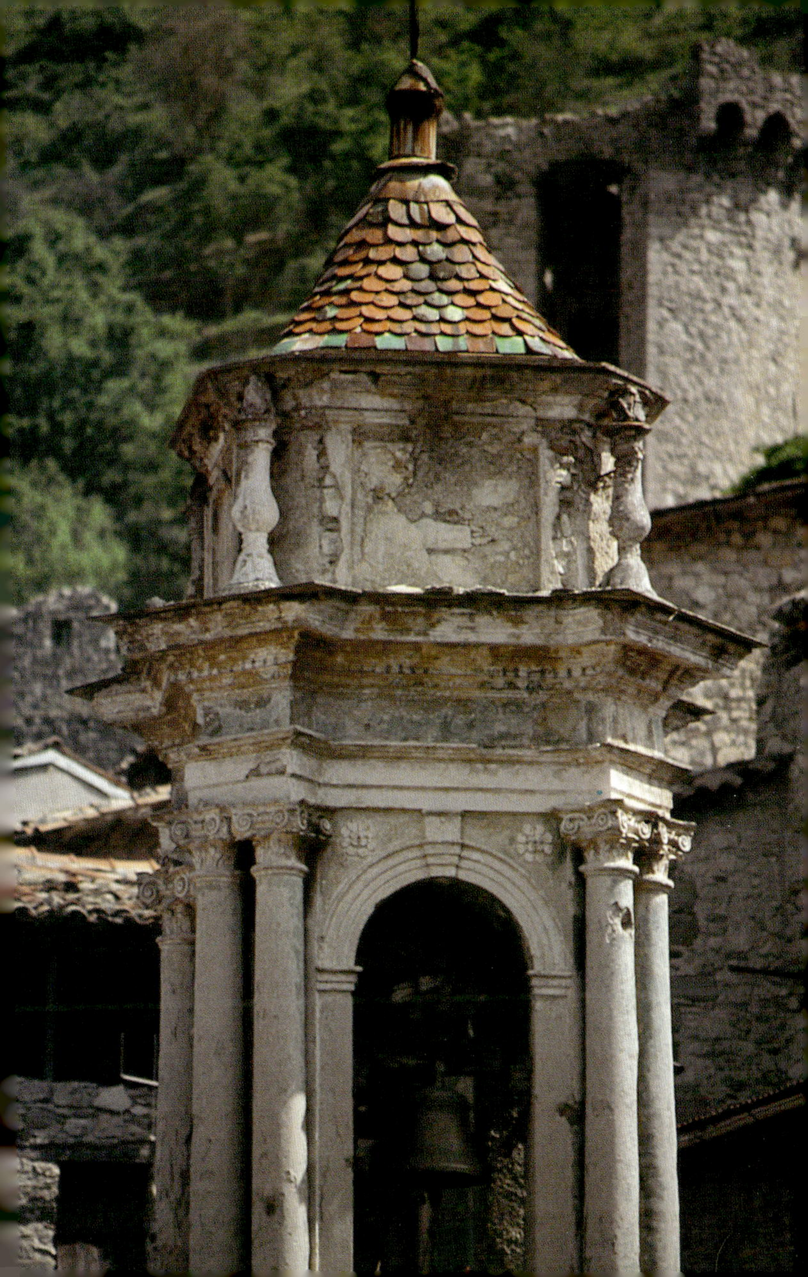

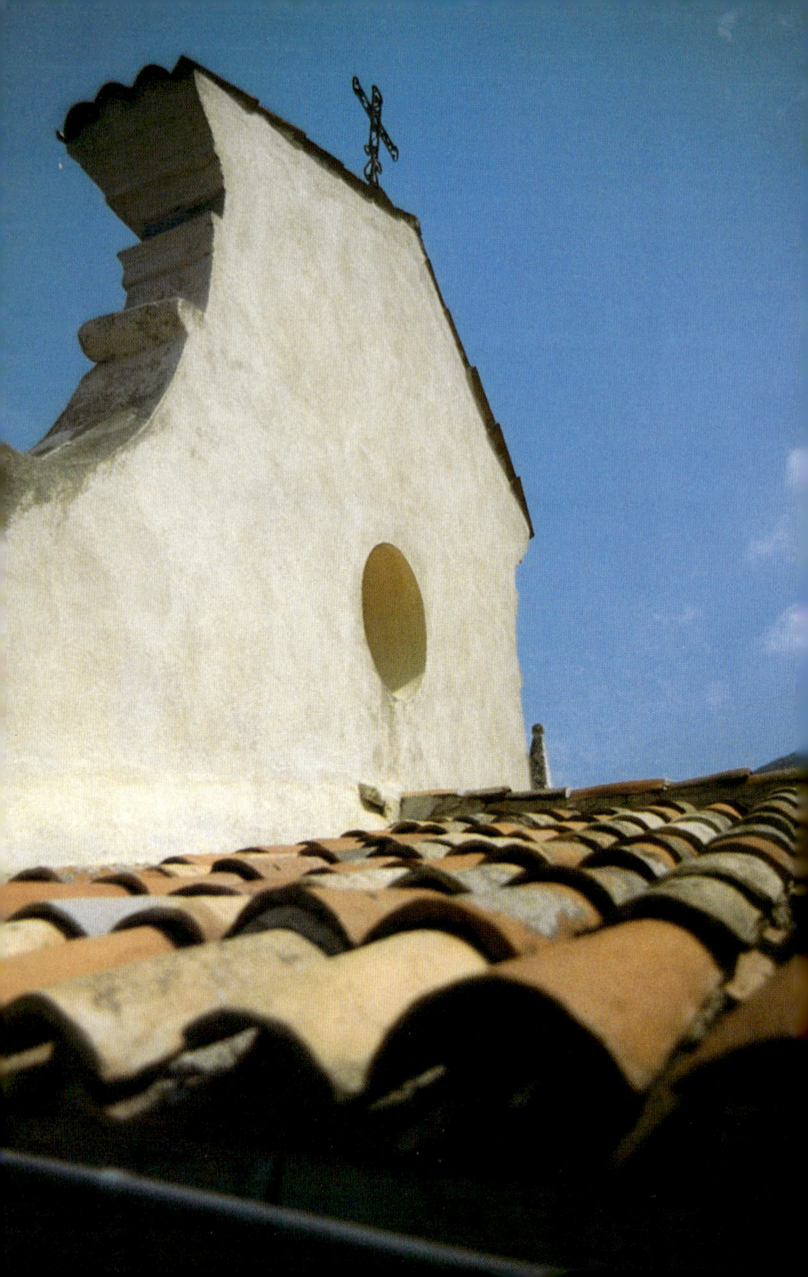

es ganz selten. Der romanische Stil reicht unmittelbar an die Renaissance heran, wie zum Beispiel das Portal der Kirche in **Tende** ausweist. Aber auch die Renaissance selbst ist nur schwach vertreten. Die Grafschaft Nizza war das Land des **Barocks.**

Barocke Kirchen und wehrhafte Dörfer

Das Barock kam gegen 1600 aus Turin und Genua. Träger waren häufig die religiösen Orden, an ihrer Spitze die Jesuiten. Die Orden und «Brüderschaften», die aus den Gemeinden heraus entstanden, bauten auch die meisten der rund 150 barocken Bauwerke der Region und verliehen ihnen ihren Namen.
Stilistisch zeichnen sich die barocken Kirchenbauten dieses Gebiets dadurch aus, daß sie innen und außen ganz verschiedenen Prinzipien folgen. Das Äußere ist schmucklos, fast wie romanische Fassaden. Wo die Fassaden reich verziert sind, wie etwa an der Kathedrale *Sainte-Réparate* in Nizza, handelt es sich meist um Überarbeitungen aus dem 19. Jahrhundert. Das Innere hingegen kann sich nicht genug tun am spielerischen Dekor. Säulen, Bögen, Streben, alles, was funktional ist, wird zum Träger von Schmuck, von Bändern, Emblemen, allegorischen Figuren. Das Hauptschiff mit dem Gestühl ist auf den Altar ausgerichtet, zugleich flankiert von vielen Seitenaltären, die häufig reichen Familien oder Brüderschaften überlassen waren und miteinander um die reichste Ausstattung konkurrierten. Wo es an Mitteln fehlte, behalfen sich die Erbauer mit Illusionsmalerei: der Marmor ist häufig aus Stuck und Farbe. Der Unterschied zu Le Thoronet könnte nicht

Architektur

Nizzas schönste Barockkirche ist die Chapelle de la Miséricorde (Saint Cajetan) in der Altstadt

größer sein. Die einfachen, die großen Linien sind dieser Zeit der ständigen Kriege und Besetzungen verlorengegangen, es herrschte die Sinnenfreude am Nächstliegenden vor.
Die barocke Pracht der Kirchen kontrastiert seltsam mit der gleichzeitigen schlichten Bauweise der Häuser in den Dörfern und Städten, sei es auf der provenzalisch beeinflußten Seite, wo die Steine unverputzt bleiben, sei es im italienisch beeinflußten Osten, wo der Putz in verblichenen Ocker-, Grün- und Orangetönen gefärbt ist. Die Schönheit der Dörfer mit ihren eng zusammenstehenden, im gleichen Stil gebauten, sich aber dennoch alle durch individuelle Physiognomien auszeichnenden Häusern ist auch Ergebnis des Wunsches nach militärischem Schutz. Schutz versprach vor allem die Lage auf Hü-

geln oder Felsvorsprüngen, Schutz boten die Wachttürme, die einfallende Seeräuber oder Sarazenen rechtzeitig meldeten, Schutz gewährte eine Bauweise, die um den Ort einen Ring aus direkt aneinander gebauten Häusern legte, womöglich zusätzlich durch eine Mauer mit soliden Toren verstärkt. Wenn dies alles nichts half, konnten die Dorfbewohner vor dem Feind noch in ein besonders befestigtes, schloßartiges Gebäude auf dem höchsten Punkt des Dorfes fliehen. Nach diesen Prinzipien wurde schon im 10. Jahrhundert mit dem Bau von **Roquebrune** verfahren, diesem Prinzip gehorchen auch die vielbesuchten *Villages perchés* wie **Eze,** diesem Prinzip folgen die Baupläne von Orten wie **Antibes** oder **Saint-Paul,** von den französischen Königen als Grenzbefestigungen gegen das savoyardische Nizza ausgebaut, das seinerseits **Saorge** an der engsten Stelle des *Roya-Tales* auf ähnliche Weise befestigte. Auch Städte wie das alte **Monaco** auf dem Felsen oder **Saint-Tropez** entsprachen in ihrer Bauweise der gleichen Logik.

Die «Folies» der Belle Epoque

Gar keiner Logik folgt der Baustil der Côte, nachdem sie berühmt wurde. Die Architektur dieses Landstrichs, das sind in den Phantasien und Erinnerungen der meisten ihrer Besucher keine Sakralbauten, welchen Stils auch immer, sondern das *Casino* und das *Hôtel de Paris* in **Monaco,** das *Negresco* in **Nizza** oder das *Carlton* in **Cannes.** Der Tourismus, der sich damals aus dem Nichts entwickelte, schuf sich eine Architektur, die ebenfalls aus dem Nichts entstand; der Reichtum, der von außen kam, brachte auch die Stilformen von außen mit. Und da er aus aller Welt stammte, war alles möglich, außer

Allerweltsarchitektur. Ein Engländer, der in Indien gelebt hatte, bestellte ein rosa Schloß, das aussieht, als hätte es ein Maharadscha für Lady Macbeth bauen lassen, ein russischer Fürst ließ seinen Traum von einem arabischen Harem zu Stein werden, ein amerikanischer Geschäftsmann gab einen Palast in Auftrag, der einem Bauernhaus aus dem Berner Oberland nachempfunden ist, wer immer schon einmal Ludwig XIV. sein wollte, bekam sein kleines Versailles. Es gab Platz, es gab Geld, da konnte es an Architekten, Maurern und Stukkateuren nicht fehlen. Alles begegnete, alles überlagerte, alles kreuzte sich. Alle Stile, die aus der Geschichte bekannt waren, fanden Verwendung – und manchmal noch einige mehr. Europa, das endgültig in die industrielle Ära seiner Geschichte eintrat, schaute zurück und kostümierte sich.

Die Architektur der **Belle Epoque,** deren Stil in der Stillosigkeit bestand, prägte nicht nur ein paar Großhotels, wie es heute scheinen mag. Innerhalb von 50 Jahren entstanden mehr als 20000 Gebäude. Die großen Villen imitierten die Schlösser, die kleinen Villen die großen, die Mietshäuser die Grandhotels, alles im Dienst von Imponiergehabe und Spiel.

Die neuen Materialien wie Eisen und Glas mußten sich als Vordächer über den Eingängen zu Girlanden flechten, die Balkons verloren ihre alte Kommunikationsfunktion und wurden gleichfalls dekorative Elemente der Fassade, die Fenster als Bilderrahmen gestaltet. Kuppeln kündeten davon, daß man sich das Nichtsnutzige leisten kann. Diese Architektur kennt keine Ecken und Kanten und widmete der Vertuschung der Hausecken deshalb besondere Aufmerksamkeit, diese Architektur ist auf keinen historischen Sinn mehr bezogen und kann deshalb zum Beispiel die allegorischen Figuren an den Fassaden durch mehr oder minder geglückte Gipsabbilder der Besitzer(innen) ersetzen.

Überall Dekor: Belle-Epoque-Applikationen am Bahnhof von Nizza

Dabei überdeckt der unendliche Formenreichtum nur strikte Ökonomie. Das gilt selbst für die reichsten Bauten. Die ganze Stadt – die alten Fotos von Nizza zeigen das besonders deutlich – schaut nun mit ihren Fassaden nach Süden, wie auf Befehl zur Sonne hin ausgerichtet. Die Südfassaden sind reich dekoriert, die Dienstbotenseite bleibt ungeschmückt. Auch das Leben, von dem diese Architektur kündet, hatte seine Schattenseiten. Den größeren Wohnkomplexen, die noch in den zwanziger Jahren des 20. Jahrhunderts nach dem Muster der Belle Epoque entstanden, sind die reichen Fassaden nur vorgehängt, innen ist eine Wohnung wie die andere, draußen keine wie die andere. Das Prinzip der barocken Kirchen wurde umgekehrt – das Innere nach außen und das Äußere nach innen. In diesem Teil Frankreichs erkennen wir deutlicher als sonst irgendwo, daß der modernen Architektur nicht nur eine postmoderne folgte, sondern eine prämoderne vorausging, die den gleichen Prinzipien gehorchte – unter dem Vorwand, keinem Prinzip mehr gehorchen zu wollen.

Obgleich es der Architektur, die seit den dreißiger Jahren des 20. Jahrhunderts an der Côte realisiert wurde, an Beton und Stahl, an rechten Winkeln, an Kuben, Rastern und Reihen, an stereometrischer Körperhaftigkeit und Flachdächern nicht mangelt, mangelt es doch an wirklich herausragender moderner Architektur. Zu den Ausnahmen rechnet das von Marcel Breuer entworfene *IBM-Forschungszentrum* in **La Gaude** mit seiner moderaten X-Form und seinen markant ausgeprägten Fensterreihen, zu den Ausnahmen gehört auch das Haus, das José Luis Sert für die Bilder der *Fondation Maeght* auf den Hügeln von **Saint-Paul-de-Vence** entworfen hat. Versuche, architektonisch an regionale Traditionen anzuknüpfen, wie die Touristenstadt, die Jacques Couelle bei **Port-La Galère** in die Felsen des Estérel baute, blieben die Ausnahme. Die Großbauten, die es erlaubt hätten, neue Akzente zu setzen, wie Hubert Benetts *Festivalpalast* in **Cannes** sind weder funktional noch dekorativ oder lassen Gestaltungswillen allenfalls auf dem Dach erkennen wie das *Loews-Zentrum* in **Monaco,** dessen Dachterrasse Vasarély entwarf. Benetts Festivalpalast trägt seinen Spitznamen «der Bunker» gewiß nicht zu Unrecht, andere Gebäude tragen ihn nur deshalb nicht, weil er schon vergeben ist, seltsame architektonische Gebilde in einer so ganz anders gearteten Landschaft.

Die Küste der modernen Malerei

 95 *Die Museen machen die Sinne hungrig*
 98 *Picasso und der Bäcker Bianco*
100 *Die «Primitiven» von Nizza*
103 *Mit parfümiertem Handschuh: die Malerei der Van Loo und Fragonard*
104 *Alle kamen, und alle fanden ihren Ort: vom Impressionismus zur klassischen Moderne bis in die Gegenwart*

Die Museen machen die Sinne hungrig

Alles, was in diesem Gebiet nicht Natur und Klima ist, sondern der menschlichen Tätigkeit unterlag, sei es nun im Bereich der politischen Geschichte, der Wirtschaft oder der Architektur, scheint dem gleichen Rhythmus zu gehorchen: bedeutende vorgeschichtliche Zeugnisse, eine sehr bedeutende römische Epoche, dann einzelne Zeugnisse aus dem Mittelalter und dem Barock, die in einer über 1000 Jahre dauernden Periode am Rande der Geschichte die Ausnahme von der Regel bilden – und dann mit dem ausgehenden 19. Jahrhundert, mit dem Tourismus ein plötzlicher und unerwarteter Aufstieg. Die Geschichte der Malerei an der Côte gehorcht diesem Rhythmus offenbar auch: Es gibt einmalige **Dokumente frühgeschichtlicher Malerei** im *Vallée des Merveilles,* dem «Tal der

Wunder», während sich die Kunst der römischen Zeit vor allem in der Architektur erhalten hat. Im ausgehenden Mittelalter entsteht eine bedeutende regionale Kunst, die man **Les primitifs niçois** nennt und als deren bekanntester Vertreter *Louis Bréa* gilt, dem französischen **Barock** schenkt die Côte *Van Loo* und *Fragonard* – und dann, vom Ende des 19. Jahrhunderts an, ist der Beitrag der südfranzösischen Küste zur modernen Malerei gar nicht mehr zu überschätzen. Die meisten «Großen» zwischen Impressionismus und der klassischen Moderne haben dort gemalt und gelebt. Glücklicherweise blieb ein Gutteil von dem, was da geschaffen wurde, in der Region, und so ist die südfranzösische Küste zwischen Saint-Tropez und Menton für den an moderner Malerei Interessierten nicht nur einen Umweg, sondern eine Reise, viele Reisen wert. Der eigentliche Reiz liegt dabei nicht in erster Linie in der Menge des Anschauenswerten. Wer darauf reflektiert, ist in Paris besser aufgehoben. Reizvoll scheint mir vielmehr, daß der Umfang des Ausgestellten in den Museen, gemessen nicht nur am Louvre oder den Uffizien, sondern auch am Museum of Modern Art oder am Guggenheim-Museum in New York, am Picasso-Museum in Paris, relativ klein ist. Aus den Museen an der Côte geht kaum ein Besucher mit dem Gefühl, weit länger geblieben zu sein, als das eigene Aufnahmevermögen erlaubte und dennoch eigentlich keinen rechten Eindruck bekommen zu haben. Sie sind keine Alpträume für Kinder. Sie schließen andere Genüsse nicht aus, machen die Sinne hungrig, statt sie zu übersättigen.

In dieser Hinsicht ist das oft genannte Hotel und Restaurant **La Colombe d'Or** am Eingang von *Saint-Paul-de-Vence*, wo der Gast mit Blick auf die Hügel des Hinterlandes speist, mit Blick auf die baulich geschlossene alte Stadt und auf die umfangreiche Sammlung von Gemälden Pierre Bonnards, Georges Braques, Raoul Dufys, Henri Matisses, Joan Mirós, Pablo Picassos, doch ein Symbol für den Status der Kunst in diesem Landstrich vielfältiger Genüsse. Daß der Besucher nicht billig davonkommt und trotzdem kaum den Eindruck haben dürfte, avantgardistische Küchenleistungen genossen zu haben, steht in mindestens einer Beziehung in Übereinstimmung mit dem Schicksal der da gesammelten Bilder: Einst wohlfeile Dankesgaben von malenden Außenseitern an Monsieur Roux, den Besitzer des Restaurants, sind heute teure Klassiker.

Um nicht mißverstanden zu werden: Die Malerei an der Côte d'Azur ist in den Museen teils umsonst, teils für bescheidene Eintrittspreise zugänglich, und der Kunstfreund kann sich auch, statt in der Colombe zu tafeln, mit einem Picknick in den Olivenhain um Renoirs Villa **Les Collettes** in *Cagnes* setzen, er kann in *Vallauris* auf dem Dorfplatz einen Pastis trinken und auf Picassos Statue *Mann mit Schaf* sehen. Die moderne Kunst ist in dieser Gegend nicht exklusiv – aber sie ist auch keineswegs nur Arabeske, die sich um luxuriöses Touristenleben rankt.

An diesem Punkt nämlich hört die Analogie zur Architektur auf, denn während der Aufschwung der Architektur am Ende des 19. Jahrhunderts zum Rückgriff auf alle historischen Stile unter dem Diktat des Dekors und der Repräsentativität führte, nahm die Malerei ihren Aufschwung gerade auf dem entgegengesetzten Weg durch Zerschlagung des Alten und den Entwurf einer neuen Formensprache. Hier steht die Suche nach Gefälligkeit, nach Maskerade, der Verzicht auf Sinn, dort die Provokation, der Versuch, die Sachen neu zu sehen und neu zu gestalten; hier wird aus aller Welt und aller Geschichte zusammengerafft, dort kommt man aus aller Welt und strahlt aus in alle Welt.

Picasso und der Bäcker Bianco

Daß die moderne Kunst an der Côte leichter zugänglich ist – in allen Bedeutungen des Wortes –, als anderswo, liegt wohl darin begründet, daß wir sie da noch im Zusammenhang mit der **Lebenspraxis** der Künstler denken können, die sie hervorgebracht haben.

Es ist noch nicht sehr lange her, daß Picasso, der meist nachts arbeitete und morgens um zwei nach getaner Arbeit in *Vallauris* natürlich keine offene Bar fand, sich zum Bäcker Bianco, der schon bei der Arbeit war, hinten in die Backstube auf einen Sack Mehl setzte, plauderte und noch ein Bier trank. Und da Picasso alles umformen mußte, was ihm unter die Finger geriet, knetete er nebenbei aus Brötchenteig eine grobfingrige Hand, die der geschickte Bianco als «Picasso-Brötchen» vermarktete – ein Gleichnis auf den Künstler Picasso, ein Symbol für sein Verhältnis zu seiner Umgebung, zu den Leuten der Region, in der er meist lebte, für das Schicksal seiner Werke. Moderne Kunst erscheint an der Côte nicht in gleicher Weise wie in den großen Museumsstädten als von der Lebenspraxis getrennt, und deshalb kann der Besucher sie in dieser Gegend auch leichter zur eigenen Lebenspraxis in Beziehung setzen.

Der Anteil der Maler der klassischen Moderne an der Gesamtheit der Malerei, die an der Côte d'Azur entstand, ist so außergewöhnlich groß, daß unser Blick zuerst auf sie fallen mußte. Einzigartig ist sie, doch nicht einzig. Und so wollen wir denn vor einem Überblick darüber, welche Maler des aus-

---

Ausschnitt aus Picassos Monumentalarbeit «Krieg und Frieden» in der Kirche von Vallauris

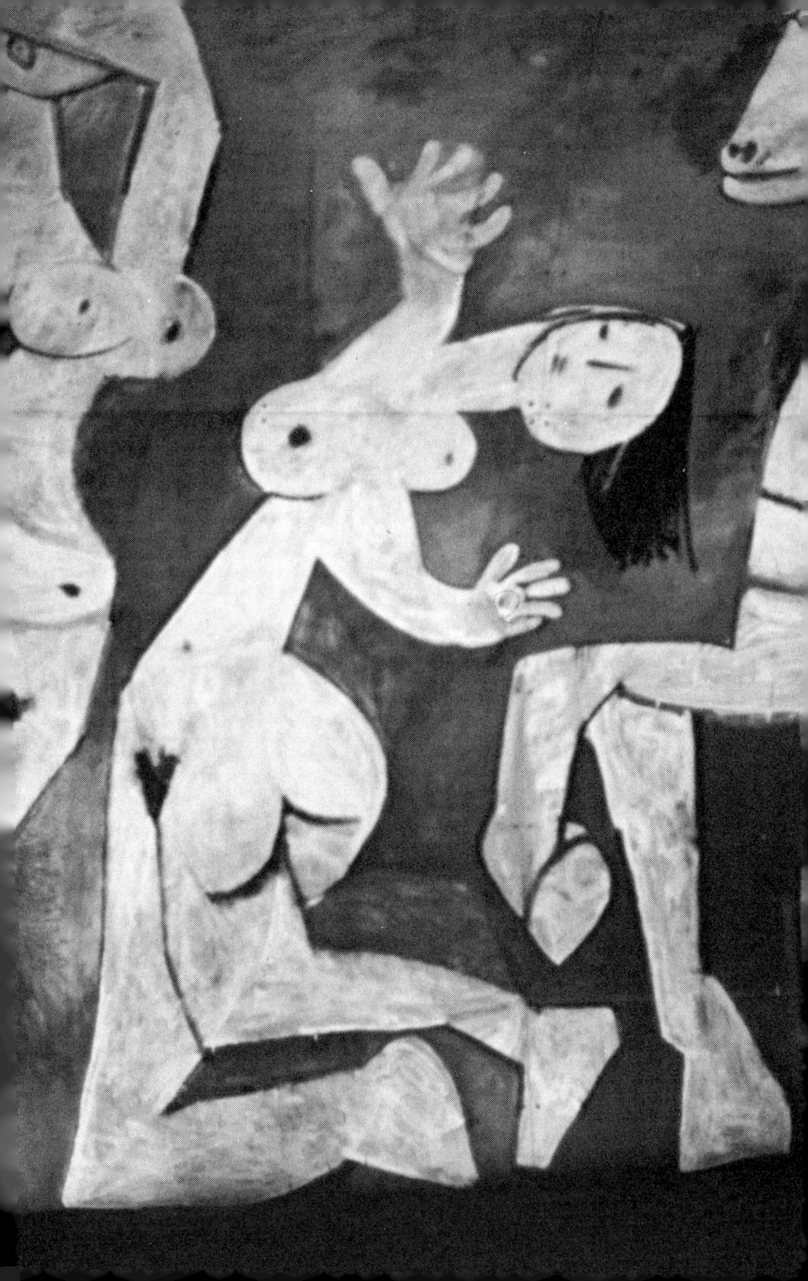

gehenden 19. und 20. Jahrhunderts dort arbeiteten und was von ihren Arbeiten gegenwärtig dort zu besichtigen ist, der Geschichte Genüge und zunächst einige Schritte zurück tun, ins 15. Jahrhundert.

Die «Primitiven» von Nizza

Seit der Mitte des 15. Jahrhunderts entwickelte sich an der Küste und im Hinterland bis an die hohen Alpenpässe eine Kunst der Altarbild- und Freskenmalerei, die man eher in den toskanischen Kirchen, den lombardischen Domen als in den kleinen, dunklen, mittelalterlichen Kirchen der ehemaligen Grafschaft Nizza ansiedeln möchte. Kunsthistoriker haben diese plötzlich aufblühende und mit dem 16. Jahrhundert ebenso plötzlich endende Bewegung als «Nizzaer Schule» bezeichnet, aber von einer Schule im eigentlichen Sinn kann nicht die Rede sein. Die französische Bezeichnung *Primitifs Niçois* ist ebenfalls irreführend, obgleich diese Malerei meist noch etwas von einer naiven Frömmigkeit verrät, die dem italienischen «Cinquecento» schon abhanden gekommen war, denn was diese Maler hinterlassen haben, ist nach Themen, Techniken und Arbeitsweisen durchaus nicht «ursprünglich», sondern stark beeinflußt von der oberitalienischen Kunst. Sicher sind *Louis Bréa,* sein Bruder *Antoine* und dessen Sohn *François,* die bekanntesten Künstler dieser Zeit, aus Nizza gebürtig, ebenso *Jean Miralheti* und *Jacques Durandi,* aber sie arbeiteten auch in Ligurien. *Jean Baleison* stammt hingegen aus Piemont, ebenso wie *Jean Canavesio* und *André de la Cella*. Nein, diese erste Blüte der Malerei zwischen Seealpen und Küste ist nicht denkbar ohne die oberitalienischen Künstler, die vor den Bürgerkriegen und der Pest in und über die Berge flohen. Ihre Auftraggeber – Gemeinden, Klöster, Orden, Bruderschaften oder Zünfte – waren selten reich und die Aufgaben immer gleich: die bescheidenen Kirchen mit Fresken oder mit Retabeln zu versehen. Hölzerne Altarbilder und Wandmalereien sind die Medien der Malerei des 15. und 16. Jahrhunderts, wobei die Freskentechnik von der gebräuchlichen abweicht, denn die gelösten Farben wurden nicht direkt auf feuchten Tonverputz aufgetragen, sondern zunächst in einer Art Leim gelöst.

Die vertraglich verpflichteten Künstler waren in der Wahl ihrer Themen nicht frei, und so sind die Motive denn auch auf Szenen aus dem Neuen Testament (aus dem Alten Testament interessiert meist nur die Schöpfungsgeschichte) und Heiligenlegenden festgelegt. Das Zentralbild zeigt in der Regel die Verkündigung, die Geburt, die Taufe, die Kreuzigung, die Auferstehung oder die Himmelfahrt Christi, unter den Heiligen nimmt der heilige Sebastian einen besonderen Platz ein:

Die Farben im Süden

Es ist keine zufällige Besonderheit, daß ich soviel von Farben spreche. Man kümmert sich in diesen Ländern vielmehr um Farben als in unserer braunen und grauen Welt. Sogar das Menue wird pittoresk. Hier am rollenden phosphorschimmernden Meer, ist das Dejeuner in den Fischerherbergen eine große Orgie von Farben. Der rotflossige Fisch schwimmt in einer Safransauce, andere flimmern silberschuppig, und die grellroten Langusten sind von mattgrünen Oliven umrahmt... Dazu das blaue Meer und am weißen Strand Pinien und Zypressen. Das ist längst der Küste, von der Küste bis zur Riviera.
(Hugo von Hofmannsthal)

Ihm werden Wundertaten gegen die damals allgegenwärtige Pest zugeschrieben. Das Leid der Menschen konnte noch nicht direkt dargestellt, sondern nur aus den Wundern erschlossen werden, auf die sie hofften.

Die meist sehr wenig bewegten Figuren auf den Altarbildern und Fresken muten noch sehr mittelalterlich an, der Goldgrund verschwindet erst allmählich, aber dennoch ist diese Malerei eine des Übergangs zwischen Mittelalter und Renaissance wie zwischen Italien und Frankreich. Am deutlichsten zeigen das die Partien der Werke, in deren Ausführung die Künstler die größte Freiheit hatten, nämlich bei der Gestaltung der unteren Teile der Fresken und den kleinen Predellen unter den großen Altarbildern. Dort finden sich zum Beispiel allegorische Figurationen der Tugenden und Laster – die Laster natürlich viel besser durchgestaltet und lebensnäher.

Einige der wichtigsten Werke der «Primitiven» des 15. und 16. Jahrhunderts sind in *Nizza* im **Musée Massena** untergebracht, aber da fehlen ihnen die Aura der düsteren kleinen Kirchen, der Duft nach Weihrauch und Moder in den Seitenaltären, der künstliche Marmor und das abblätternde Gold, das flackernde Licht der geweihten Kerzen, jene leicht stockige südliche Frömmigkeit, die etwas Heidnisches und etwas Gegenrevolutionäres zugleich haben muß, um authentisch zu sein. Für den, der die Altarbilder und Fresken nur an den Orten betrachtet, für die sie gemacht wurden und die im Sommer stark besuchten Kirchen an der Küste meidet, ist es ziemlich egal, wohin er sich wendet, um einen Eindruck von den «Primitiven» zu bekommen: nach *Peillon* oder *Peille*, nach *Lucéram* oder *Sospel*, nach *Utelle, La Roquette, Roquebillière, La Tour, Roure* oder *Roubion*, nach *Lieuche*, nach *Biot, Tourette-sur-Loup, Bar-sur-Loup, Gréolières, Bouyon, Le Broc* oder *Bronson*. Einen Ausflug in einen dieser Orte verbinden die

Malerei 103

meisten Reisenden mit etwas anderem und sei es mit einem Skitag in der modernen Skistation *Auron*, wo von den Tausenden von Abfahrern, die ihre Ski neben der Kirche *Saint-Erige* abschnallen, kaum einer ahnt, daß darin Fresken von der Frömmigkeit des 15. Jahrhunderts zeugen. Die schönsten an Giotto erinnernden Fresken aber finden sich am hintersten Ende des *Roya-Tals*, in der Kapelle **Notre-Dame-des-Fontaines** bei *La Brigue* (S. 194–197).

Mit parfümiertem Handschuh: die Malerei der Van Loo und Fragonard

Vor allem Nizza und Grasse sind stolz auf ihren Beitrag zur höfischen Malerei des 18. Jahrhunderts, verbunden mit den Namen Van Loo und Fragonard. Die Malerdynastie *Van Loo* (außer dem bekanntesten, *Carle*, entstammten der Familie auch *Louis-Michel*, der am spanischen Hof arbeitete, und *Amédée*, der «preußische Van Loo» genannt, weil er dort erster Hofmaler war) hat die höfische Malerei des vorrevolutionären Zeitalters in Frankreich wesentlich geformt. Ich habe nur wenige Besucher im **Musée Jules Chéret** vor den großen Van Loo mit ihren Allegorien und Mythologisierereien gesehen, deren Gesicht nicht Desinteresse oder Enttäuschung gezeigt hätten. Auch *Honoré Fragonard* aus Grasse, Sohn eines Herstellers parfümierter Handschuhe, war ein Lieblingsmaler des französischen Hofes, und der Beruf des Vaters blieb seines ästhetischen Handschrift nicht äußerlich. Als die Revolution von 1789 ausbrach und seine traditionelle Pariser Kundschaft vertrieb oder kopflos machte, ging er nach Grasse zurück. Sein dort im **Musée Fragonard** ausgestelltes Œuvre kontrastiert mit dem von seinem Sohn entworfenen Treppenhaus, das die Inhalte und die Formensprache der Zeit Napoleons aufgenommen hat.

Nizza hat seinen Malern des 19. Jahrhunderts dankbar Ehrenplätze im **Musée Chéret** angewiesen. Es gibt dort aber wenig wirklich Bedeutendes zu sehen, Liebenswertes von *Marie Bashkirtseff*, Immer-noch-Klassisches von *Biscarra*, Aquarelle von *Alexis Mossa* mit Landschaftsmotiven, die von eher dokumentarischem Interesse sind, und dann natürlich Werke des Mannes, der dem Museum den Namen gab, Dekorationsmaler der Belle-Epoque, dessen Arbeiten schon den Übergang zum Werkeplakat einleiten. Der frivole Symbolismus des jüngeren *Gustave-Adolphe Mossa* hat hingegen seinen ästhetischen Reiz bewahrt.

Alle kamen, und alle fanden ihren Ort: vom Impressionismus bis zur klassischen Moderne bis in die Gegenwart

Die bedeutenden Entwicklungen der Malerei aber kamen allesamt von außen. Sie setzen mit dem Impressionismus ein. Neben *Monet* kam auch *Renoir*. Er suchte Heilung im milden Klima des Südens, fand schließlich für sich und seine Familie ein wunderschönes Grundstück inmitten von Olivenhainen, wo er die letzten zwölf Jahre seines Lebens in einem ganz nach seinen Bedürfnissen entworfenen Haus arbeitete. Es ist als kleines Museum erhalten und gibt einen guten Einblick in die letzten schwierigen Lebensjahre des Künstlers, aber mit nur zwei Originalen einen sehr unzureichenden Eindruck von Renoirs Malerei. Hingegen hat das **Musée-Ile-de-France** in

Malerei

Saint-Jean-Cap Ferrat zwei Landschaftsbilder, die in Cagnes entstanden sind, und das *Musée Chéret* verfügt über einige Porträts von Renoirs Hand.

Renoir kam noch wegen der Gesundheit. *Paul Signac*, der Entdecker von **Saint-Tropez**, kam schon, weil er fern von den Städten zu finden hoffte, was gleichzeitig Gauguin in der Südsee und die Worpsweder Maler im Moor suchten. Signac schaffte es, die bedeutendsten Maler seiner Zeit für einige Zeit nach Saint-Tropez zu ziehen: *Bonnard, Braque, Derain, van Dongen, Dufy, Dunoyer de Segonzac, Matisse, Seurat, Valtat, Vlaminck* und viele andere. Das **Musée de l'Annonciade** in Saint-Tropez führt mit einer reichen, aber auf kleinem Raum untergebrachten Sammlung die wichtigsten Stilrichtungen dieses Nachimpressionismus, Pointillismus und Fauvismus vor. In Saint-Tropez war der Ausgangspunkt der Inbesitznahme der Côte für die moderne Kunst. Valtat und Derain ließen sich später in Cagnes nieder, dahin siedelte 1918 auch Modigliani über; Braque zog zeitweilig nach Saint-Paul, Utrillo nach Nizza.

Andere kamen nach. *Dufy*, in dessen Werk die Promenade des Anglais, die Palmen, das mondäne Leben der Casinos, die Explosion des Karnevals verewigt sind (neben dem Museum in Saint-Tropez hat vor allem das *Musée Chéret* in Nizza viele seiner Werke gesammelt). Matisse widmete die Stadt Nizza mit dem **Musée Matisse** nahe seinem letzten Wohnort auf dem Hügel von *Cimiez* eine kleine Gedenkstätte, nachdem sich Matisse selbst mit der **Chapelle du Rosaire** in Vence ein dauerhaftes Denkmal gesetzt hatte. Es kam vor allem Picasso, der diesen Teil Südfrankreichs seit den zwanziger Jahren des 20. Jahrhunderts zu «seiner» Landschaft erklärte, Picasso, der die Anstöße in Paris gebraucht hatte, aber eben auch das Mittelmeer als Quelle seiner archaischen Inspiration nicht entbehren konnte. Das **Musée Picasso** in Antibes zeigt es. Cocteau kam immer dorthin, wo die anderen waren, «besetzte» *Villefranche (Chapelle Saint-Pierre)* und *Menton (Hôtel de Ville* sowie **Musée du Bastion**). Chagall siedelte sich erst nach dem Zweiten Weltkrieg an der Côte an. Seine Hauptwerke der fünfziger und sechziger Jahre, die «Message biblique», waren Anlaß, ein eigenes Museum zu bauen, das **Musée national Message biblique Marc Chagall** in Nizza. *Fernand Léger* suchte und fand in **Biot** zunächst einen Ort für seine riesigen Keramiken und nach seinem Tod ein ausschließlich seinem Werk gewidmetes großes Museum, das 1960 eröffnet wurde. Die Stiftung **Fondation Maeght** in Saint-Paul hat von allen diesen Malern wichtige Ausstellungsstücke, stellt sie in den Kontext der Moderne und in den Kontext der südfranzösischen Landschaft.

Die den «Großen» gewidmeten Museen lassen leicht **die breite, internationale Malerkultur** ein wenig ins Abseits geraten, ohne die die herausragenden Leistungen nicht möglich gewesen wären. Vergessen und kaum erforscht sind die Werke deutscher Maler, die an der Côte entstanden. Schon in den zwanziger Jahren siedelten sich in *Sanary* und Saint-Cyr Maler wie *Walter Bondy* und der Kunsthistoriker *Meyer-Gräfe* an, die später vielen vor dem Nationalsozialismus geflüchteten Künstlern als Anlaufstelle dienten. *Max Ernst*, das Idol der französischen Surrealisten, war bei Marseille interniert und lebte nach dem Krieg zurückgezogen in *Seillans*, im Hinterland von Grasse. In *Vence* hat *Ferdinand Springer* eine private Sammlung von deutschen Arbeiten der Exilzeit. Der Belgier Frans Masereel, dessen Holzschnittarbeiten erst spät wiederentdeckt wurden, lebte jahrzehntelang vergessen unter dem Dach eines Hauses am Hafen von Nizza. In den fünfziger Jahren suchte eine neue Generation deutscher Maler in Südfrankreich Anschluß an die Moderne, die als «entartet» aus deutschem Boden ausgerissen worden war. Als ein Beispiel für viele kann *Jürgen Waller* gelten, dessen Bild «Exil» von 1982 einen Blick aus der Villa «La Galloise» in Vallauris zeigt. In «La Galloise» hat Picasso gelebt, und so versucht Wallers Bild die Anknüpfung an die Moderne und an die Exiltradition zugleich.

Und **die Gegenwart der Kunst** an der Côte? Sie existiert, wenn sich auch die Zentren verlagert haben. **Festivals der Malerei** in *Cagnes* (Juli/August), in *Menton* (in den Sommermonaten), in *Monaco*, in *Cannes* (Februar) und *Nizza* (speziell für junge Künstler) versuchen, an die große Tradition anzuknüpfen. Die Gegend ist reich an Galerien. Sie halten häufig einen Abklatsch des vorgestern Modernen feil, aber auch noch nicht Gesehenes findet dort zuweilen ein Forum. Einer der wichtigsten Orte zeitgenössischer Kunst in der Region ist die **Villa Arson** in Nizza, nach Paris die zweite Kunsthochschule Frankreichs mit ihren wechselnden Ausstellungen.

Bouillabaisse und Estocaficada: Essen und Trinken

108 Wer sucht, der findet
109 Das Meer im Topf
113 Was Sie unbedingt kosten sollten
120 Und der Wein dazu?

Wer sucht, der findet

Es mag noch Landstriche geben, wo man, hungrig geworden, ins nächstbeste Restaurant geht, das einem mit hoher Wahrscheinlichkeit sorgfältig zubereitetes Essen auftischt, das nach den Erzeugnissen und der Küchentradition eben dieses Landstrichs schmeckt und zudem preiswert ist. Die Côte d'Azur gehört nicht dazu, obgleich es dort einige der besten Restaurants – sagen wir ruhig – der Welt gibt und obgleich es eine begnadete Region ist, wo man alles in hervorragender Qualität bekommen kann, was dem Gaumen schmeichelt. An der Côte muß man das gute Essen suchen, aber wer sucht, der findet auch und nicht nur in den teuren Kategorien. Selbst im Viertel der großen weißen Grandhotels an der Strandpromenade von Cannes gibt es Möglichkeiten, für erstaunlich wenig Geld ein korrektes kleines Menu zu genießen, aber man muß eben wissen wo, sei es dank einem der im allgemeinen doch zuverlässigen Restaurantführer, sei es durch persönliche Tips. Und wenn man dann noch ein wenig Glück hat, findet man eine regionale Küche, die den Reichtum des nahen Meeres und das Aroma der sonnendurchglühten Erde gleichermaßen in sich aufgenommen hat, eine französische Küche an der italienischen Grenze, die aus den Traditionen der beiden kulinarisch reichsten Länder Europas genährt wird.

Das Meer im Topf

Das Gericht des französischen Mittelmeerraums ist für die Besucher aus dem Norden meist die **Bouillabaisse.** Eine Bouillabaisse ist eine lokale Fischsuppe, soviel steht fest. Jeder Versuch, Genaueres zu erfahren, verwickelt Sie unvermeidlich in einen nie zu schlichtenden Glaubensstreit. Sie werden jemanden finden, der Ihnen erklärt, der Name komme vom provenzalischen «bouia baisso», und das heiße «koch und mach Schluß», jemand anderer wird den Namen vom französischen «bouillir à bas» («langsam köcheln») ableiten; Sie werden jemanden finden, der behauptet, man könne Bouillabaisse eigentlich nur am Alten Hafen von Marseille essen, alle anderen seien eben ordinäre Fischsuppen; sie werden jemanden finden, der Ihnen ausführlich begründet, weshalb die Bouillabaisse nirgends so gut ist wie an der Côte, weil dort die felsige Küste den Fischen ein besonderes Aroma verleihe. Wenn Sie hartnäckig sind, finden Sie auch Franzosen, die ihnen die Namen der Fische verraten, die ein guter Koch in die Bouillabaisse tun kann, aber Sie werden dann die Hälfte der Namen nicht im Wörterbuch finden, selbst wenn Sie Ihr dickstes mit in den Urlaub genommen haben. Vor allem werden Sie (leicht) Wirte finden, die Ihnen auf Bestellung eine große Terrine mit einer rötlich-braunen Flüssigkeit vorsetzen – eine we-

Essen

nig durchschaubare Angelegenheit – und zur reichlichen Beimengung von überwürzter Knoblauchmayonnaise, von verbranntem Weißbrot und geriebenem Käse raten, weil sie wissen, daß ihre aus alten Fischabfällen hergestellte und mehrfach aufgewärmte Bouillabaisse sonst kaum genießbar wäre.
Geben Sie sich deshalb aber nicht zufrieden mit Ihrem Eindruck, die vielgerühmte Bouillabaisse sei eigentlich ein banales, vielleicht sogar übelriechendes Gebräu, ziemlich trüb und mit verkochtem Fisch drin; eine richtige Bouillabaisse ist ein wunderbares Gericht, die vornehmste Möglichkeit, nicht nur Ihre Augen, Ihre Ohren, Ihre Nase, sondern auch Ihren Gaumen direkt am schmackhaftesten Vergnügen teilhaben zu lassen, das ein Aufenthalt am Mittelmeer vermitteln kann. Bouillabaisse, wenn sie gut ist, schmeckt nicht nur nach Meer (das tun Austern oder Seeigel auch), sondern nach *Mittelmeer*.

Die Côte ist ein Paradies für Fischliebhaber

Sie besteht aus dem, was generell die Côte ausmacht, aus der Verschmelzung von Land und Meer.

Eigentlich ist sie ganz einfach zu machen: Sie kaufen eine ordentliche Menge frischer Fische vom lokalen Fang, setzen sie mit etwas kleingeschnittener Möhre, Zwiebel, Lauch, Petersilie, Fenchel, Lorbeerblatt und Pfefferkörnern auf, lassen alles etwa 20 Minuten kochen, seihen die Suppe durch (die Reste im Sieb gut auspressen und wegwerfen), kochen sie ein, geben in diese klare Fischsuppe noch einmal ein wenig Lauch, Petersilie, aromatische Tomaten, Olivenöl und Safran, lassen darin einige Fischfilets gerade eben garziehen – fertig. Die Fische gibt es auf dem Fischmarkt (etwa in *Cannes am Hafen,* in *Nizza auf dem Platz Saint-François* oder dem Markt an der *Place de la Libération),* auf dem Preisschild steht «soupe» und «pêche locale»; Sie können ruhig darauf vertrauen, daß die vielen kleinen Felsenfische, die Sie dort sehen, die richtigen sind, auch wenn Sie die Namen nicht kennen. Drachenkopf *(Rascasse)* wird dabei sein, vielleicht auch Sankt-Peters-Fisch *(Saint-Pierre),* Seeteufel *(Lotte)* oder Seeaal. Die Zusammenstellung ist jedesmal ein wenig anders. Im Juni zum Beispiel überwiegen die Drachenköpfe, weil die sich da zu Schwärmen zusammentun und die anderen Fische vertreiben undsoweiter. Jedenfalls müssen es viele sein, viele Fische vieler Arten.

Und was wäre daran nun so schwierig? Küchentechnisch gar nichts. Die Küche des Südens ist keine komplizierte Küche. Und warum gibt es dann nur in kaum zwei Dutzend Restaurants an der Küste eine gute Bouillabaisse? Das hängt damit zusammen, daß das Einfache an dieser Küste so schwer zu machen und so teuer ist. Das beginnt bei der Grundbedingung: die Fische müssen frisch sein. Frisch heißt, am frühen Morgen gefangen. Gute Fischgeschäfte haben nachmittags geschlossen, mindestens im Sommer. Und wenn ein Koch oder Wirt morgens auf dem Markt zuviele Fische eingekauft hat? Er muß ein Qualitätsfanatiker sein, um der Versuchung zu widerstehen, seine Suppe auf Vorrat zu kochen oder gar einzufrieren. Und er muß ein Qualitätsfanatiker sein, um überhaupt die teuren lokalen Fische zu kaufen. Das Mittelmeer ist nicht mehr fischreich, vor allem nicht vor dieser Küste. Der Beruf des Fischers stirbt langsam aus. Um 1970 gab es in Antibes beinahe 100 Fischer, heute sind es noch zwölf, die meisten im Rentenalter. Während die Zahl der Sporthäfen immer weiter wächst, geht die der Fischereihäfen zurück. *Villefranche, Nizza, Cannes, Antibes, Saint-Raphaël, Sainte-Maxime, Saint-Tropez, Hyères* sind einstweilen übriggeblieben. Nirgendwo übersteigt der tägliche Fang mehr die 400 Kilogramm, viel zu wenig schon für die steigende Zahl der Einheimischen, viel zu wenig für die Märkte, für die vielen tausend Restaurants. Also wird ein großer Teil der Fische importiert, sei es aus der Region von *Sète,* sei es aus Marokko auf der anderen Seite des Mittelmeeres, sei es vom Atlantik. Überall dort gibt es gute Fische, aber die Qualität kann nicht die gleiche sein wie die eines frisch am Morgen vor der Haustür angelandeten Fangs.

Natürlich verkaufen die Fischersfrauen die Fische teuer. Die Preise für viele noble Fischsorten haben sich in wenigen Jahren verdoppelt. Warum sollten die Fischersfrauen die einzigen an dieser Küste sein, die etwas verschenkten? Und die berühmten Küchenchefs der Region, die vielleicht morgens um acht neben Ihnen am Kai von Cannes stehen und auf die Fische der Gebrüder Molina warten, die müssen bis auf einen kleinen Abschlag den gleichen Preis bezahlen, den die Fischersfrauen Ihnen auch abverlangen. Wie soll da eine gute Bouillabaisse, ein sanft gegrillter Meerwolf *(Loup de Mer),* wie eine nur von einem Faden feinsten Olivenöls zu Tisch begleitete Goldbrasse *(Dorade),* sollen die wunderbaren kleinen Rotbarden *(Rouget)* im Restaurant billig sein, wenn sie schon zu Hause zubereitet ein teures Vergnügen sind? Wer Ihnen für weniger als 100 Francs ein Menu mit Edelfischen oder Bouillabaisse darin anbietet, der ist entweder ein barmherziger Samariter oder er schummelt. Mit der zweiten Hypothese liegen sie im allgemeinen richtiger.

Zum Luxusgut ist der Geschmack des Meeres aber an der Côte noch längst nicht geworden. Im Winter zum Beispiel, in den bekannten Monaten mit «r», gibt es vielerorts in den Städten Stände, die bis in den späten Abend Meeresfrüchte verkaufen: Austern verschiedener Herkunft, Krevetten, Miesmuscheln, Venusmuscheln, Seeigel, Meeresschnecken und vielerlei andere *Coquillages* oder *Crustacés*. Die ißt man roh, entweder im zugehörigen Restaurant drinnen zu – gemessen an deutschen Verhältnissen – geradezu populären Preisen, oder man nimmt sie mit nach Hause. Um diesen Genuß korrekt anzubieten, bedarf es keines ausgezeichneten Kochs, sondern es muß nur jemand mit dem Austernmesser virtuos umgehen können, und der Umsatz muß dort, wo Sie kaufen, so groß sein, daß Sie garantiert frische Waren bekommen. Dazu ein wenig Brot, einen kleinen *Muscadet* oder, besser noch, einen weißen *Cassis* oder *Bandol* – ein glückliches Land, wo an der Stelle unserer Pommes-frites-Buden solcher Straßenverkauf stattfindet.

Was Sie unbedingt kosten sollten

Vom Meer zurück auf festen Boden: Schon beim Zubereiten der Bouillabaisse kamen die wichtigsten Ingredienzien der französischen Mittelmeerküche vor, die aromatischen Tomaten, der Knoblauch und das Olivenöl, wenn sie in diesem Fall auch nicht die Hauptrolle spielten. Wer die lokalen Küchentraditionen verstehen will, muß sich vor Augen halten, daß der Boden der Côte steinig und wenig fruchtbar ist, große Wälder die Ausnahme bilden. Die Rinder und Kühe ziehen die satten Weiden des Burgund vor, die Hühner die Bresse, die Gänse den französischen Südwesten, die Rehe, Hirsche oder Wildschweine den Jura und die Vogesen. So gibt es in der traditionellen Küche der Côte kaum Wild, allenfalls einmal einen Wildhasen, wenig Rindfleisch, das meist als *Daube,* als aromatisches «Gulasch» lange gegart wird, kaum schwere Sahnesaucen, die Butter spielt eine untergeordnete Rolle. Nur den Schafen und Ziegen gefällt es auf den steilen, macchiabewachsenen Hängen. Sie fressen lebenslang die frischen Kräuter, den blühenden Thymian, der ihrem Fleisch einen wunderbaren Geschmack verleiht. Das *Agneau de Sisteron* mit einer Sauce aus Thymianblüten und frischem, mildem Knoblauch, gefolgt von einem Schafskäse – das gehört zum besten, was die Region zu bieten hat. Aber auch Lamm ist ein teures Festtagsessen (*Gigot,* die Lammkeule, gilt als traditionelles Sonntagsessen der Südfranzosen). Die alltägliche Küche der Leute aus der Grafschaft Nizza mußte mit weniger auskommen, so etwa mit der *Socca,* einem dünnen Pfannkuchen aus Kichererbsenmehl und Olivenöl, den man gelegentlich auch im Straßenverkauf findet.

Die *Panisses,* ein Blätterteig aus Mais und Kichererbsenmehl, sind hingegen ein Rezept, das keineswegs jede Hausfrau der Region kennt. Ohnehin geht der Versuch, die traditionelle Küche dieser Gegend kennenzulernen und sich nicht mit Steak-Frites zufriedenzugeben, nicht ohne Suche nach einem entsprechenden Restaurant ab, und es gehört mitunter sogar

Mut dazu. Wenig Mut braucht man für die *Pissaladière,* eine Art Zwiebelkuchen mit schwarzen Oliven, eine südliche Schwester des sahnigen Zwiebelkuchens aus dem Elsaß und aus Lothringen. Das *Pan Bagnat,* eine Art ölgetränktes Sandwich, gefüllt mit Salat, Tomaten, Zwiebeln, hartgekochten Eiern, Paprikaschoten und Anchovis, ist mittlerweile auch in anderen französischen Regionen eingeführt.

Zu «Klassikern» wurden auch *Ratatouille* und *Salade niçoise.* Der berühmte Gemüseeintopf mit Tomaten, Auberginen, Courgetten, Paprikaschoten, Zwiebeln, Knoblauch und vielen Kräutern wird häufig so serviert, daß die einen Gemüse verkocht, die anderen hingegen noch hart sind. Mit viel Arbeit kann man das vermeiden: ein ehrgeiziger Koch wird die Gemüse einzeln anbraten, garen und erst zum Schluß zusammenfügen. Die *Salade niçoise* verdankt ihre internationale Beliebtheit wohl vor allem der Tatsache, daß sie dazu einlädt, hineinzugeben, was man gern mag und gerade zur Hand hat. Die Hausfrauen und Köche in Nizza komponieren sie aus Tomaten, den kleinen lokalen Artischocken, die man roh essen kann *(Violets),* frischen Bohnen, grünen Paprika, Gurkenscheiben, Zwiebeln, hartgekochten Eiern, Basilikumblättern, Knoblauch, schwarzen Oliven, Olivenöl, Anchovis und Thunfisch.

Der *Mesclun,* ebenfalls ein Salat, ist schon in Marseille nicht mehr auf dem Markt zu haben: ein (sehr) gemischter grüner Salat, der nach unserem zahmen Kopfsalat das Gefühl zurückgibt, daß Salat Biß und Geschmack haben kann, Geschmack nach wild wachsenden Kräutern und Gräsern, zum Beispiel nach Löwenzahn und Rauke. Mit dem Mesclun ist es wie mit den Fischen zur Fischsuppe: frisch muß er sein und aus vielen Sorten gemischt. Mit Sahnesaucen verträgt er sich natürlich nicht.

Daß *Gnocchi, Pizza* und *Ravioli,* die sich auf dem Speisezettel fast jedes Restaurants und, betrachtet man die vielen Geschäfte, die frische Nudeln feilbieten, wohl auch häufig auf den Tischen der privaten Haushalte finden, als Anleihe beim nahen italienischen Nachbarn verstanden werden, verbitten sich die Bewohner der Alpes-Maritimes. Mischen wir uns in den Streit um die Herkunft nicht ein, sondern genießen wir, daß die raffiniert-einfachen Speisen Italiens auf der französischen Seite der Grenze auch seit langem heimisch sind. Es ist übrigens nicht nur Heimatstolz, der für die These spricht, daß die Nudelgerichte bodenständig sind, denn die Ravioli, die es an der Côte gibt, sind kleiner als die italienischen und – wenn man Glück hat – mit einer Art Mangold, vielleicht sogar mit Meeresfrüchten gefüllt und haben durchaus einen regionalspezifischen Charakter.

Überhaupt lieben die Leute die raffinierten Füllungen, auch bei Gemüsen. *Petits farçis,* meist auf Hackfleischbasis, werden in vielen Fleischereien eiligen Hausfrauen fertig angeboten. Da hat sich die frühere Not, kaum über zartes Rind- oder Schweinefleisch zu verfügen, auf das liebenswerteste mit der Tugend verbunden, die schöne, natürliche Form der Produkte zu erhalten, sie aber zugleich unauffällig und variantenreich zu verfeinern.

Gemüsesuppen werden mit *Pistou* veredelt, einer Mischung aus Pinienkernen, Knoblauch, viel Basilikum und Käse, die auch zu Nudeln wunderbar mundet.

Wenn die kleinen Courgetten blühen, bietet sich abermals eine sehr spektakuläre Möglichkeit für raffinierte Füllungen. Luxusrestaurants, die an regionale Traditionen anknüpfen, verstecken Trüffelfarcen in den schönen Blüten, während die Hausfrauen die Blüten in einen Krapfenteig tauchen und als *Beignets de courgettes* in Öl ausbacken. Die Schwierigkeit da-

Essen 117

bei ist, daß der Teig knackig bleiben muß und nicht zuviel Öl aufnehmen darf.

Daß die vielen auf Innereien spezialisierten Schlachtereien nicht mit touristischer Kundschaft rechnen, sondern mit den Eßgewohnheiten der Einheimischen, liegt auf der Hand. Auch da sind es wieder nicht die von der *Grande Cuisine* Frankreichs geadelten Stücke wie Kalbsleber oder -bries, die die Köche um Nizza inspiriert haben, sondern die Kutteln, die sie als *Tripes à la Niçoise* mit den heimischen Karotten und Tomaten glücklich verkuppelt haben. Aus Kutteln bestehen auch die *Andouillettes,* die – ebenso wie die *Trule* genannte, mit Reis, Zwiebeln und Kräutern gefüllte Blutwurst – von den

Oliven: Kostbar, köstlich und schwer zu ernten; die kleinen schwarzen schmecken am besten

südfranzösischen Familien nicht angeboten werden, wenn sie Gäste aus dem Norden haben. Keine Angst also, man muß sie suchen, wenn man sie probieren will.

Noch mehr Überwindung aber braucht der Neuling, um ein kurioses Gericht zu versuchen, den *Stockfisch* oder, in der Sprache der Niçois, *L'Estocaficada,* ein Essen, das zwar kaum auf Speisekarten erscheint, aber dennoch eine Art Nationalgericht derjenigen ist, die sich wirklich als Einheimische fühlen: Irgendwann auf ihren Reisen in die Meere des Nordens, wo sie nur wenig mehr an Produkten anzubieten hatten als das Olivenöl, müssen die Seeleute von der blauen Küste auch nach Norwegen gekommen sein. Zu tauschen fanden sie dort nur hartgetrockneten, gesalzenen Schellfisch. Und so kehrten sie an die Küste der frischen Fische zurück mit jenem Stockfisch, der schon auf der Reise begonnen haben muß, erbärmlich zu stinken. Die Frauen der Seeleute wässerten ihn tagelang, schlugen die Katzen in die Flucht, die auch heute magisch von jenem seltsamen Fisch angezogen werden, schlugen den Fisch in harter Arbeit klein, dünsteten ihn mit frischen Kartoffeln, Tomaten, Courgetten und schwarzen Oliven – und es schmeckte, wider alles Erwarten. Und so ist es bis heute geblieben: in der Rue de la Boucherie der Nizzaer Altstadt wässert der harte Fisch in großen Platten, er ist immer noch schwer zuzubereiten, er riecht selbst beim Servieren wenig appetitlich, und seien wir ehrlich, er kann unter den Händen eines unbegabten Koches auch zu einer Zumutung für die Zunge werden. Aber ich kenne mindestens zwei Restaurants an der Küste (eines in der Altstadt von Nizza, eines in San Remo), wo Stockfisch so schmeckt, daß ich immer den letzten Rest der Sauce mit Weißbrotscheiben sorgfältig aufsauge.

Frankreich ist ein Land mit ausgeprägtem Hang zu Hierarchien und Klassifizierungen. So gibt es an der Mittelmeerküste neben der regionalen und bürgerlichen Küche, von der die Rede war, selbstverständlich auch die Grande Cuisine, die heute ihren Ort (und ihr Publikum) vor allem in den großen Luxushotels hat.

Die **Grande Cuisine** Frankreichs hat seit über 200 Jahren mit ihren Küchentechniken und ihren kulinarischen Vorlieben an den europäischen Höfen, in reichen Bürgerhäusern und eleganten Restaurants verbindliche Normen gesetzt. Der Koch *Auguste Escoffier* (1846–1935), der als Küchenchef in vielen großen europäischen Hotels arbeitete, war ihr berühmtester Rezeptgeber. Er stammt aus einem bescheidenen Haus in *Villeneuve-Loubet*, wo ihm zu Ehren ein kleines Museum viele Dokumente zur Kulturgeschichte des Kochens, Küchengeräte, Porzellan, Tafelsilber, Kochbücher, Menükarten aufbewahrt und zeigt. Wie sehr sind die meisten der dort gesammelten 15 000 Rezepte in ihrer klassizistischen Kompliziertheit doch entfernt von der gleichfalls ausgestellten provenzalischen Küche!

Die heutigen Spitzenköche versuchen hingegen, die Kluft zwischen Grande Cuisine und regionaler Küche wieder zu überbrücken. So hat Roger Vergé, zu dessen Restaurant in Mougins Gourmets aus der ganzen Welt pilgern, in sein Kochbuch «Feinschmecker-Menüs aus Frankreich» (DuMont, Köln) viele regionale Rezepte aufgenommen. Gleiches gilt für Jacques Maximin («Couleurs, Parfums et Saveurs de ma Cuisine», Verlag Robert Laffont). Wer gern einige Rezepte der regionalen Küche mit nach Hause tragen möchte, kann sich auch an «Die Küche von Nizza» von Jacques Médecin (Kunstverlag Weingarten) halten. Médecin ist der Bürgermeister von Nizza und mächtigste Mann «unserer» Region. Daß er ein Kochbuch vorgelegt hat, zeigt, welche Bedeutung die Küche in der französischen Gesellschaft hat.

Und der Wein dazu?

Wie vom Essen reden und nicht vom Wein? Auch da kann sich unsere Gegend eines Erstgeburtsrechts rühmen. Griechische Phokäer sollen gegen 600 vor Christus nahe dem heutigen Saint-Tropez die ersten Weinstöcke auf dem heutigen französischen Territorium gepflanzt haben. Mag Stephen Liégeards heimatliche *Côte d'Or* auch später die berühmteren Weine hervorgebracht haben, sie sind Jünglinge im Vergleich zu denen der Côte d'Azur. Auch deren Qualität stand in bestem Ansehen. Die Marquise de Sévigné berichtet in ihren berühmten Briefen vom Anfang des 18. Jahrhunderts, daß sie sich am «exzellenten Wein aus Saint-Laurent-du-Var» gelabt habe. Die große Reblauskatastrophe zu Anfang dieses Jahrhunderts hat freilich nicht nur Weinstöcke zerstört, sondern auch Traditionen. Die Weine aus der Provence und von der Côte d'Azur galten nach dem Wiederaufleben der Produktion mit wenigen Ausnahmen als minderwertige Massenware. Die Erzeuger setzten auf Menge, statt auf Qualität. Weißweine gab es kaum (fünf Prozent der Anbaumenge), große Rotweine wenig, den Löwenanteil machte der Rosé aus, der zwar an einem heißen Sommerabend glücklich machen kann, dem jedoch der Gerbstoff aus den Schalen und Stielen fehlt, der den Rotweinen Charakter gibt. Zum guten Essen ist der Rosé demzufolge meist ein allzu gefälliger, flacher Begleiter.
Als von 1935 an die Franzosen ihre besten Weingebiete genau klassifizierten, waren in der höchsten Qualitätsstufe der *Appellation d'Origine Contrôlée (A. O. C.)* nur wenige kleine Gebiete aus dem östlichen französischen Mittelmeerraum vertreten: *Cassis* und *Bandol,* beide zwischen Marseille und Toulon gelegen, *Palette* bei Aix-en-Provence und als einziger Wein aus dem Gebiet der Alpes-Maritimes der *Bellet,* das mit Ab-

stand kleinste klassifizierte Weinbaugebiet Frankreichs. Wer einen guten regionalen Wein zum Essen sucht, wird mit den Flaschen, auf denen *Bandol, Cassis* oder *Bellet* steht, selten enttäuscht. Seit 1977 gibt es auch eine «Appellation contrôlée» *Côtes de Provence.* Sie erstreckt sich größtenteils auf die Weinbaugebiete am Süd- und Nordrand des *Massiv des Maures,* um *Draguignan* und südöstlich von *Aix-en-Provence.* Dieses klassifizierte Gebiet ist ungleich größer als die ursprünglichen, und so wurde dort sowohl die Chance, zu günstigen Preisen einen hervorragenden Einkauf zu tätigen, als auch die Wahrscheinlichkeit, enttäuscht zu werden, weit größer als in den schon länger klassifizierten Gebieten.

Der Wein von *Bellet* ist also im strengen Sinn der einzige herausragende Wein der Côte in den Grenzen des Départements Alpes-Maritimes. Der Weinberg, zirka 60 Hektar groß, produziert jährlich 120000 Flaschen Wein, und so ist er denn schwer zu bekommen und relativ teuer. Aber es lohnt sich, einmal auf den Hügel über dem Var-Tal zu fahren, auf engen Straßen, vorbei an zahlreichen Gewächshäusern, die zusammen mit den überall entstehenden Neubauten eine Zeitlang den Wein ganz zu verdrängen schienen, um direkt auf den Weingütern *Château de Crémat* und *Château de Bellet* ein paar Flaschen des aromatischen, kräftigen, eigenwilligen Weins zu erstehen, der so trefflich den Charakter seiner Herkunftslandschaft in sich aufgenommen hat. Was Wunder: an den Ufern des Var profitiert er gleichermaßen von den Winden, die von den nahen Alpen herunterwehen, wie von den Brisen des nahen Meeres.

Feste feiern
und Festivals zelebrieren

122 Die Spreu vom Weizen trennen
124 Traditionelle Feste...
126 ... und moderne Spektakel

Die Spreu vom Weizen trennen

Regionen, in denen das tägliche Leben hart ist – und hart war der Alltag fast aller Menschen an der Côte d'Azur bis zum Ende des 19. Jahrhunderts, hart ist er für die meisten Einheimischen an dieser Traumküste noch immer –, Regionen, in denen sich das Leben auf den Straßen abspielt, brauchen den Exzeß der Feste.

Die Küste zwischen Cannes und Menton hat nicht nur über die Figuren Picassos teil an den dionysischen Festen des Volkes, die es überall im Mittelmeerraum gibt. So könnte ich beginnen mit der Beschreibung der Feste zwischen Weihnachten, Karneval und Kirmes... und würde damit den falschen Eindruck erwecken, als bestimmten die traditionellen Feste noch den Rhythmus des Lebens in dieser Gegend. Sie haben aber teils ihren regionalen Charakter verloren, wie das Weihnachtsfest, das jetzt dabei ist, die früher unbekannten Weihnachtsbäume und die rotgewandeten Weihnachtsmänner des Nordens zu adaptieren, haben sich teils heillos der Fremdenverkehrswerbung und dem Stil amerikanischer Fernsehshows ausgeliefert wie der Karneval oder sind aus ihren angestammten Vierteln aus verkehrstechnischen Gründen auf Festplätze verdrängt und damit entwurzelt worden wie zum Beispiel das Maifest in Nizza, das einst in der Altstadt gefeiert und jetzt zu einer folkloristischen Veranstaltung in Cimiez verwandelt wurde. Traditionelle Feste, die Feste der Einheimischen sind und sich nicht um touristische Vermarktung kümmern, gibt es fast nur noch im abgelegenen Hinterland, in den kleinen Gemeinden.

1988 hat man das hundertjährige Bestehen des *Markennamens Côte d'Azur* mit vielerlei Veranstaltungen gefeiert, die in ein gigantisches Feuerwerk mündeten, das sich von Menton bis Saint-Tropez zog und darauf kalkuliert war, in das Buch der unsinnigen Weltrekorde einzugehen. Die traditionsreiche *Fête du Haut-Pays*, das große Fest der Dörfer des Hinterlandes, mußte hingegen ausfallen, weil die spektakulären Veranstaltungen an der Küste die Mittel der Region erschöpft hatten. Der Vorgang verrät viel vom Umgang mit Tradition. Tradition gerät in diesem Teil Frankreichs leicht in den Ruf des Provinziellen, Abgelebten.

Der amerikanische, der kalifornische Traum, der an der Côte so gern geträumt wird, hat sich auch der Feste bemächtigt und sie zu Ereignissen im Vermarktungsplan der großen Fremdenverkehrsämter gemacht. *Les Spectacles*, die Vorführungen, die Shows aller Art und aller Jahreszeiten dominieren den regionalen Festkalender. Man kann das bedauern, wenn man nicht übersieht, daß es um die Rettung von «Ursprünglichkeit» an der Côte schon längst nicht mehr geht. Man tut aber wohl besser daran, von der Vielfalt des kulturellen Angebots, das für ein Touristengebiet einmalig sein dürfte, zu profitieren, indem man die Spreu (den künftigen Mist) vom Weizen trennt.

Traditionelle Feste...

Wenn man sucht, aber nur dann, findet man auch die **Elemente traditioneller Kultur**. Da dient auf dem Markt in Nizza ein Stand als Treffpunkt für die Minderheit derer, die das *Nissart* sprechen wollen, eine regionale Sprache, die, wenngleich okzitanischer Herkunft, auch für die Franzosen eine Fremdsprache ist und phonetisch schon dem Italienischen ähnelt. Es erscheinen zweisprachige Zeitschriften, die lokale Traditionen pflegen, und «Erzähler» tragen die alten Märchen, Sagen und Legenden öffentlich vor.

Und es gibt auch, um nun ohne Illusionen auf die traditionellen Feste zurückzukommen, noch Familien, die **Weihnachten**, das in der lokalen Festtradition wichtigste Fest des Jahres, auf die überkommene Weise feiern. Dazu gehört eine Krippe mit den *Santons*, Krippenfiguren, die nicht auf die Heilige Familie und die Heiligen Drei Könige beschränkt sind, sondern unter die die Leute aus einem normalen südfranzösischen Dorf gemischt sind, der Müller, der Jäger, der Priester, der Räuber, die Fischersfrau, die Alte, die Holz sammelt... Dazu gesellen sich viele Haustiere, und alle zusammen vermenschlichen aufs schönste die Geschichte von Christi Geburt. Die Krippen waren im 18. Jahrhundert zunächst reichen Familien und Gemeinden vorbehalten, bis die Erfindung von bemalten Figuren aus Ton, die in Holzmodeln geformt werden, sie für das Volk erschwinglich machten. Das Zentrum der provenzalischen Santonherstellung liegt in *Aubagne* bei Marseille, in *Aix-en-Provence* und *Arles*. Die Krippenfiguren der Region um Nizza zeigen neben den provenzalischen Einflüssen auch Spuren der eher barock als volkstümlich inspirierten neapolitanischen Krippen. (Das *Musée d'Art et d'Histoire in Grasse*, das *Musée Massena in Nizza* und das *Musée national in Mona-*

co stellen ihre Krippensammlungen auch außerhalb der Weihnachtszeit aus.)

Während sich die Krippen und Santons erhalten haben, sind die Krippenspiele weitgehend verschwunden; der Ritus des *Cacha-fues*, eines Holzscheits, das vom Ältesten der Familie nach einem Gebet entzündet und vom Jüngsten dann mit einem Glas Wein begossen wird, fiel den Zentralheizungen zum Opfer; die *Nuove*, die traditionellen Weihnachtsbilder, sind nicht mehr allgemein bekannt; das Essen folgt nicht mehr den überlieferten Vorschriften, und auch die früher üblichen 13 Nachspeisen werden heute kaum noch irgendwo serviert.

Die traditionellen **Prozessionen in der Karwoche** haben sich in *Saint-Etienne-de-Tinée*, in *Monaco*, in *Menton* und in *Roquebrune* erhalten. Der berühmteste Passionsumzug findet in Roquebrune alljährlich am 5. August statt zum Dank für die Rettung vor der Pest von 1467. Jede Familie hat dabei ihre althergebrachte Rolle, die auf die nächste Generation übergeht.

Die religiösen Feste, die Wallfahrten und Prozessionen sind in der so modernen Region keineswegs völlig ausgestorben. Die lokale Zeitung – es gibt praktisch nur eine, den in der Aufmachung Elemente der Boulevard- und der traditionellen Regionalpresse mischenden *Nice Matin* – publiziert bisweilen Fotos von jungen Leuten in Turnschuhen und modischer Kleidung, die zu Wallfahrtsprozessionen aufbrechen. In den **Dorffesten**, die während des Sommers in allen Orten des Hinterlandes abgehalten werden, mischen sich jedoch meist die Beiträge der Pfarr- und der politischen Gemeinde. An Johannes, dem 24. Juni, beginnt die Saison der Feste; sie endet im Oktober, wenn bald der erste Schneefall droht. Die Dorfheiligen sind so verschieden wie die Namen der Feste, aber der Ablauf ähnelt sich: Ständchen am Morgen, Verleihung von

Trikoloren, Messe, Festzug zum Ruhm des Dorfheiligen, Kranzniederlegung am Ehrenmal für die Gefallenen der beiden Weltkriege, Empfang des Bürgermeisters, Festbankett, Feuerwerk, großer Ball. In den Namen und Kostümen der Veranstaltungen schimmert noch Geschichte durch. Das bekannte *L'Estacade-Fest in Breil*, das alle fünf Jahre stattfindet, würdigt die Abschaffung des verhaßten «Jus primae noctis» des lokalen Notablen, während der *Bravade de Guillaumes* feiern die Einwohner in Uniformen des 18.Jahrhunderts, daß sie französisch bleiben durften und nicht dem savoyischen Nizza einverleibt wurden; das *Fest der Meunirs* in Tende erinnert an die Bedeutung des Maultierpfads und der Maultierführer für die Verbindung zwischen Nizza und Turin vor dem Bau der Straßen. Die Leute in *Belvédère* ehren einen Heiligen, dem Wunderkräfte gegen den früher weitverbreiteten Kropf zugeschrieben wurden. Die Bewohner von *Saint-Martin* feiern den Alpabtrieb mit einer Prozession; in anderen Dörfern wird aus diesem Anlaß das Fest des «Brous», eines delikaten, sehr starken, mit Kräutern aromatisierten Ziegenkäses, gefeiert.
La Vieille France, das traditionelle Frankreich mit seinem Katholizismus und seinem republikanischen Stolz, mit den großen Festgelagen, den formellen Reden und den Musettewalzern, wie es dem Frankreichbild der Ausländer, aber kaum noch der Realität in den französischen Städten entspricht, da ist es noch zu finden.

... und moderne Spektakel

Der Zyklus der Feste, die die Fremdenbetten und die Spalten der internationalen Presse füllen, gehorcht einem anderen

Das Ziel aller Rallyefahrer: der Hafen von Monaco

Rhythmus. Er beginnt im ruhigen Januar mit der **Rallye Monte Carlo**. Durch die Dörfer des Hinterlandes in ihrem meist schneeüberzuckerten Winterschlaf, wo alle Bewegung verlangsamt scheint, dröhnen für einige Tage die Motoren der schnellen, bunten Rennmaschinen, ein Spuk von einigen Stunden, dessen Lärm rasch verklingt. Das Hinterland um den *Col de Turini*, wo in eisiger Kälte Hunderte von Menschen eine Nacht lang darauf warten, daß unterscheidbar schnelle Wagen mit hoher Geschwindigkeit und doch beherrscht durch die Kurven rutschen, dient in diesem Spiel nur als Schikane, das ansonsten ganz dem Stil Monacos folgt: auf die Sieger Champagnerschaum aus Magnumflaschen, und der Prinz überreicht die Preise. Wie immer.

Sichtlich wohler fühlen sich dieser Fürst und seine Töchter bei einer internationalen Veranstaltung, die ebenfalls alljährlich im Januar oder Februar stattfindet und Besucher aus ganz Europa anlockt, dem von ihm initiierten **Zirkusfestival**. Die berühmtesten Zirkusartisten aus aller Welt konkurrieren in vier oder fünf Vorstellungen um einen sehr renommierten Preis. Und die Reichen Monacos kommen aus ihren gut gesicherten anonymen Hochhäusern, lassen die Edelsteine im Scheinwerferlicht des Zirkuszeltes funkeln und ziehen die Schleppen ihrer langen Kleider hinter sich her durch das Sägemehl der Arena.

Cannes, direkter Konkurrent Monacos um die Reichen und Schönen, setzt seit geraumer Zeit die **Midem** dagegen, eine Musikmesse, in deren Rahmenprogramm die neuesten Stars mit neuesten Hits vor einem gar nicht mehr so neuen, abgebrühten Messepublikum auftreten, so daß zwar vielleicht die Kassen stimmen und die Fernsehübertragungen, aber Stimmung nicht aufkommen mag.

Der Februar gehört dem **Karneval von Nizza.** Seinem Ursprung nach, der weit ins Mittelalter zurückreicht, ist der Karneval ein wirkliches Volksfest, eine Synkope im Rhythmus der geistlichen und weltlichen Ordnung, wo für kurze Zeit unter dem Schutz der Masken die sozialen Wertordnungen und Rangfolgen ihre Gültigkeit verloren, wo jede(r) der Lust an der Liebe und an der Aggression freien Lauf lassen konnte. Bis ins 19. Jahrhundert bestand der Karneval im wesentlichen aus Maskenbällen und aus dem großen Straßenkarneval, die Bälle eher für die Liebeslust, der Straßenkarneval für die Aggressionslust, denn die Leute bewarfen sich mit Eiern, mit Mehl, mit Gipskonfetti, lieferten sich regelrechte Schlachten. Aber dann kamen die Touristen, und die hohen Herrschaften fanden Geschmack an der Verkleidung, in der sie dem biswei-

Mehr Spektakel als Fest. Karneval in Nizza

len lästigen Rollenzwang entgehen und manches Blumenmädchen für eine Nacht in den Adelsstand erheben konnten. Freilich wurde der Karneval nun organisiert und entschärft, Karnevalsgesellschaften achteten auf das Zeremoniell mit seiner festen Reihenfolge von Umzügen, Festen und Feuerwerken. Die Gipskonfetti wurden durch Papierkonfetti ersetzt, die reichen Wintergäste ließen Blumencorsi veranstalten, während deren sie große Mengen von Frühlingsblumen in die Menge warfen.

Der heutige Karneval steht am Ende dieser Entwicklung, und wenn es auch nicht Aufgabe eines Reiseführerautors sein sollte, dem Leser seine Vorlieben und Abneigungen aufzudrängen, so sei doch gestanden, daß ich den Karneval in seiner heutigen Form für eine hochorganisierte Angelegenheit von zweifelhaftem Geschmack und wenig bodenständiger Substanz halte. Zwar gibt es den alten *Beruf des Karnevalisten* noch, eine kleine Zunft, die das ganze Jahr über die großen Figuren auf den Festwagen vorbereitet, aber diesen Figuren fehlt die archaische Wildheit der alemannischen Fasnacht oder der Geist des Spotts gegenüber den Mächtigen, der im rheinischen Karneval noch manchmal durchschimmert, es sind glatte Disneyland-Figuren. Die Ähnlichkeit ist beabsichtigt. Neben den Umzügen der Karnevalswagen gibt es auch Blumencorsi mit Wagen, die mit kunstvollen Blumengestekken und weitgehend nackten Mädchen dekoriert sind, deren Job es ist, in einer Jahreszeit, in der es noch empfindlich kalt sein kann, vor Tribünen bloße Haut zu zeigen. Die Tribünenplätze werden teuer verkauft, und aus einem Fest, an dem sich jeder beteiligte, ist eine Vorführung von Profis vor mächtigen Kulissen (die Fassaden des Hauptplatzes von Nizza, der *Place Masséna,* sind von ebenso gigantischen wie witzlosen Sperrholzdekorationen bedeckt, auf denen, wie man hört, 150 000 Lampen leuchten) und passivem Publikum geworden. Einen Hauch von wirklichem Karneval spürt man manchmal bei den Schülern und auf den kleinen Bällen in den volkstümlichen Stadtteilen.

Was Nizza sein Karneval, ist Menton sein **Zitronenfest**. Menton ist der wärmste Ort an dieser warmen Küste. Es hat ein Mikroklima, in dem sogar freistehende Zitonenbäume gedeihen, die früher wild wachsend die Hänge bedeckten und eines der wenigen Exportgüter waren. Die Zitronen zeichnen Menton aus, und so zieren denn in der Zeit des Zitronenfestes riesige Mosaiken aus Zitrusfrüchten den städtischen Park, die *Jardins Biovès.* Anstelle der Frühlingsblumen, die die Umzugswagen von Nizza schmücken, sind es in Menton die Zitronen, Orangen, Klementinen, unter die sich auch Früchte wie Avocados, Datteln, Tomaten mischen dürfen.

Der Sommer, die Saison der vollen Hotels, der vollen Strände und der Taschendiebe beginnt an der Côte mit zwei Spektakeln, in die sich wiederum Cannes und Monaco teilen. Am Wochenende des **Grand Prix** der Formel 1 ist selbst in den Städtchen des Hinterlandes kein freies Zimmer mehr zu bekommen. Es gibt keine zweite Stadt außer Monaco, die die gefährlichen Gladiatorenspiele mit den schnellen Autos nicht auf Rennbahnen verweisen würde, sondern sich selbst für ein paar Tage zur Rennbahn machte. Aber nur wenn die Piloten der Rennwagen mit 300 Kilometern pro Stunde über Straßen rasen, auf denen wir «normalen» Autofahrer die Höchstgeschwindigkeit von 60 Stundenkilometern aus Angst vor der in Monaco sehr gestrengen Polizei peinlich einhalten, werden sie zu Stellvertretern unserer Träume davon, vor aller Augen mächtiger, schneller, mutiger, rücksichtsloser zu sein. Erst die Stadt, die sich als Staffage hergibt, macht aus einer Wettfahrt schneller Autos einen modernen Mythos.

Die Mythen des **Filmfestivals** von Cannes, das seit der unmittelbaren Nachkriegszeit stattfindet, haben sich sichtlich verbraucht. Die großen Stars kommen noch, aber sie sind keine großen Stars mehr. Und naht «High Noon», dann wirbeln feste Schritte den Sand auf – aber es ist nur der Sandstrand vor der *Croisette,* es sind nur die Schritte eines Produzenten statt deren eines einsamen Marschalls, und diejenige, die auf ihn wartet, wird nie Fürstin von Monaco. Die Provokationsgesten der Regisseure, die 1968 noch das Publikum schrecken konnten, haben sich verbraucht wie der Sensationswert eines nackten Busens, den ein Starlet in der Bereitschaft zeigt, alles aufzubieten, und doch nur aufbietet, was den ganzen Sommer über dort zu sehen ist und nichts Provozierendes mehr hat. Aber die Streifen des kommenden Jahres können die Filmfans immer noch am besten in Cannes kennenlernen, und solange das so ist, kommen alle immer wieder nach Cannes und räsonieren nach den drei oder vier Filmen, die sie täglich in den Kinos um die *Rue d'Antibes* sehen, mit immer gleicher Melancholie im *Petit Carlton* darüber, daß die großen Tage des Filmfestivals von Cannes vorüber sind.

Im Sommer wird die Zahl der Feste und Festivals unübersehbar. Von der Leichtathletik bis zum Jazz, von der Malerei bis zum Galopprennsport bietet sich jede Stadt mit Superlativen an. «Meine» Superlative hängen mit dem Jazz zusammen. Vor 20 Jahren trat auf dem **Jazzfestival in Antibes/Juan-les-Pins** Duke Ellington mit Ella Fitzgerald auf und machten beide in einer Konzertmuschel tausendmal erprobte Musik, bevor auf offener Bühne Johnny Hodges und Paul Gonzalves in Streit gerieten und sich in gewiß nicht ganz nüchternem Zustand von der Bühne zu blasen versuchten, bis ein viertelstündiges Schlagzeugsolo von Sam Woodyard, der ohne technische Hilfsmittel die ganze Küste zwischen dem Cap d'Antibes und Cannes beschallte, dem Streit ein Ende machte. Oder die erste *Grande Parade du Jazz* in Nizza, wo auf kleinen Guckkastenbühnen zum Anfassen nah Monumente der Jazzgeschichte saßen und jungen Jazzern mit Vergnügen zeigten, daß sie von Tuten und Blasen keine Ahnung hatten...

Zwischen gut besetzten Festivals geistlicher Musik, Triathlon-Wettbewerben und unsäglich traurigen «Wochen des Tiroler Bierzelts» bietet die Côte ihren Besuchern alles, was irgend auf Interesse rechnen kann. Mindestens in den Sommermonaten aber ist sie zudem Bühne für ein allabendliches, so nur eine Saison währendes Fest der mutigsten Rollschuhfahrer, der blasierten Mädchen und der stilisierten Knaben, die auf ihre Art die Scheidung zwischen professionellen Schaustellern und Publikum wieder auflösen und eine ganze Region zum Festplatz machen.

Sport und Spiele

133 Es rollen die Kugeln: Boule und Roulette
137 Strandleben
139 Von Angeln bis Wandern

Es rollen die Kugeln: Boule und Roulette

In allen mediterranen Gesellschaften nehmen die **Spiele** einen wesentlichen Platz ein, öffentliche Spiele, die nach der Arbeit – sei es nach der Arbeit des Tages, sei es als Rentner nach der Arbeitsperiode des Lebens – auf den Straßen oder im Café stattfinden. Der Urlaub, dem der Massentourismus seine Existenz verdankt, ist die Zeit nach der Arbeit eines Jahres, und auch die braucht ihre Spiele. So kommen Tradition, Altersstruktur der Einheimischen und des Tourismus zusammen, um aus der Côte d'Azur eine Region des Spiels zu machen.

Das traditionelle Spiel ist an der Côte d'Azur wie in der Provence das **Boulesspiel**, «Li Boccha», wie man auf Nissart sagt. Obgleich es viele Varianten und eine eigene, regional unterschiedliche Spezialterminologie gibt, sind die Grundregeln überaus einfach: Von einer Abwurflinie wird eine kleine Holzkugel zirka zehn Meter weit weggeworfen. Nun geht es darum, daß die Konkurrenten oder konkurrierenden Mannschaften, die über eine gleiche Anzahl von Stahlkugeln hand-

Spiele 134

licher Größe verfügen, diese Kugeln möglichst nahe an der Holzkugel plazieren. Gewonnen hat derjenige, dessen Kugel zuletzt dem *Bouchon* am nächsten liegt.

Das Boulesspiel entspricht der überlieferten dörflichen Struktur und hat deshalb seinen Ort auch nicht zufällig auf dem Hauptplatz, im soziologischen Zentrum. Vielfach sind alte Männer die besten Spieler, weil sie durch jahrzehntelange Erfahrung ausgleichen können, was ihnen an Kraft oder Schnelligkeit fehlt. Was tut's, wenn der Spieler die Kugel, wie häufig zu sehen, mit einem Magneten aufheben muß, der an einer Schnur befestigt ist? Hauptsache man trifft noch. Kriegsinvalide können gesuchte Spielpartner sein, und die meisten französischen, aber auch italienischen Boules-Heroen stabilisieren ihre Treffsicherheit durch einen durchaus rundlichen Körpermittelpunkt. Hier bestimmen die Alten, nicht die sportlichen

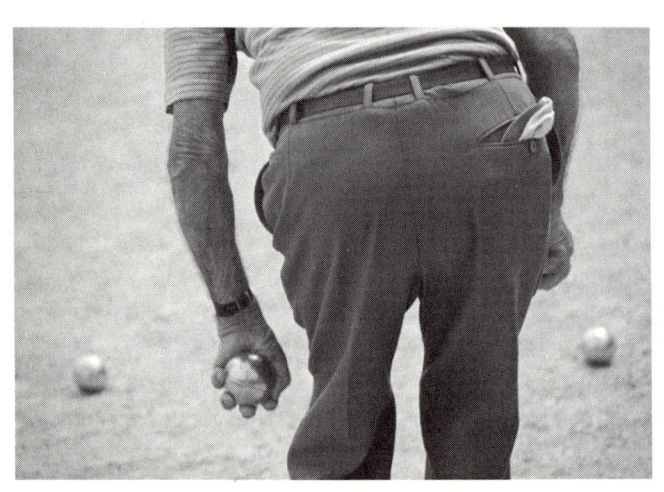

Beim Boulesspiel zählt Erfahrung mehr als Jugend

Spiele

Jungen und längst nicht die Frauen, die traditionell auf dem Platz nichts zu suchen haben.

Das Spiel mit den durch häufige Benutzung und häufiges Polieren so wunderbar abgenutzten, gleichsam personalisierten Stahlkugeln findet nicht nur in den Dörfern, sondern auch in Städten wie Nizza noch in jedem Stadtviertel seinen Platz, seien es so schöne wie der mit rotem Sand vor den Toren von *Saint-Paul* oder die *Place des Lices in Saint-Tropez,* seien es kleine Terrains, die die Bauwut einstweilen übersehen hat. Es gibt Bouleswettbewerbe auf regionalem und nationalem Niveau, es gibt sogar Weltmeisterschaften, die vor großem Publikum ausgetragen werden.

Dennoch schwindet die Bedeutung des Boulesspiels allmählich mit der Gemeinschaftsstruktur, die es hervorgebracht hat. Die goldenen Zeiten der dreißiger und fünfziger Jahre sind vorbei, als in Nizza der legendäre Joseph Gallarato – den die Veranstalter, wie immer noch erzählt wird, nur dadurch daran hindern konnten, die Weltmeisterschaft aufs neue zu gewinnen, indem sie eine schikanöse Höchstaltersgrenze von 60 Jahren einführten – auf der *Place Arson* spielte und so populär war wie heute kaum die Fußballstars.

Der Vorsitzende des regionalen Boulesverbandes macht für die schwindende Bedeutung seines Spiels mit bitterem Ton «die Konsumgesellschaft, die vermehrte Freizeit, die Konkurrenz anderer Sportarten und die Emanzipation der Frau» verantwortlich. Als Sport hat das Boulesspiel keine Chance neben dem Fußball und den vielen anderen mittlerweile allgemein zugänglichen Sportarten. Aber als ebenso vergnügliches wie soziales Freizeitvergnügen wäre ihm doch ein Überleben zu wünschen – und sei es eines mit der früher so undenkbaren Perspektive, daß Frauenmannschaften Siege über die Männer davontrügen...

Auch das traditionelle Lieblingsspiel der Touristen des Fin de siècle drehte sich um eine kleine Kugel, aber sie ist weiß und fällt auf Rot oder Schwarz. Blanc hieß auch der Berater des damaligen Fürsten von Monaco, der dem hohen Herrn riet, ein Casino einzurichten, um reiche Kunden in sein armes Land aus weißem Kalkstein und grünem Gestrüpp zu locken. Am 14. Dezember 1856 erklang in Monaco zum erstenmal das «Faites vos Jeux! Rien ne va plus!» Zunächst schien der Einsatz verloren, denn niemand mochte den beschwerlichen Weg auf sich nehmen, um in einem primitiven Spielsaal sein Glück zu suchen. Aber dann kam die Eisenbahn, dann half das Glücksspielverbot in Frankreich und (ab 1873) in Preußen. Bald entstand ein glanzvolles **Casino,** das in aller Welt der Inbegriff des Glücksspiels geworden ist, weit vor den älteren Casinos von Baden-Baden, Bad Homburg oder Biarritz.

Das Gebäude ist noch so wie früher, die Kugel rollt unablässig vom frühen Nachmittag an, Croupier bleibt ein typischer Beruf für die wenigen «echten» Monegassen, aber die Spiele und das Publikum haben sich geändert. Die «einarmigen Banditen» haben Einzug gehalten, füllen die Hallen mit ihrem Lärm und den Finanzhaushalt des Fürstentums mit dem, was die Touristen und Geschäftsleute en passant ohne jene Tragik verlieren, die früher die Verlierer großer Vermögen umwehte. Wären da nicht die reichen italienischen Gäste aus Mailand und Turin, die sich in Monaco vor Entführern und Steuerfahndern sicher fühlen und in den «Salles privées» beim *Chemin de Fer* unbewegten Gesichts ein paar von den sehr großen eckigen Plastikchips mit den vielen Nullen darauf hin- und herschieben, gäbe es wenig zu sehen, was nicht auch in einer großstädtischen Spielhalle passierte.

Fast alle größeren Orte an der Côte haben den Erfolg des Casinos von Monaco zu imitieren versucht. In *Menton* gibt es eines, eines in *Beaulieu,* eines in *Juan-les-Pins.* In *Nizza* gab es ein besonders schönes, das *Casino de la Jetée;* es war im Stil der Belle Epoque auf einer Eisenkonstruktion ins Meer gebaut wie das von Brighton, aber die deutschen Besatzer haben es zerstört. Das *Casino Ruhl* im Erdgeschoß eines neuen Hotels hat nie Glanz gewinnen können und wurde wegen höchst undurchsichtiger Geschäfte der Betreiber geschlossen. Das *Palm Beach Casino in Cannes* war lange das einzige, das noch auf Exklusivität setzte und sich gegen die «einarmigen Banditen» wehrte. Wegen der arabischen Kundschaft, die eine besondere Vorliebe für Cannes hat, ging das gut, bis die Ölpreise sanken. Jetzt ist auch an den Spieltischen von Cannes die Belle Epoque vorbei.

Strandleben

Die Spiele der Gäste von heute finden meist am Strand statt. So selbstverständlich, wie uns das scheint, war das über Jahrhunderte nicht. Als Thomas Smollett, der Nizza im 18. Jahrhundert für die Engländer entdeckte, öffentlich zeigte, daß man im Meer auch baden kann, erregte das großes Erstaunen: «Die Leute waren hier sehr überrascht, als sie mich Anfang Mai baden sahen, sie fanden es seltsam, einen Mann zu sehen, der sich mit entblößtem Oberkörper ins Meer warf.» Im Meer zu baden war für die Bevölkerung der Côte d'Azur damals so abwegig wie für die Bewohner der Alpentäler die ebenfalls erst mit dem bürgerlichen Zeitalter entstehende Manie, ohne erkennbaren Sinn und Zweck auf unzugängliche Berge zu steigen.

Heute ist im Sommer jedes zugängliche Stück des schmalen

Am Strand

Strandes mit sonnenhungrigen Leibern bedeckt, obgleich sich die Küste für das Strandleben eigentlich nicht besonders eignet, denn es gibt wenig von dem weichen Sandstrand, in dem es sich immerhin angenehm barfuß geht, wenn man ihn schon als unvermeidliches Souvenir mit sich ins heimatliche Getriebe nehmen muß. Es gibt auch zuwenig felsige Buchten, um wenigstens eine für sich zu haben, wenn das Schwimmen dort schon schwierig ist. Nicht einmal die Strände mit harten Kieseln bleiben leer, obwohl sie es eigentlich verdienen würden. Ob künftige Zeitalter über unsere Sitte, uns stundenlang bewegungslos an den Strand zu legen und von der Sonne foltern zu lassen, bis der Kopf schmerzt, die Ohren vom Kassettenrekorder des Nachbarn dröhnen, die Haut verbrannt, die Zeitung vom Wind weggeweht und die Kleidung von Sonnenölflecken übersät ist, gnädiger denken werden als wir über die Damen der Jahrhundertwende, die mit schwarzen Strümpfen und fischbeingestützten Korsagen ins Meer gingen und mit weißen Chiffontüchern die alabasterfarbene Haut gegen jeden Anflug eines Bronzetons zu schützen versuchten, weil der als ordinär galt, wird sich noch weisen.

Jedenfalls gibt es ein indirektes Eingeständnis des lokalen Tourismus, daß sich die Strände in ihrer natürlichen Form im Grunde nicht zum längeren Verweilen eignen: die Strandrestaurants, wo der Gast unter schattigen Sonnenschirmen in bequemen Sesseln aufs Meer schauen, dabei lesen, essen, einen gut gekühlten Campari trinken oder die Herren hübschen Mädchen und die Damen muskulösen Knaben nachschauen können. Die meisten dieser Privatstrände, die es in allen Preiskategorien gibt, verleihen auch Matratzen und Sonnenschirme, um die Tortur des Bräunens erträglicher zu machen. Sehr «natürlich» sind diese Privatstrände gewiß nicht, aber das Natürliche ist in dieser Region hart und unbequem.

Von Angeln bis Wandern

An die «Côte» der Strände wegen – das ist ein ebenso hartnäckiges wie erfolgreiches Mißverständnis. Für aktive Ferien eignet sie sich hingegen besser als fast alle anderen Urlaubsgegenden, wo die natürlichen Verhältnisse nur wenige Aktivitäten wirklich zulassen. An der Côte kann jeder «seine» Sportart, sein Terrain, seinen Sportlehrer, sein Klima finden. Das gilt natürlich für die Wassersportarten, für das **Segeln** und **Tauchen,** wenn auch die gefährlichen Windstärken und die gefährlichen Fische fehlen. Das gilt in einer Gegend, die sich gern als exklusiv verkauft, selbstverständlich auch für **Tennis** und **Golf.** Die meisten Tennisklubs verkaufen Gästekarten, stundenweise werden nur wenige Plätze vermietet. Im Sommer sind die Chancen besser, günstig einen Court zu finden, denn den Einheimischen ist es dann zu heiß zum Tennisspielen. Wenn es im exklusiven *Monaco Country Club* mit seinen gepflegten Ascheplätzen sein muß, weil da auch Boris Becker spielt, so ist auch das über eine Gästekarte der allmächtigen *Societé des Bains de mer* möglich. Die Karte gilt ebenso für den Golfplatz unter dem *Mont-Agel,* einer kargen Felsenlandschaft abgewonnen, weil unten im Ort kein Platz ist. Seine Lage macht diesen Platz einmalig, aber die nicht fernen Plätze von Cannes-Mandelieu und Mougins mit ihren satten grünen Rasenflächen inmitten einer im Sommer trockenen Hitzevegetation sind nicht weniger noble Reservate, vor deren Klubhäusern noch keine Busparkplätze angelegt wurden.

Die buchstäblich atemberaubendste Art, vom *Mont-Agel* wieder hinunter zur Küste zu kommen, hat ihren Ausgangspunkt an einem exponierten Felsen etwa drei Kilometer hinter dem Golfplatz. Dort stürzen sich **Drachenflieger** ins Leere des

Luftraums über Monaco und haben die schönste Aussicht an dieser so aussichtsreichen Küste. Lernen sollte man das Drachenfliegen freilich woanders, denn für die Landung steht nur ein kleines Stück Strand zwischen den Hochspannungsleitungen der Bahn und dem Meer zur Verfügung. Auch der Flug vom *Mont-Chauve* hinunter ins Tal des Var verlangt solide Kenntnisse.

Die Côte zieht die Liebhaber extremer Sportarten an. Die verbreitetste ist das **Klettern** in den niedrigen, von Widrigkeiten des Wetters meist verschonten Kalkfelsen. Am *Baou de Saint Jeannet* klettern an schönen Wochenenden Hunderte von gar nicht alpin aufgemachten jungen Leuten in engen grellfarbigen Hosen und profillosen Gummischlappen Wände hinauf, an denen selbst auf kurze Entfernung kein Halt zu erkennen ist. In den *Gorges du Verdon* gibt es einige Kletterführen, die zu den Traumstrecken der besten Kletterer Europas gehören. Im Tal unter den Felswänden versuchen derweil **Kanufahrer,** auf reißendem Wasser die Schlucht zu durchqueren. In den *Gorges de Daluis bei Guillaumes* sieht man starke von der Gischt überschwemmte Schlauchboote mit behelmten Insassen, die das amerikanische «Rafting» vom Colorado in die Schluchten der südfranzösischen Voralpen übertragen. Das Wasser hat aus dem weichen Kalkfels auch denjenigen einen gefährlichen unterirdischen Sportplatz geschwemmt, die sich der **Speläologie** verschrieben haben.

Wer zum Klettern wie zum Kanufahren keine Lust verspürt, kann die Berge und die Flüsse auch auf weniger gefährliche Weise für einen aktiven Urlaub nutzen. In den Gebirgsflüssen gibt es noch genug Fische, um den **Anglern** einen Vorwand für ihren Sport zu bieten, gut markierte **Wanderwege,** vor allem der G. R. 5, ein schön angelegter Weitwanderweg und bewirtschaftete Hütten bieten meist nur von Einheimischen genutzte Möglichkeiten, der Sommerhitze und dem Trubel an der Küste für ein paar Stunden oder Tage zu entkommen.

Die **Skigebiete** sind nur an wenigen Wochenenden oder am schulfreien Mittwoch überfüllt, wenn die Bewohner der Küsten hinaufdrängen, dahin, wo gerade die Sonne am schönsten scheint. Der Tourist, der diese Perioden meiden kann, wird sich in einer der reizvollsten Skiregionen der Alpen fühlen, wo es weder an Schnee noch an Pistenvielfalt fehlt. Die stabilen Witterungsbedingungen machen die Seealpen auch zu einem ausgezeichneten Gebiet für **Skitouren bis in den Juni** hinein. Die siebentägige *Hochtour von Nizza nach Briançon* ist kaum weniger anspruchsvoll als die berühmte «Haute Route» zwischen Chamonix und Zermatt, wird aber weniger häufig begangen.

Radfahren kann man hingegen das ganze Jahr über, wenn man im Sommer die kühleren Morgenstunden nutzt. Das Rad bietet eine der attraktivsten Möglichkeiten, auf geteerten, aber wenig befahrenen Straßen den Reichtum des Hinterlandes zu erkunden. Hinter jeder Kurve wartet ein neuer, unerwarteter Ausblick. Man merkt, wie sich der Geruch der Erde und der Wälder mit der Höhenlage ändert, man entdeckt die Schönheit und Notwendigkeit der Brunnen in den alten Dörfern. Die Côte ist ein Radfahrerparadies und das Radfahren darum dort auch neben dem Boulesspielen der traditionelle Volkssport. Mit einem schweren Flachlandrad bringen Sie sich freilich ums Vergnügen! Alles, was die Gegend an lustvollen Aktivitäten, an Sportarten, Spielen und Spielchen erlaubt, kann der Tourist respektive die Touristin woanders auch finden, aber nirgendwo hat er oder sie so viele gegensätzliche Möglichkeiten zur gleichen Zeit zu seiner Verfügung.

Nizza:
die Hauptstadt der Côte d'Azur

142 Vom Meer her gesehen: die Promenade des Anglais
148 Rundblick vom Schloßberg
161 Das Herz Nizzas: die Altstadt
167 Jenseits des Paillon: die Neustadt
170 Römer, Mönche, Maler und wohlhabende Wintergäste: Cimiez

Vom Meer her gesehen: die Promenade des Anglais

Wenn mich in Nizza Freunde besuchen, die die Stadt noch nicht kennen und um Hinweise bitten, auf welchen Wegen sie am besten zu erschließen sei, so versuche ich zu verhindern, daß sie ihre Annäherung mit einem Spaziergang auf der *Promenade des Anglais* beginnen. Aber ich habe nie Glück. Die Stadt fällt zum Meer hin ab, die großen Straßen laufen von Norden nach Süden, die Fassaden der Häuser sind zum Meer hin gerichtet und die Vorstellungen auch, die die Fremden mit der Seele suchen. Nizza ist die Hauptstadt der Côte d'Azur und die Promenade des Anglais die Hauptstraße Nizzas. Wie könnte man mit guten Ratschlägen dagegen an, daß sich die Besucher der Stadt dort zuerst nach den Spuren ihres Mythos umsehen?

Die Promenade des Anglais hat ja auch das Zeug zu einer

Nizza: Promenade des Anglais

Traumstraße und – von der *Croisette* in *Cannes* abgesehen – an der ganzen französischen Mittelmeerküste nicht ihresgleichen. In sanftem Schwung folgt sie der Engelsbucht, verleiht der Stadt einen Rahmen und zugleich dem Meer einen Saum. Da treffen Land und Meer, Stadt und Küste auf harmonische Weise aufeinander, da wird man nicht erdrückt von Bergen und nicht erdrückt von Häusern. Die sorgsam gepflegten Palmen auf dem Mittelstreifen wiegen ihre Zweige vor blauem Himmel im Wind, und die Wellen haben in Ufernähe, wo sie sich brechen, kleine weiße Schaumkronen. An der Promenade des Anglais wartet die Stadt auf ihre Gäste; wer schliche sich da zum Dienstboteneingang von hinten hinein?
Betrachtet man aber dann die Stadt von der Seite, die sie vorzeigen möchte, bleibt der Eindruck häufig zwiespältig. Die Promenade des Anglais ist nicht so, wie *Max Beckmann* sie 1947 auf seinem gleichnamigen Bild malte: Im Vordergrund der Rücken einer schwarzhaarigen, modisch gekleideten Frau, altrosa- und ockerfarbene Häuser rund um die Engelsbucht, die Straße ein Palmenhain, auf dem Fußgänger flanieren (das Bild hängt im Essener Folkwang-Museum). Die «Promenade» ist eine stark befahrene Stadtautobahn und – ungeachtet ihres Namens – Autos gegenüber entgegenkommender als Fußgängern. Selbst auf der breiten Uferpromenade an der Seeseite der Straße sind Parkplätze eingerichtet. Ein hübscher Kiosk, wo schon die Reisenden der Belle Epoque ihre Zeitungen kauften, wirkt zwischen ihnen verloren, auf den schlichten hellblauen Holzstühlen, von denen man aufs Meer schauen kann, ist der Verkehrslärm stärker als das an- und abschwellende Geräusch der von den Wellen bewegten Kiesel am Strand. Enttäuschend sind auch die Fassaden. Im Westen, wo der Flughafen liegt, wird die «Promenade» von Supermärkten, Snack-Bars und Autogeschäften gesäumt. Dann be-

ginnt die lange Reihe der Hotels und Appartementhäuser mit den klingenden Namen und den einförmigen Fassaden, deren Tristesse schon ein kleiner Regenschauer zum Vorschein bringt. Endlich, bei Nummer 139, eine kleine Villa aus der Belle Epoque, wo zierliche Balkons mit den schönen spielerischen Eisengittern leicht von frivolen Karyatiden getragen werden und vergoldete Stuckengelchen über den Fenstern schweben. Das Schild «A vendre» macht wenig Hoffnung auf die Zukunft dieser letzten Engelchen an der Engelsbucht, denn alles, was sich nicht in kleine Hotelzimmer oder Zwei-Zimmer-Küche-Marmorbad-Appartements umwandeln läßt, fällt an dieser Rennbahn leicht einem Neubauprojekt zum Opfer. Selbst das berühmte Hotel Ruhl, das die «Promenade» im Osten abschloß, wurde durch einen nichtssagenden Neubau ersetzt. Auch das *Palais de la Mediterranée,* 1929 im Art-Deco-Stil errichtet, scheint schon zu groß für unser Zeitalter; zwar konnte es vor dem Abriß bewahrt werden, fand aber über viele Jahre keinerlei Nutzung. Zum Glück gibt es das *Negresco* und daneben die *Villa Masséna* als letzte Zeugen dessen, was diese Seeseite Nizzas in ihrer besten Zeit gewesen ist. Die zwischen 1899 und 1902 gebaute **Villa Masséna** hat überlebt, weil ihr adeliger Besitzer sie der Stadt Nizza mit der Auflage schenkte, darin ein Museum einzurichten und die Gärten der Öffentlichkeit zugänglich zu machen. Im Erdgeschoß empfängt heute der Bürgermeister bei feierlichen Anlässen seine Gäste, im ersten Stock wird die Stadtgeschichte vom 16. Jahrhundert bis 1879 dokumentiert. Die Schmuckstücke der Sammlung sind Altarbilder von Durandi und Louis Bréa aus der Kirche von **Lucéram,** ergänzt von Kopien der Fresken aus verschiedenen Kirchen des Hinterlandes. Trachten, Möbel, alte Stiche sowie lokale Keramik *(Vallauris)* bieten kleine Einblicke in Geschichte und Kunsthandwerk.

Nizza: Promenade des Anglais

Wie es dann nach 1870 weiterging, zeigt das **Negresco,** das einzige der Grandhotels aus der Zeit der Belle Epoque, das noch als Hotel genutzt wird, mindestens auf der Seeseite. 1912, als letztes, wenn auch keineswegs größtes dieser Grandhotels eingeweiht, versammelt es noch einmal die typischen Merkmale der repräsentativen Ferienarchitektur des Fin de siècle: Der Bau hat zwei reich gestaltete Fassaden zum Meer und zur Villa Masséna hin, während die Nord- und Ostseiten sich der Anstrengung ornamentaler Zitate weitgehend enthalten; seine Ecken sind zurückgenommen oder als Rotunde gestaltet, vor der einen setzt ein schön geschwungenes Vordach aus Eisen und Glas einen Akzent, und über allem wölbt sich die berühmte Kuppel, von ferne gesehen das markanteste Element der gesamten «Promenade». Anderes merkt der Betrachter nur beim genaueren Hinsehen: so ist das Gebäude nicht symmetrisch, sondern streckt die Rotunde mit dem Haupteingang dem potentiellen Gast dezent lockend entgegen. Nur innen ist zu erkennen, daß der Architekt *Edouard Niermans* die vier Flügel um eine Art Innenhof gebaut hat. Den Hof bedeckt eine reich dekorierte Glaskuppel, die Gustave Eiffel entwarf. Darunter liegt der (600 m^2) Große Salon, von Säulenkolonnen umstanden, der Boden verborgen unter einem gigantischen Teppich – dessen Preis sich damals auf ein Zehntel der gesamten Baukosten des Hotels belief –, und die ganze Pracht von einem viereinhalb Meter großen Lüster beleuchtet, der eigentlich für den Zaren gebaut worden war. Kaum einer der Hotelgäste wagt es noch, sich in diesem zwölf Meter hohen, eigentlich als Hotelhalle und Gesellschaftsraum konzipierten Salon an die bereitstehenden Tische zu setzen. Unser Zeitalter kann solche Räume nicht mehr füllen. Ein Besuch des Negresco, und sei es nur für einen Café in der Bar oder ein Eis auf der Terrasse, lohnt sich, denn der Bau vermit-

Nizza, Innenstadt

Cimiez

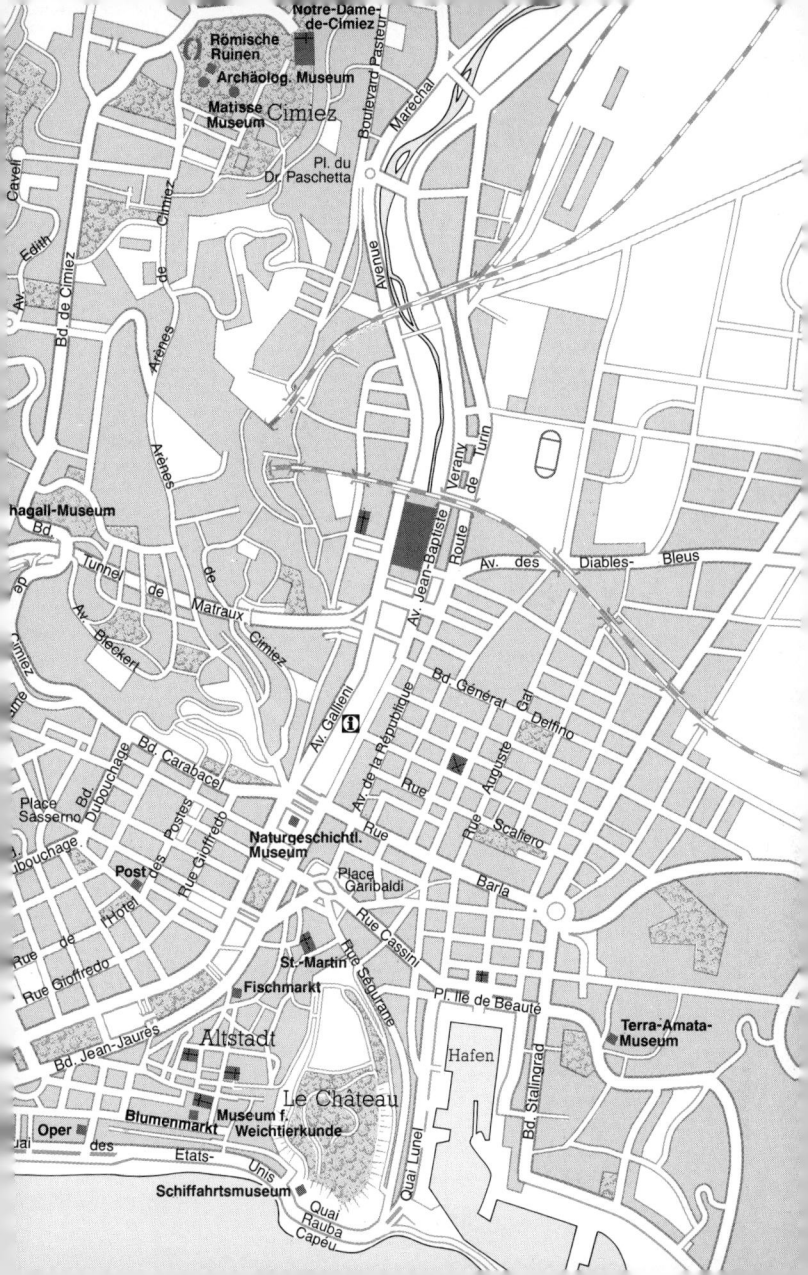

- Notre-Dame-de-Cimiez
- Römische Ruinen
- Archäolog. Museum
- Matisse Museum
- Pl. du Dr. Paschetta

Av. Edith Cavell
Bd. de Cimiez
Av. des Arènes de Cimiez
Bd. Maréchal
Boulevard Pasteur
Avenue

Chagall-Museum
Bd. de Cimiez
Tunnel de Matraux
Av. Breckert
Av. des Arènes de Cimiez
Verany
Route de Turin
Av. des Diables-Bleus

Av. Galliéni
Av. Jean-Baptiste
Bd. Carabacel
Bd. Dubouchage
Place Sassemo
Rue des Postes
Rue Giofreddo
Post
Rue de l'Hôtel
Rue Giofreddo
Bd. Jean-Jaurès
Av. de la République
Bd. Général
Rue Cat. Delfino
Rue Auguste
Rue Scaliero
Rue Barla

Naturgeschichtl. Museum
Place Garibaldi
Rue Cassini
Rue Ségurane
St.-Martin
Fischmarkt
Pl. Ile de Beauté

Altstadt
Le Château
Hafen
Bd. Stalingrad
Terra-Amata-Museum

Oper
Blumenmarkt
Museum f. Weichtierkunde
Quai des Etats-Unis
Schiffahrtsmuseum
Quai Rauba Capéu
Quai Lunel

telt innen einen Eindruck vom repräsentativen Glanz, aber auch von den Geschmacklosigkeiten und Ärmlichkeiten der Belle Epoque.

Sie werden verstehen, warum ich, der ich Nizza und meine Gäste schätze, nicht möchte, daß sie einander an der «Promenade» zuerst begegnen, denn dort wird so leicht deutlich, daß Nizza – die Stadt, die die Einheimischen in ihrer Sprache, dem «Nissard», gern als «Nissa la Bella» mit einer Frau vergleichen – trotz bester Anlagen etwas Neureiches ausstrahlt, sich mit jedem zahlungskräftigen Liebhaber einläßt, Prêt-à-porter-Mode trägt und hinter einem künstlichen Lächeln für die Fotografen kleinlichen Geschäftssinn nur schwer zu verbergen vermag.

Rundblick vom Schloßberg

Aber wo denn sonst beginnen? Entweder mit dem besten Überblick oder mit dem interessantesten Platz, also mit dem *Château* oder dem *Cours Saleya*. Beginnen wir mit dem **Château**. An dem Ort, der so genannt wird, gibt es freilich kein Schloß zu besichtigen, sondern das Wort bezeichnet einen ungefähr 100 Meter hohen Hügel. Dort lag die riesige, mehrere hundert Jahre immer wieder umkämpfte Festung, die Ludwig XIV. schleifen ließ. Er reicht bis ans Meer, und so kann man von dort auf sanft steigenden Spazierwegen ungestört vom Verkehr *Nietzsches Spuren* folgen, allmählich an

---

Die letzte Belle-Epoque-Villa an der Promenade des Anglais (Karyatide von Auguste Rodin)

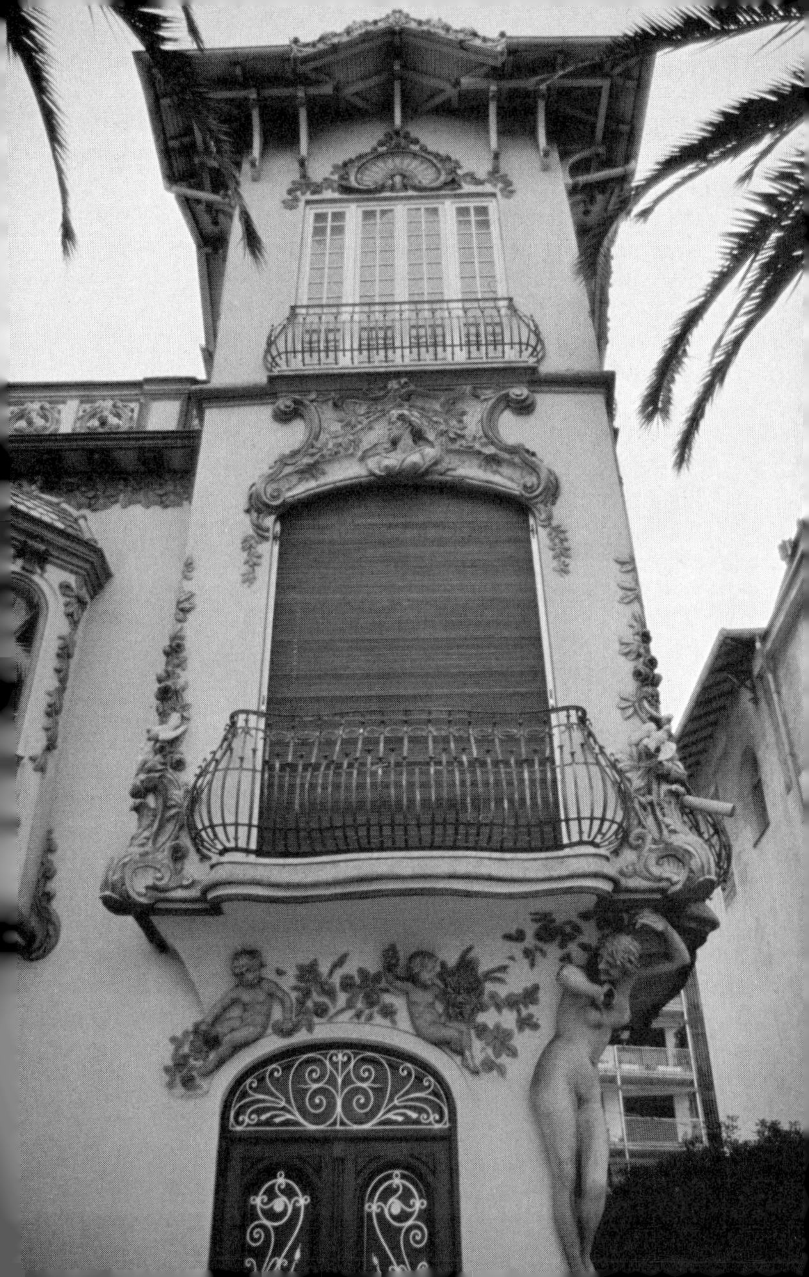

Höhe gewinnen und sich an der idealen Perspektive freuen, der gleichen, die *Beckmann* für sein Bild wählte und in den siebziger Jahren des 20. Jahrhunderts auch *Dolla* für seine hyperrealistische Ansicht der Stadt. Rechts gibt die *Tour Bellanda* einen Eindruck von der mächtigen Größe der einstigen Befestigungsanlagen, und oben spielen Kinder im schattigen Park. Der Rundblick auf das Amphitheater, das die Stadt ausfüllt, erfaßt sofort die verschiedenen Stadtteile. Nach Westen hin liegt zu Füßen des Schloßbergs die **Altstadt**. Beeindruckender als die glänzende Kuppel der *Kathedrale Sainte-Réparate* sind die mit braunen runden Ziegeln gedeckten Dächer der eng aneinandergerückten Häuser, von denen keins dem anderen gleicht. Da haben die verschiedenen Zeitalter, die nackte Notwendigkeit, die Bedürfnisse der Bewohner ein bauliches Ensemble geschaffen, dessen Einheit selbstverständlich ist und dennoch nicht auf Kosten des Einzelnen geht.

Die **Neustadt** beginnt jenseits einer scharf durch die Stadt gezogenen Linie, dem überbauten Bett des *Paillon*. Das jenseitige Ufer, das eigentlich keins mehr ist, wird von Hotelbauten aus der Zeit gesäumt, als die kleine Altstadt für die rasch wachsende Zahl der Touristen zu klein wurde und diese sich großzügige Areale am damaligen Stadtrand sicherten. Die Bauten der Gäste sind von heller Farbe und wirken demzufolge nicht so massiv, so aggressiv wie vergleichbare in Sankt Moritz, in Gastein, in Biarritz oder Deauville. Aber sie verraten doch auch, wie wenig ihre Bewohner mit den Häusern der Altstadt und deren Bewohnern zu tun haben wollten. Sie machen Front, statt sich einzufügen.

Die größten Hotels, vor allem das *Parc Impérial* und das *Régina*, ragen heraus aus den südwärts gerichteten Fassaden, ganz besonders das Régina, denn es liegt landeinwärts auf

Blick vom Cours Saleya (Nizza) über die Dächer von Saint-Sulpice
auf den Schloßberg, wo schon Nietzsche gern spazierte

einem Hügel, um den sich der Stadtteil Cimiez gruppiert. Das
Parc Impérial bietet heute Hunderten von Gymnasiasten genügend Platz; es steht nahe der im 19. Jahrhundert gebauten
Russisch-Orthodoxen Kirche, die mit ihren fünf Zwiebeltürmen und den vergoldeten Kuppeln recht fremdartig wirkt.
In die heutige Stadt ist die historische Entwicklung sichtbar
eingeschrieben: Im Bereich des Châteaus und der Altstadt lag
seit den Zeiten der griechischen Besiedlung «Nikaia», auf
dem Hügel die römische Verwaltungshauptstadt «Cemenelum». Jenseits des Flusses wuchs zwei Jahrtausende später mit
dem Tourismus die Neustadt, die sich so schnell ausweitete,
daß sie bald die beiden anderen Kerne einschloß.
Es bleibt ein Blick von der Ostseite des Schloßhügels zu wer-

fen. Dort fällt der Blick auf den im 18. Jahrhundert gebauten **Hafen,** den *Port Lympia,* der nie wirklich Bedeutung erlangte, sondern Sportbooten eher bescheidener Größe, einigen Frachtern mit Zementladung und vor allem den großen Fährbooten nach Korsika als Liegeplatz dient. Um den Hafen ziehen sich Gebäude, die deutlich vom norditalienischen Geschmack des 19. Jahrhunderts beeinflußt sind. Dahinter begrenzt der *Mont-Boron* den Blick; an seinen Flanken ziehen sich Villen den Hang hinauf.

---

153 Der Strand in **Nizza** vom Schloßberg aus gesehen

154 Das größte der Grand-Hotels dominiert immer noch den Blick über die Stadt — das Régina in **Nizza,** einst Winterquartier der Königin Viktoria, heute zu groß, um noch als Luxushotel betrieben werden zu können

155 Selbst der Tod bekommt hier etwas Spielerisches — Friedhof auf dem Château-Hügel in **Nizza**
Der Goldglanz der Zarenzeit überstrahlt noch eben das Einerlei moderner Ferienarchitektur — die Eglise russe in **Nizza,** die sich der Zar für seine Winteraufenthalte an der Côte bauen ließ

156 Bescheidene Reste mächtiger Befestigungsanlagen — auf der von den Truppen Ludwigs XIV. geschleiften Burg von **Nizza**

157 Einst eine römische Großstadt — die Ruinen der römischen Siedlung von **Cimiez.** Blick auf die Frauenthermen

158 Sommer und Winter das ganze Jahr über nebeneinander — die grüne Küstenvegetation und die schneebedeckten Berge
Schon die Häuser bilden eine Gemeinschaft, die nach außen schützt und nach innen ein jedes sein eigenes Gesicht wahren läßt — Blick auf **Saint-Jeannet**

159 Von den Küstenbergen aus gesehen — die Dreitausender der Seealpen, die das Gebiet nach Norden hin begrenzen

160 Erhängung des Judas. Fresco von Jean Canavesio in der Kirche Notre-Dame-des-Fontaines bei **La Brigue** im Roya-Tal

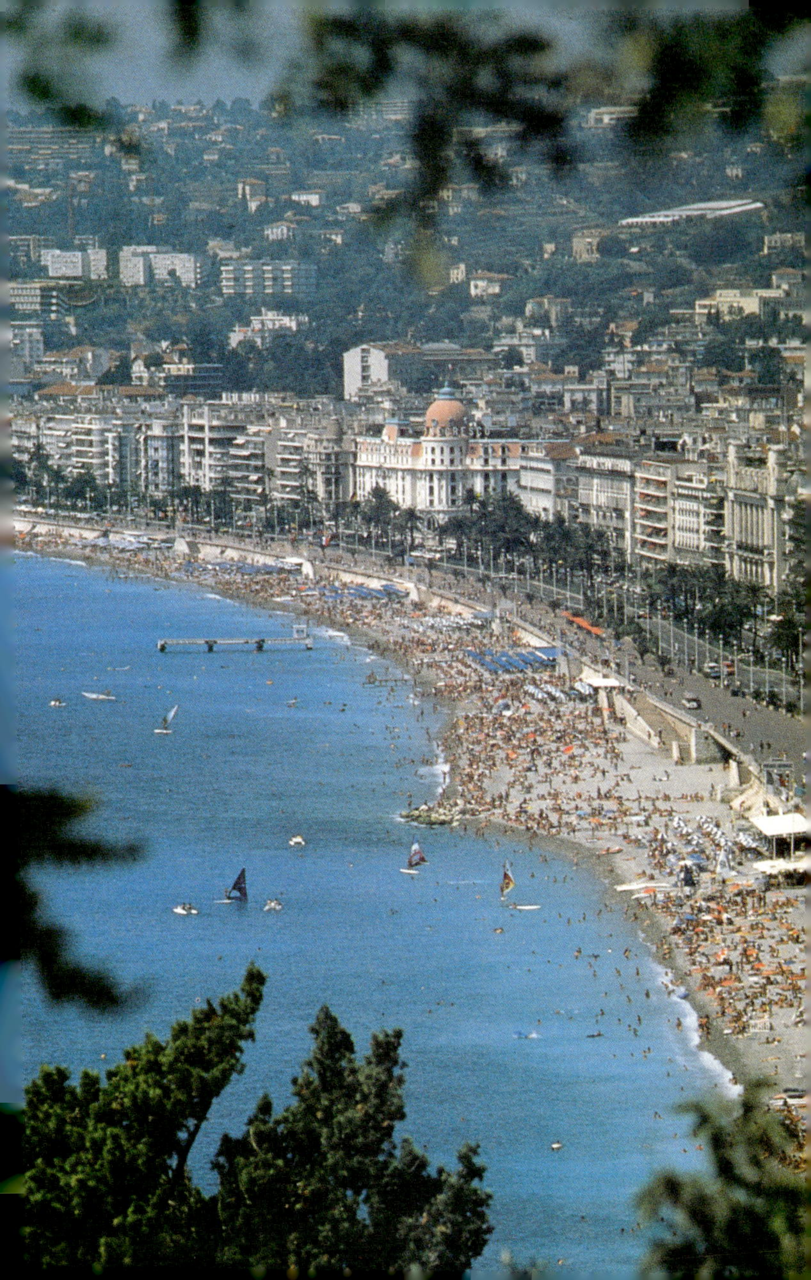

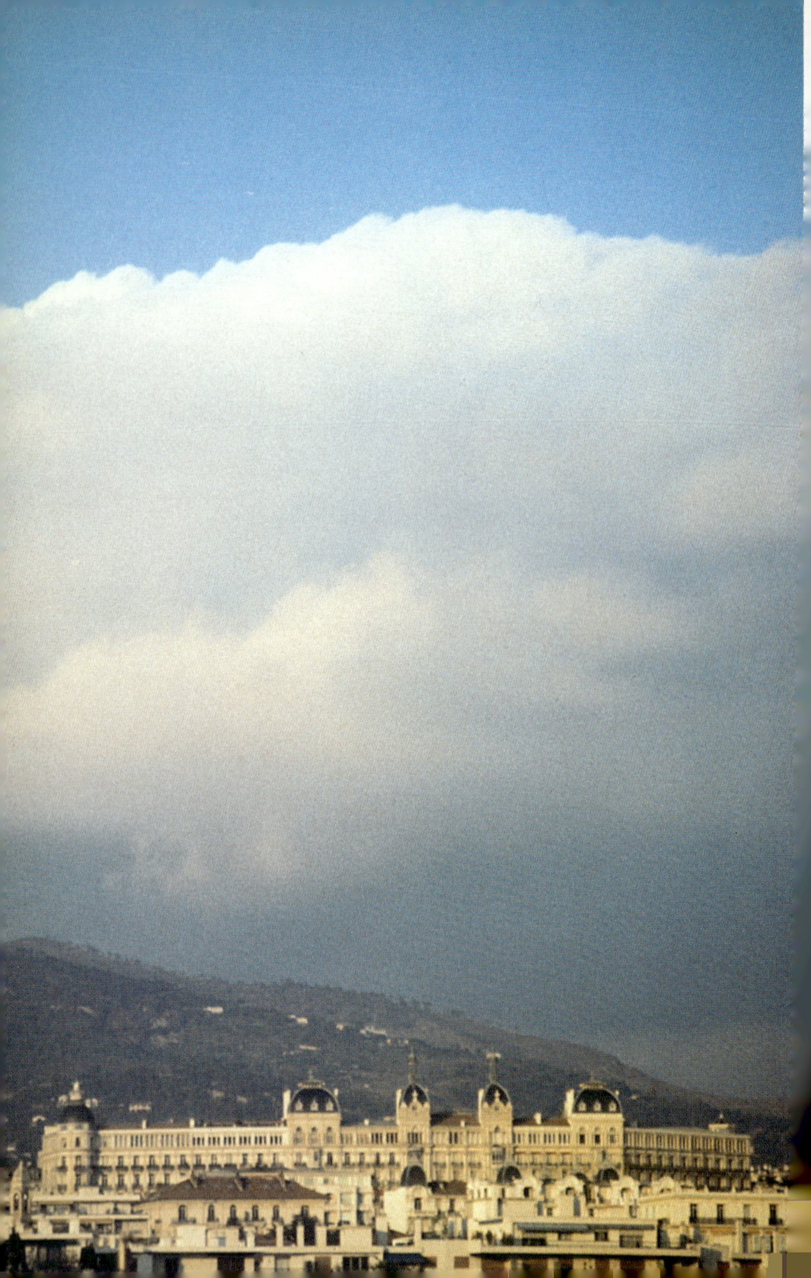

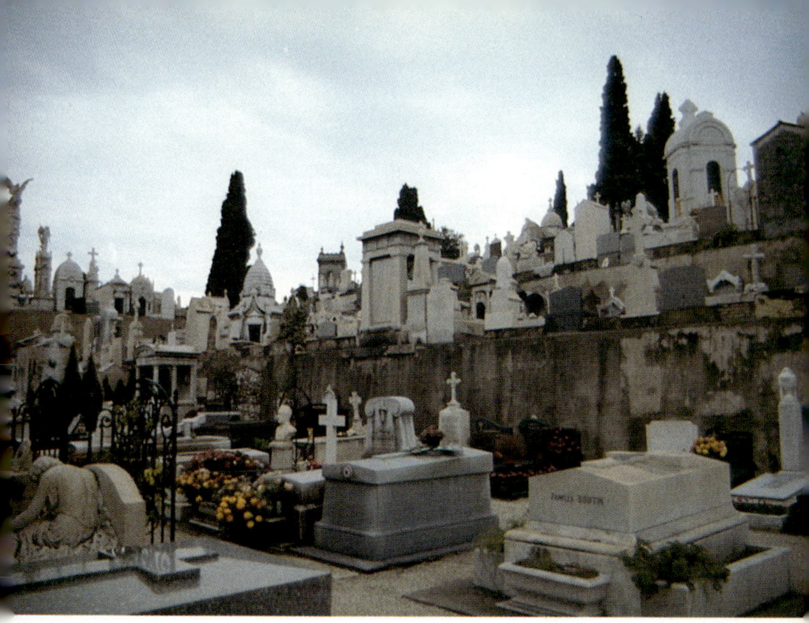

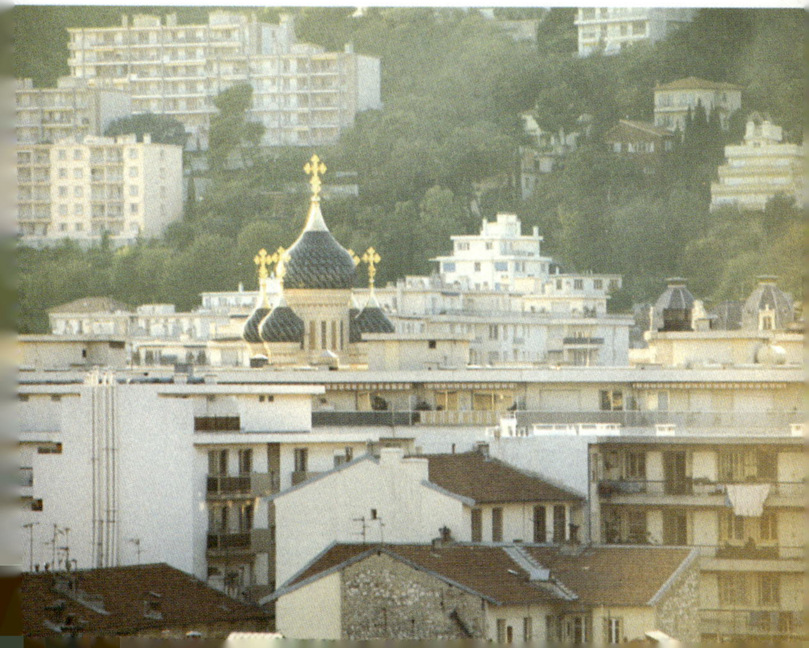

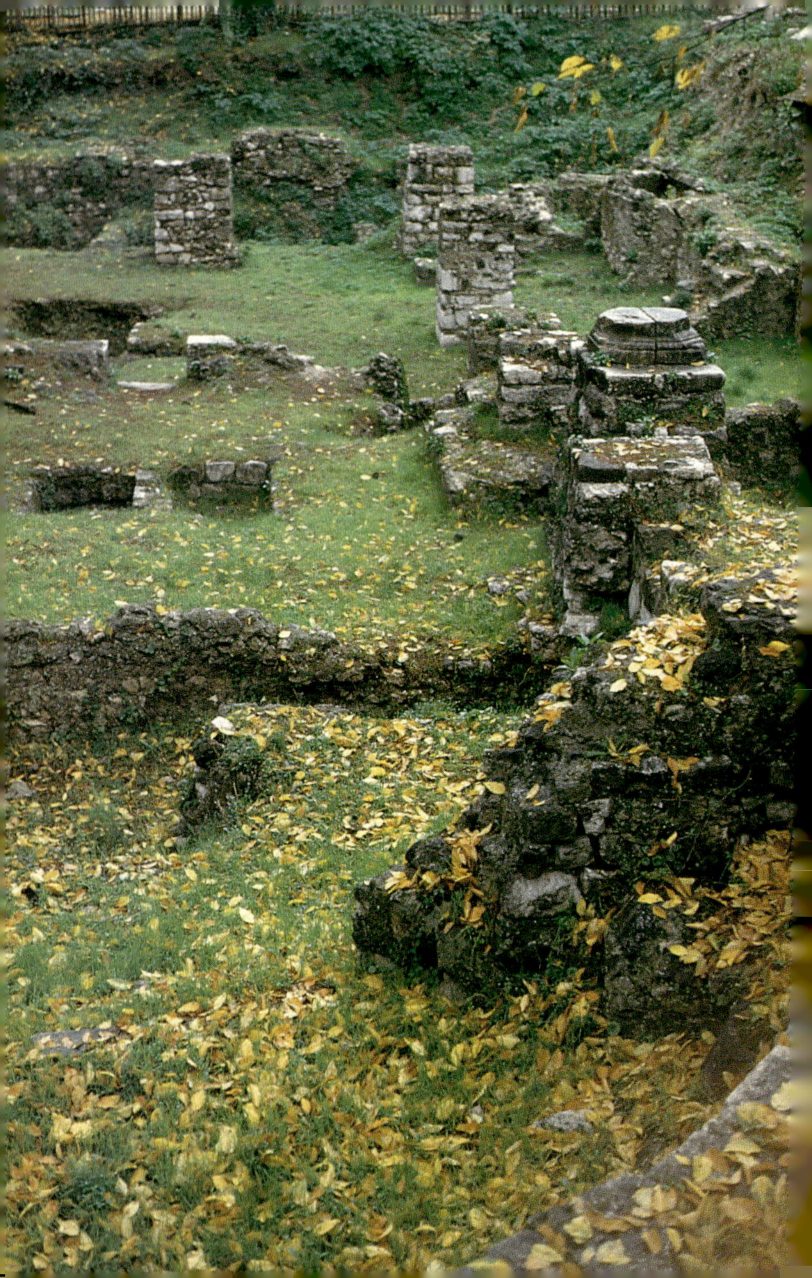

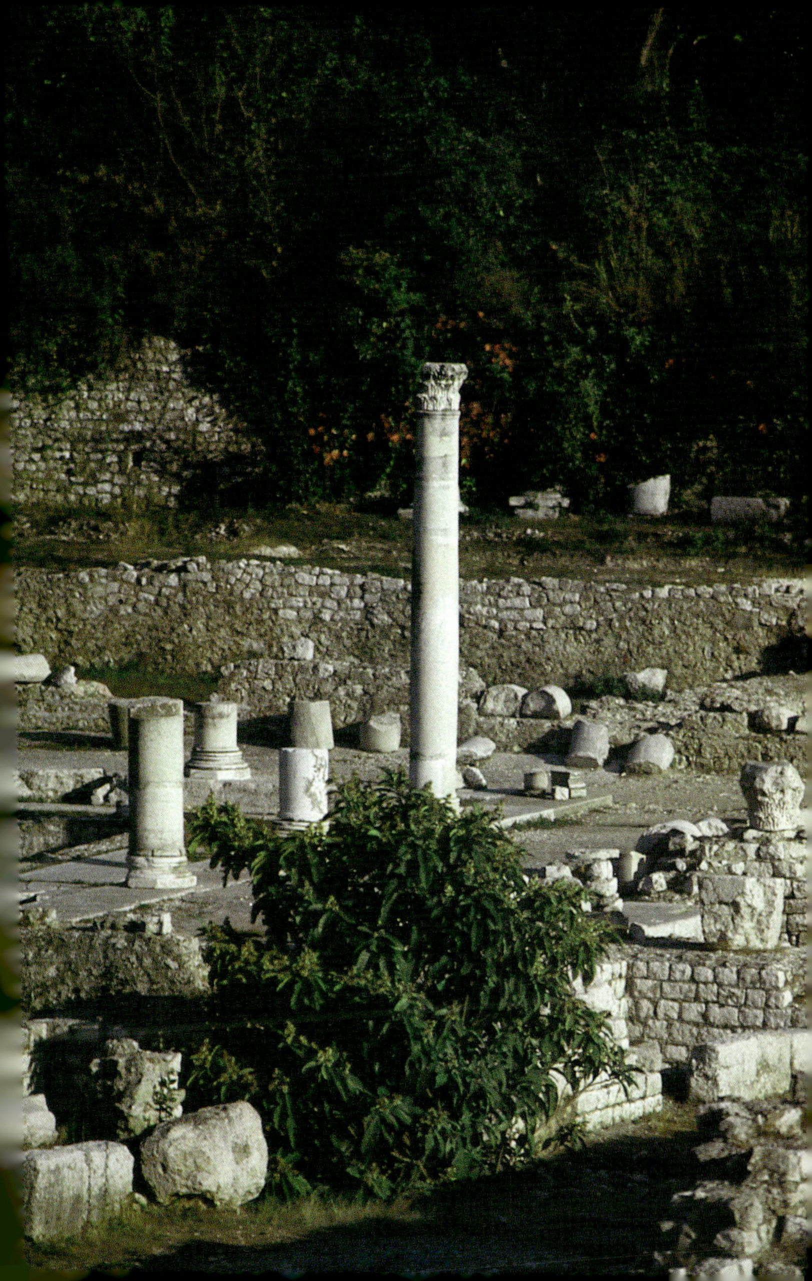

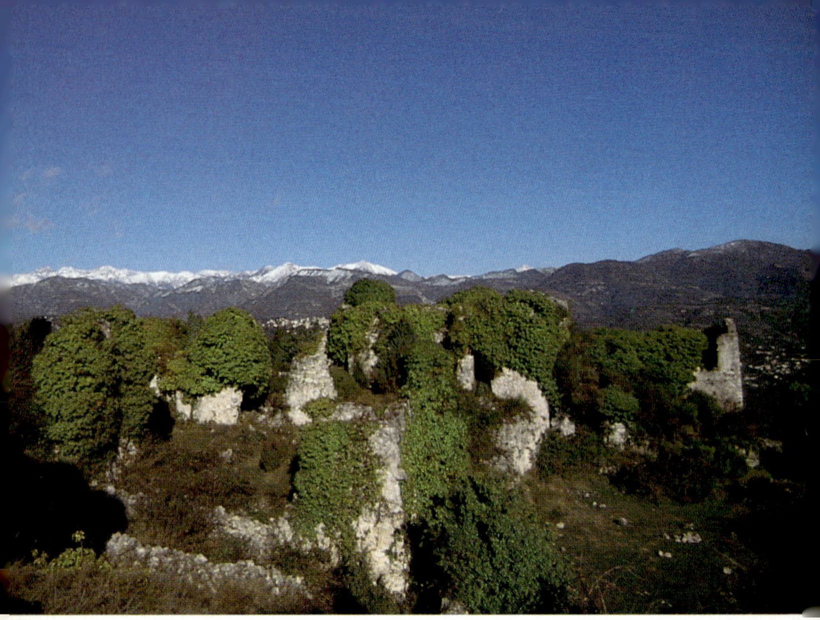

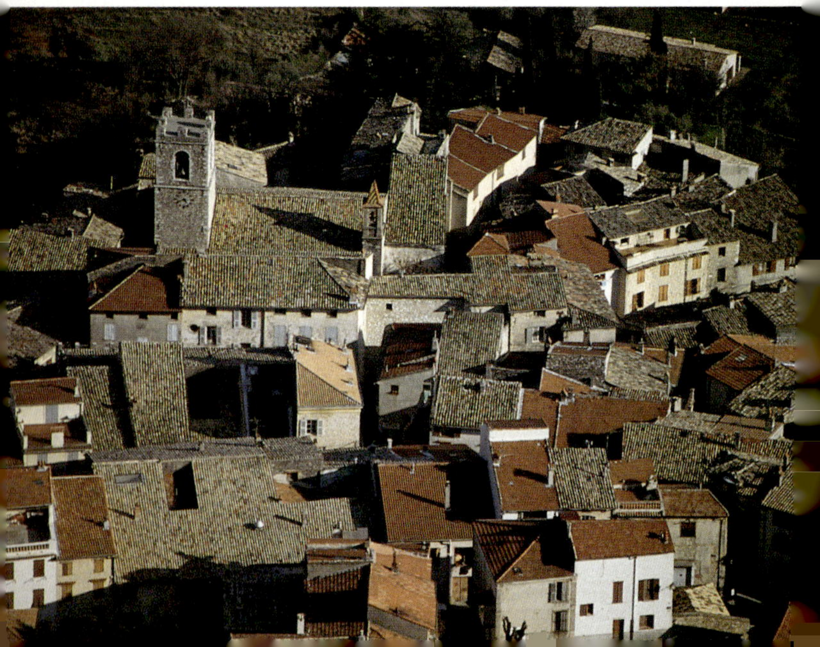

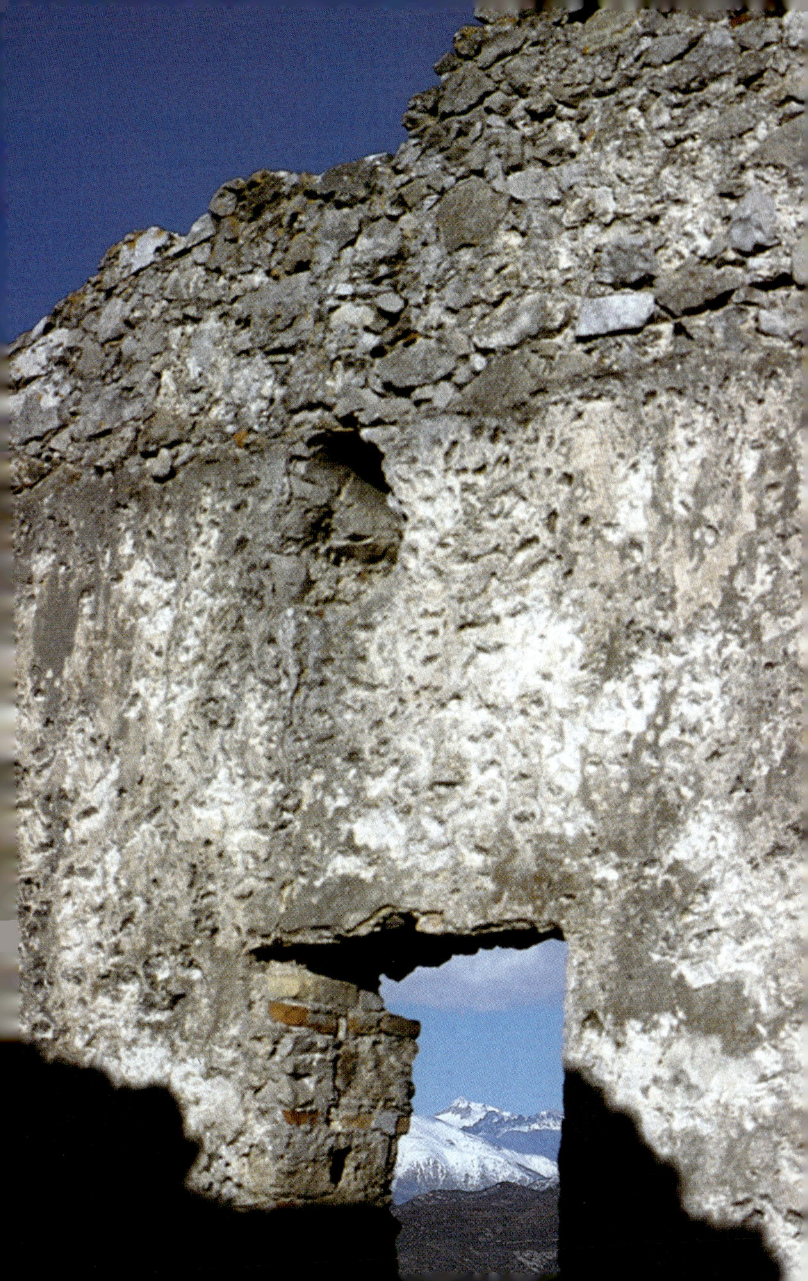

judas scariotes

Auf dem Weg bergab empfehle ich Ihnen, die schöngelegenen **Friedhöfe** am Weg nicht auszulassen. In den Bauten für die Toten kehren die Architektur und die Lebensweise der Lebenden wieder, die soziale Schichtung, das Verhältnis zu Natur und Tod. Es gibt repräsentative Grüften, aber auch gehobene Reihenhäuser des Todes, die Berufe und Verwandtschaftsverhältnisse sind häufig angegeben. Medaillons, manchmal auch Statuen, zeigen die Geschichte der Toten und die Moden ihrer Zeit. Wer an die Friedhöfe des Nordens gewöhnt ist, für den hat die ganze Anlage etwas Schrilles, beinahe Spielerisch-Fröhliches. Dazu paßt, daß dort *Gaston Leroux* begraben ist, der Erfinder des Gentleman-Einbrechers Arsène Lupin, der sein Spiel mit der Welt zu treiben pflegte, die sich in Nizza allwinterlich einfand. Nicht weit davon das Grab der 1889 geborenen Tochter des Konsuls Emil Jellinek. Der Vater gewann 1899 auf einem Daimler-Wagen die Rallye Nizza–Maganon, den er nach seiner Tochter «Mercedes» getauft hatte.

Das Herz Nizzas: die Altstadt

Und dann taucht man ein in die Vieille Ville. Es riecht nach allem, was im Mittelmeerraum irgend als eßbar angesehen wird, überall Stimmengewirr, in dem die harten okzitanischen Töne dominieren, wie bei den Namen auf den Türschildern die italienischen Endungen. Spiel der Schatten in den engen Gassen und über den Köpfen Wäscheleinen. Dort lebte, dort lebt das Volk, und so wollen die Häuser nicht als einzelne betrachtet werden, sondern präsentieren sich aneinandergelehnt als Ganzes. Die Ausnahmen sind schnell benannt: das Palais Lascaris und die barocken Kirchen des Viertels. Das **Palais**

Lascaris stammt aus dem 17. Jahrhundert und war Sitz der adeligen Familie Lascaris-Ventimiglia. Weil es sich völlig in die geschlossenen Häuserfronten einfügt, muß der Spaziergänger in der engen *Rue Droite* (die «Gerade Straße», die ihren Namen daher hat, daß sie im Gegensatz zu den benachbarten ein paar Meter weit geradeaus führt) den Kopf in den Nacken legen, um an der barocken Fassadengestaltung zu sehen, daß da eine relativ wohlhabende Familie lebte. Der Palast gehört heute der Stadt Nizza und dient als *Museum*. Schön sind die beiden inneren Höfe und die offene Haupttreppe, die zu den vier Stockwerken führt. Das Haus im Stil des Genueser Barock vermittelt eine Vorstellung von den Geschmacksidealen des 17. und 18. Jahrhunderts, zeigt flämische Wandteppiche und Freskomalereien mit mythologischen Themen im piano nobile sowie in den Privaträumen der oberen Stockwerke silberbeschlagene Türen und Täfelungen aus der Rokokozeit. Für den heutigen Besucher ist das Museum im Palais Lascaris auch deshalb von Bedeutung, weil von dort aus regelmäßig sachkundige *Führungen durch die Altstadt,* aber auch kunsthistorisch begleitete *Ausflüge ins Hinterland* von Nizza und nach Ligurien organisiert werden.

Nur ein Adelspalast in der Altstadt, aber **acht Kirchen.** Auch das sagt nicht wenig über Nizzas Verfassung in den beiden Jahrhunderten vor der Revolution. Träger der Kirchen waren meist die verschiedenen geistlichen Orden (Jesuiten, Benediktiner, Franziskaner), aber vor allem auch verschiedene Büßerorden von Laienbrüdern (*Pénitents noirs, blancs, rouges* usw.), die in der Stadt eine besonders große Rolle spielten. Stilistisch sind die Kirchen alle dem italienisch beeinflußten Barock zuzurechnen, dessen Erscheinungsbild meist durch Zutaten des 19. Jahrhunderts mehr oder minder große Abwandlungen erfährt (vgl. das Kapitel über Architektur). Die Kirchen der

Nizzaer Altstadt, die jesuitische *Eglise du Gésu,* die große *Cathédrale Sainte-Réparate* an der Place Rosetti, die *Eglise Saint-Giaume,* die nur *Sainte-Rita* genannt wird, die *Eglise Saint-Augustin,* die *Eglise Saint-François-de-Paule,* die *Chapelle Sainte-Croix,* die *Chapelle du Saint-Suaire* und die *Chapelle du Saint-Sépulcre* muß man allesamt nicht unbedingt eingehend besichtigt haben, aber man sollte an diesen ruhigen, dem Lärm der umgebenden Altstadt so nahen und zugleich so fernen Orten doch einmal im Halbdunkel die Atmosphäre auf sich wirken lassen, die im Untergrund dieser Stadt noch fortwirkt und ein geheimes Gegenlager ihrer forcierten Modernität bildet. Besonders die Kirche der Lokalheiligen *Sainte-Rita* ist nach wie vor ein Ort elementarer Frömmigkeit, und es ist durchaus möglich, neben den alten Frauen, die man überall auf der Welt an solchen Stätten findet, auch eines der supermodisch gekleideten Mädchen aus einer der nahen Boutiquen zu sehen, das die heilige Rita um Beistand bittet. Von den beiden schönsten Kirchen der Altstadt ist auf den Seiten 165 und 166 die Rede.

Die **Läden und Handwerksbetriebe** der Altstadt verschließen sich den Blicken der Besucher nicht. Unzählige Lebensmittelläden, Fleischereien und Bäckereien warten auf Kunden, auf dem Fischmarkt schreien die Fischweiber mit tiefen, lauten Stimmen ihre Ware aus, an den Theken der weißgekachelten Bars mit schrillem Neonlicht stehen ebenso Dauergäste wie in den dunkel verräucherten, wo die alten Männer seit je miteinander streiten. Künstler und Kunsthandwerker warten auf Kunden wie die Straßenverkäufer von *Socca* oder *Crêpes.* Neben den Ständen mit Billigkleidung, die feilgeboten wird wie auf einem italienischen Wochenmarkt, etablieren sich zunehmend auch Boutiquen für modische junge Leute, die Trends setzen und deren Stil die Edelboutiquen der Neustadt ein paar Monate später imitieren. All das findet zur Hälfte auf der Straße statt und bietet ein Fest für die Augen und manchmal auch für die Nase, etwa wenn der Duft frischer Baguettes aus einer Bäckerei in die engen Straßen zieht.

Die Wohnungen über den Geschäften hingegen bleiben den Blicken verschlossen, nirgendwo ist (außer dem *Palais Lascaris*) ein Haus der Altstadt als Ganzes zu besichtigen. Nur die engen Treppen, die gerade und steil hinaufführen, sieht man in dunklen Eingängen. Die Wohnungen sind – von den Dachetagen abgesehen – meist eng und dunkel, die sanitären Verhältnisse schlecht. Das sind Unterkünfte von Menschen, die zur Arbeit aus dem Haus gehen und ihre knappe Freizeit im öffentlichen Raum der Straßen, Plätze und Bars verbringen. Deshalb blieben die Bewohner der Altstadt lange unter sich. Mittlerweile hat die Renovierung begonnen, die viele nach anderswo gemachten Erfahrungen mit gemischten Gefühlen beobachten: Wenn die Wohnungen modernisiert sein werden, ziehen neue Mieter ein, weil sich die alten ihre Wohnungen nicht mehr leisten können.

Zwischen den engen Gassen der Altstadt und dem Meer liegt

Der Spazierweg der Engländer

Der Weg verläuft auf den Kieselsteinen am Meer von der Mündung des Paillon bis zum Ende des Faubourg de la Croix de Marbe parallel zur Route de France. Er verdankt seinen Namen der Tatsache, daß er auf Kosten der englischen Kolonie gebaut wurde, die den Winter 1823 auf 1824 in Nizza verbrachte. Die Absicht war, den Armen Arbeit zu geben und den Fremden, vor allem den Kranken, einen gesunden und angenehmen Spazierweg zu verschaffen.
(Aus einem französischen Reiseführer von 1826)

---

der **Cours Saleya**. Der rechteckige, langgestreckte Platz hat keine harmonischen Proportionen, sondern ist ganz darauf abgestellt, als Markt zu dienen. Dennoch war er schon im 19. Jahrhundert Mittelpunkt des geselligen Lebens der Stadt und ist es seit seiner Renovierung Anfang der achtziger Jahre des 20. Jahrhunderts wieder geworden.

Die alten Markthallen aus Eisen und Glas wurden abgerissen (in *Antibes* ist noch eine kleine Markthalle dieses Typs zu sehen), durch weiß-rote Zeltdächer über den einzelnen Marktständen ersetzt und die Autos in eine neue Tiefgarage unter dem Platz verbannt. Nun ist der **Markt** wieder ein Paradies der Flaneure, es gibt Platz, um zu sehen und um sich in Szene zu setzen.

Seine wichtigste Attraktion sind die Farben, Gerüche und Menschen des überwältigenden allmorgendlichen Marktes (montags ist das Angebot reduziert). Ein Teil ist den Blumen reserviert. Nachmittags kommen die Kunsthandwerker (Mittwoch), die lokalen Maler (Samstag), die Trödler (Montag). Eng an die Marktstände herangerückt sind etliche Restaurants, mit denen es so ist wie mit den Künstlern und Trödlern: man muß sorgfältig auswählen.

Der Platz ist vom Meer durch eine niedrige Galerie aneinandergereihter flacher Häuser getrennt, die ehemaligen Werftarsenale der savoyardisch-sardischen Marine, *Ponchettes* genannt. Zwei Portale geben den Blick aufs Wasser frei. In den Ponchettes haben sich neben Restaurants kleine Läden und Galerien niedergelassen. Auf der Nordseite des Platzes zeigt der Palast der Herzöge von Savoyen und Könige von Sardinien aus dem 17. Jahrhundert, also der Sitz des obersten Herrn der Grafschaft, seinen Südflügel mit den repräsentativen Doppelsäulen.

Mit der **Chapelle de la Miséricorde** verfügt der Cours Saleya auch über Nizzas schönsten Sakralbau. Sie fügt sich in die schlichte Häuserreihe neben ihr ein, ihr barocker Formenschmuck ziert sie ebenso sicher wie dezent. Das reichdekorierte Innere mit seinen Pilastern aus falschem Marmor und seinem Rokokodekor ist weniger zurückhaltend, zeichnete sich aber durch eine geschickte Formgeometrie aus, die besonders mit dem Oval arbeitet. Die Schätze der Kirche sind ein Altarbild von Jean Miralhet, eine wunderbare *Jungfrau* von 1442, die ihren Mantel mit anmutigem Schwung schützend über eine eng um sie gescharte Gemeinde hält, deren Mitglieder bereits auf erstaunliche Weise ästhetisch individualisiert sind, sowie eine andere Jungfrauendarstellung vom Beginn des 16. Jahrhunderts, die Louis Bréa zugeschrieben wird. Leider ist die Kapelle meist geschlossen und nur über Anmeldung im Palais Lascaris zugänglich. Und: Sie müssen sich wohl beeilen, denn der Bau der Tiefgarage unter dem Platz hat dazu geführt, daß die Kirche vom Verfall durch aufsteigende Feuchtigkeit und tiefe Mauerrisse bedroht ist.

Wenige Meter weiter steht eine andere, sehr bescheidene Barockkirche, *Saint-Suaire,* die mit ihrem geschwungenen, mit lackierten Ziegeln dekorierten Glockenturm den Platz nach Nordosten hin abschließt. Sie gehörte dem ärmsten Büßerorden, der seine Mitglieder unter den Seeleuten und Fischern rekrutierte.

Aber es sind nicht vor allem die Baudenkmäler, die dem Platz seine Atmosphäre verleihen, sondern das vielleicht nur für einen kurzen historischen Zeitraum so existierende Nebeneinander von Menschen wie der alten Bäckersfrau in ihrem winzigen Lädchen, dem Fischhändler in seinen Gummistiefeln und den Boutiquen mit Avantgardemode auf der anderen Seite, der Diskothek mit den mächtigen Motorrädern vor der Tür und dem Nachtasyl der Sozialhilfe 100 Meter weiter. Der

Platz hat, was den Fassaden an der «Promenade» fehlt: Vielfalt, Individualität und Lebendigkeit.

Vom Cours Saleya kann man um den Schloßberg herum zum Hafen und dann an Antiquitätenläden in der *Rue Segurane* vorbei zurück zur *Place Garibaldi* gehen, Mittelpunkt eines volkstümlichen Viertels, wo es unter Arkadenreihen und unter den Blicken des aus Nizza gebürtigen italienischen Nationalhelden Giuseppe Garibaldi (1807–1882), dessen Denkmal die Mitte des Platzes beherrscht, die frischesten Meeresfrüchte der Stadt gibt.

Jenseits des Paillon: die Neustadt

Wenn Sie sich nach Nordwesten wenden und den mit Anlagen überbauten *Paillon* überqueren, kommen Sie auf den Hauptplatz von Nizza, die **Place Masséna.** Der Platz ist Anfang des 19. Jahrhunderts, als das *Consiglio ornato* aus piemontesischen Architekten noch für das von Turin aus regierte Nizza zuständig war, entworfen worden. Er ist dem Vittorio-Emmanuele-Platz in Turin oder dem Galimberti-Platz in Cuneo sehr ähnlich und zu regelmäßig, um wirklich schön zu sein. Auf den Platz mündet die *Avenue Jean-Medecin,* die platanenbestandene Hauptgeschäftsstraße der Stadt. Dort buhlen die großen Kaufhäuser um die Gunst der Kunden und das neue *Einkaufszentrum Nice-Etoile,* auf das die Stadt besonders stolz ist. Wenn Sie die Straße weiter hinaufgehen, stoßen Sie auf der Höhe des Bahnhofs nicht nur auf die Bahnlinie, sondern auf eine sich auf neuen Betonstelzen hoch erhebende Stadtautobahn, die den Blick durch die Straßenschluchten auf die Berge des Hinterlandes schneidet.

Westlich von der *Place Masséna* beginnt die **Fußgängerzone der Neustadt** *(Rue Masséna/Rue de France)*. Da haben sich die teuersten Geschäfte niedergelassen, da gibt's die Koffer mit den vornehmen Initialen, die Seidenschals mit den Pferdemotiven, die Dependencen der Pariser Modehäuser, die feinsten Feinkostgeschäfte. Es fehlt an nichts, auch nicht an Besuchern, höchstens an Leben und an Stil: es ist weder ein Viertel, das auch ohne Touristen noch Leben hätte wie viele andere in Nizza, noch ist es so exklusiv wie die Einkaufszonen der Reichen in Cannes und Monaco. Wer mehr ansehen möchte als Schaufenster, ist in diesem Stadtteil und dem Musikerviertel etwas weiter nördlich auf die Fassaden der vielen dort erhaltenen Häuser aus der Belle Epoque verwiesen.

Noch weiter westlich, in der *Villa Thompson,* hat das städtische **Musée Chéret** seinen Sitz. Die pompöse Villa Thompson wurde von einem russischen Adeligen in Auftrag gegeben und kam dann in die Hände eines reichen Amerikaners, Besitzverhältnisse, die den Gang der Geschichte getreulich nachbilden. Stilistisch ist sie irgendwo auf dem weiten Feld zwischen Renaissance und Hollywood anzusiedeln. Der Namenspatron des Museums war ein Vorläufer der Plakatkunst, der erste Direktor ein regional bekannter Aquarellist, der über 8000 Arbeiten hinterlassen hat. Kurzum: man betritt die städtischen Kunstsammlungen Nizzas nicht ohne Vorbehalte.

Unter den Gemälden aus dem 17. und 18. Jahrhundert dominieren die «heimischen» Van Loos. Ein Fragonard ist in den Zusammenhang der französischen Malerei seiner Zeit gestellt, einzelne ausländische Maler, darunter ein Rubens, erweitern den nationalen Rahmen. Den Schwerpunkt des Museums bildet die akademische Malerei des 19. Jahrhunderts. Nur Spezialisten werden die Namen von Malern wie *Landon, Guérin, Cotard-Dupré, Trouillebert, Clément, Tanoux, Cabanel* oder

Carpeaux kennen, aber sie repräsentieren die offizielle akademische Malerei ihrer Zeit und den Geschmack der reichen Auftraggeber, die im 19. Jahrhundert nach Nizza kamen. Auf diesen historischen Gemälden, den positivistischen, fast wissenschaftlich-genauen Genrebildern, den Stilleben und vor allem den vielen Porträts findet der Betrachter die zugleich streng historisierende und alles in beliebige Gefälligkeit auflösende Malerei, gegen die sich die Moderne richtete. Die Moderne ist in diesem Museum kaum vertreten – *Dufy* bildet die bedeutende Ausnahme –, dafür sind aber wichtige Arbeiten der Impressionisten zu sehen: *Ziem, Loir, Renoir, Monet, Degas.*

Einen besonderen Platz nimmt *Gustave-Adolphe Mossa* mit seinen symbolistischen Arbeiten ein, die zwischen 1903 und 1917 entstanden. Auf Anhieb wirken sie gefällig wie eine Fortsetzung der akademischen Malerei mit anderen Mitteln. Tatsächlich aber sind Mossas Arbeiten gegen Positivismus und Scientismus gerichtet und suchen unter dem Einfluß des literarischen Symbolismus der Romantik und der antiken Mythologie die glatte Oberfläche der akademischen Malerei zu durchdringen. Leben, Liebe, Sexualität und Tod sind die immer wiederkehrenden Themen. Die Frau steht im Mittelpunkt, die Frau ist Engel und Dämon, heilig und pervers, Herrin und Dienerin, vor allem aber böse, kastrierend. Man sieht, daß die Fragen, aus der heraus die Psychoanalyse entstand, zu Beginn des Jahrhunderts nicht nur in Wien gestellt wurden und eine Malerei wie die Beardsleys nicht nur in England möglich war.

Das jüngste der Museen Nizzas liegt noch zwei Kilometer weiter westlich auf dem Hügel von Fabron, das **Musée internationale d'art naïf Anatole Jakovsky**. Jakovsky war Kunstkritiker, Sammler und Historiker der naiven Malerei, zu deren

Anerkennung er mit vielen von ihm organisierten Ausstellungen beitrug. Das Museum, wieder eine schön gelegene Villa, verfügt über 600 Gemälde aus 27 Ländern und ist somit das reichste seiner Art – zur Freude der Forscher und zur Freude aller Kinder, die den Museumsbesuchen der Eltern sonst eher skeptisch entgegensehen.

Römer, Mönche, Maler und wohlhabende Wintergäste: Cimiez

Um nach Cimiez zu kommen, müssen Sie ins Stadtzentrum zurück. Ich empfehle, den Weg über den breiten *Boulevard de Cimiez* zu wählen, den Weg, den auch die Equipagen in der Belle Epoque nahmen, wenn die Herrschaften vom Meer oder vom Bahnhof zurückkehrten auf «ihren» Hügel. Rechts und links der Straße liegen noch ihre in Luxuswohnungen verwandelten Hotels, das *Winter Palace,* das *Hôtel Ermitage,* das mit orientalischen Stilelementen spielende *Hôtel Alhambra* und schließlich dort, wo sich die Straße teilt, um Platz zu machen für ein majestätisches Gebäude mit majestätischen Bewohnern, das größte von allen Hotels, das *Régina.* Es steht wohl nicht zufällig neben der römischen Arena und den römischen Ausgrabungen im Park von Cimiez: an dieser Stelle wird imperiale Macht gezeigt, die sich der römischen selbstbewußt zur Seite zu stellen wagte.

Was es in Cimiez zu sehen gibt, stammt weitgehend aus den beiden bedeutendsten Perioden in der Geschichte der Stadt, aus der römischen Zeit und aus der Zeit der Belle Epoque. Dort finden sich auch die beiden bedeutendsten Museen, die Matisse und Chagall gewidmet sind. Aber häufig flieht das

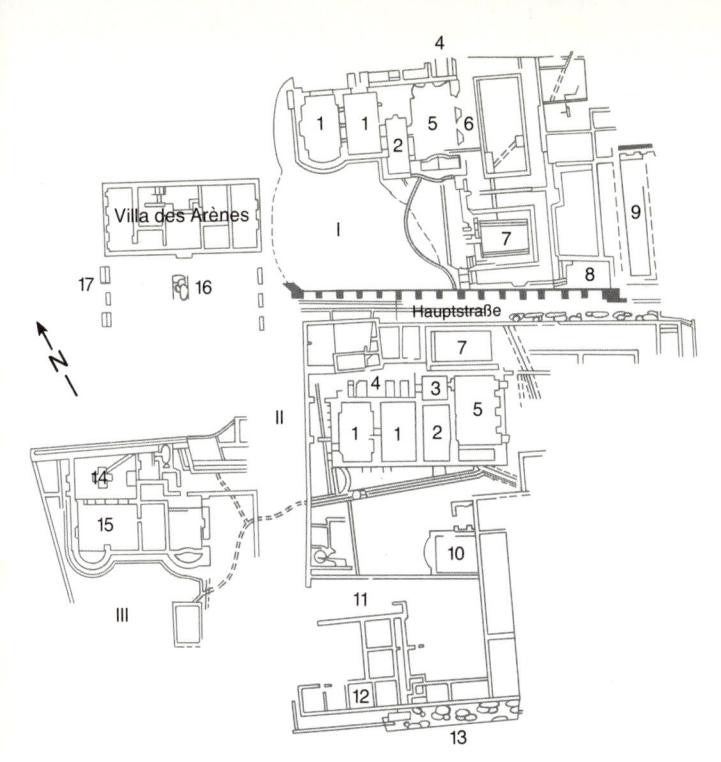

Cimiez / Römische Thermen

I Nord- oder
   Magistratsthermen
II Ost- oder Männerthermen
III West- oder Frauenthermen

1 Heißwasserbad (Caldarium)
2 Warmwasserbad (Tepidarium)
3 Schwitzbad (Sudatorium)
4 Ofen
5 Kaltwasserbad (Frigidarium)
6 Ertüchtigungsraum (Palästra)
7 Schwimmbecken
8 Latrine
9 Wasserreservoir
10 Versammlungsraum
11 Wohnviertel
12 Läden
13 Decumanus (von Westen nach Osten verlaufende Straße)
14 Basilika (frühchristliche Kathedrale?)
15 Baptisterium (mit Taufbecken)
16 Cardo (von Süden nach Norden verlaufende Straße)
17 Stelen und Sarkophage

Nizza: Cimiez

Überbleibsel vergangener Pracht. Das Hotel «Régina» ist kein Hotel mehr

Leben die Orte, wo alles vom Feinsten ist. Das ist in Cimiez nicht anders. Der Stadtteil leidet ein wenig unter der Pracht seiner ehemaligen Hotels, die ihre Funktion verloren haben, unter den reichen Pensionären, lebt zwischen Vergangenheit und Gegenwart. Zu stolz, sich dem ordinären Tourismus anzubiedern, zu teuer, um als normale Wohngegend dienen zu können, hat es Cimiez schwer, einen Platz im gegenwärtigen Leben der Stadt zu finden. Nur oben im Park um die römischen Ausgrabungen ist es fast immer lebendig, liegen die Paare unter schattenspendenden Olivenbäumen, fliegen die Fußbälle der Kinder und die Bouleskugeln der Alten, hallen erfolglos die Ordnungsrufe der Mütter.
Die kleine römische **Arena** sieht neue Spiele auf Rollschuhen, Skatebords und Geländefahrrädern. Behörden und Bewohner

von Nizza gehen sehr respektlos mit der Vergangenheit um, und so hat es denn auch sehr lange gedauert, bis die Archäologen bei der Arena systematisch zu graben begannen, obgleich sie schon länger wußten, daß auf dem Hügel von Cimiez einmal eine Stadt lag, die im 3. Jahrhundert etwa 20000 Einwohner gehabt haben muß. Die seit den fünfziger Jahren vorgenommenen Grabungen förderten vor allem drei Thermen von einer ausgeklügelten Raffinesse zutage, die der Zeitgenosse heute in den winzigen Badezimmern der Grandhotels vergeblich sucht. Das Schöne ist, daß man nicht nur auf die Informationen der Archäologen angewiesen bleibt, die Steine selbst aber stumm wären, sondern einige Teile so gut erhalten sind, daß Besucher sich vom Augenschein her einen Eindruck von dem Leben machen können, das sie bezeugen. Vom Frigidarium ist zum Beispiel eine zehn Meter hohe und 16 Meter lange Wand erhalten, die eine Vorstellung von der reichen Ausstattung dieser antiken Badehäuser vermittelt. Die vielen Fundstücke nebenan im neuen Gebäude des **Musée d'Archéologie** tragen ebenfalls dazu bei, daß wir einige durchaus präzise Bilder vom täglichen Leben, vom Handel, von der Religion und von den ästhetischen Vorstellungen bekommen, die an dieser Stätte vor 1800 Jahren herrschten.

Matisse liebte Cimiez, lebte zuletzt im Régina und wurde auf dem nahen Klosterfriedhof begraben. So ist von besonderer Bedeutung, daß – anders als zum Beispiel im Fall von Cézanne, von dem kein einziges bedeutendes Bild in «seiner» Stadt Aix-en-Provence blieb – man die Werke von Matisse dort ansehen kann, wo viele von ihnen entstanden. Bis 1987 mußte sich das **Musée Matisse** mit dem archäologischen Museum die *Villa des Arènes* teilen. Seit ein Neubau die Funde aus römischer Zeit beherbergt, steht erstmals hinreichend Platz für die reiche Sammlung von Arbeiten des Malers zur Verfügung.

Neben den Gemälden gehören das gesamte bildhauerische Werk sowie 165 Zeichnungen und 150 Druckgrafiken zum Bestand des Museums. Die Gemälde sind keineswegs nur aus der «Nizzaer Periode» von Matisse, sondern geben eine Anschauung vom Gesamtschaffen des Künstlers, denn sie reichen vom *Stilleben mit Büchern,* das 1890 entstand, bis zu den späten Studien für die Kapelle von Vence aus den fünfziger Jahren des 20. Jahrhunderts; von dem *Hof der Mühle von Ajaccio,* auf dem zum ersten Mal die Sonne des Südens aus den Farben leuchtet, bis zu einer ganz aufs Wesentliche zurückgenommenen Aktstudie *(Nu Bleu IV)* von 1952. Möbel und Gegenstände aus dem Besitz des Künstlers, der gern inmitten von exotischen Pflanzen, roten Fischen und bunten Vögeln malte, geben einen Eindruck von den Vorlieben seines Lebensstils. Nizza schmückt sich gern mit seinem berühmtesten Maler und hat verdienstvolle Ausstellungen der Buchillustrationen von Matisse, seiner Auseinandersetzungen mit Tahiti und vor allem von bisher unveröffentlichten Fotos veranstaltet, die *Cartier-Bresson, Capa, Brassaï* und viele andere von ihm machten.

Das **Franziskanerkloster** auf der Ostseite des Parks von Cimiez besteht seit dem 16. Jahrhundert. Was man auf den ersten Blick sieht, macht nicht gerade einen inspirierten Eindruck, sondern zeichnet sich durch eine geradezu babylonische Verwirrung der Stile aus. Dem Portal von 1662 hat man 1845 eine neogotische Fassade vorgebaut, das Innere des Hauptschiffs stammt aus dem 16. Jahrhundert, die seitlichen Altarnischen wurden im 18. und 19. Jahrhundert angefügt. Sehenswert sind vor allem zwei Altarbilder, die Louis Bréa in zwei weit auseinanderliegenden Phasen seines Lebens malte. Die *Pietà* zwischen dem heiligen Martin und Catharina von Alexandria stammt von 1475, die *Kreuzigung* in der dritten linken Seitenkapelle von 1512. Die Kreuzabnahme von Antoine Bréa fällt dagegen ab und zeigt, wie groß die Qualitätsunterschiede bei den «Primitiven» des 15. und 16. Jahrhunderts waren. Ein *Franziskanermuseum* im Kloster bietet neben Dokumenten zur Geschichte des Ordens und des Klosters einige interessante Wandmalereien aus dem 17. Jahrhundert. Schöner ist es draußen in dem kleinen, sorgsam gepflegten Park, der auf dem Gelände liegt, wo früher die Mönche ihren Gemüsegarten hatten. Man schaut hinunter auf die Häuser im *Tal des Paillon,* ein Ausblick, der die Mönche für die Kargheit ihrer Zellen reich entschädigte.

Flußaufwärts im Tal sehen Sie eine weitere Abtei, die **Abbaye de Saint-Pons** der Benediktiner. Sie wird im Gegensatz zum Franziskanerkloster kaum besucht, obgleich sie unvergleichlich schöner ist und mit der *Chapelle de la Miséricorde* heimlich darum wetteifert, welches denn das schönste barocke Gebäude der Stadt sei. Der schlanken, leicht konkaven Fassade mit ihren zwei Etagen ist ein Säulenportal vorgebaut, daneben steht ein Glockenturm. Auch das Innere hat noch sein ursprüngliches barockes Aussehen. Der Bau wird selten besucht, weil die Abtei jetzt ganz in das große Klinkgelände des *Hôpital Pasteur* eingegliedert ist, der Zugang führt durchs Krankenhaustor. Die an die Kirche angrenzenden Klostergebäude beherbergen heute eine psychiatrische Klinik. Die massiven Holztüren des «Irrenhauses» sind endlich geöffnet worden, und man sieht hinein in den Kreuzgang des ehemaligen Klosters, wo lange nur überwacht und gestraft wurde, nun aber kranke Menschen Gesundheit oder doch mindestens ihre Würde wiederfinden können.

Das Chagall-Museum, 1972 gebaut, mit vollem Namen **Musée National Message Biblique Marc Chagall,** liegt auf halber

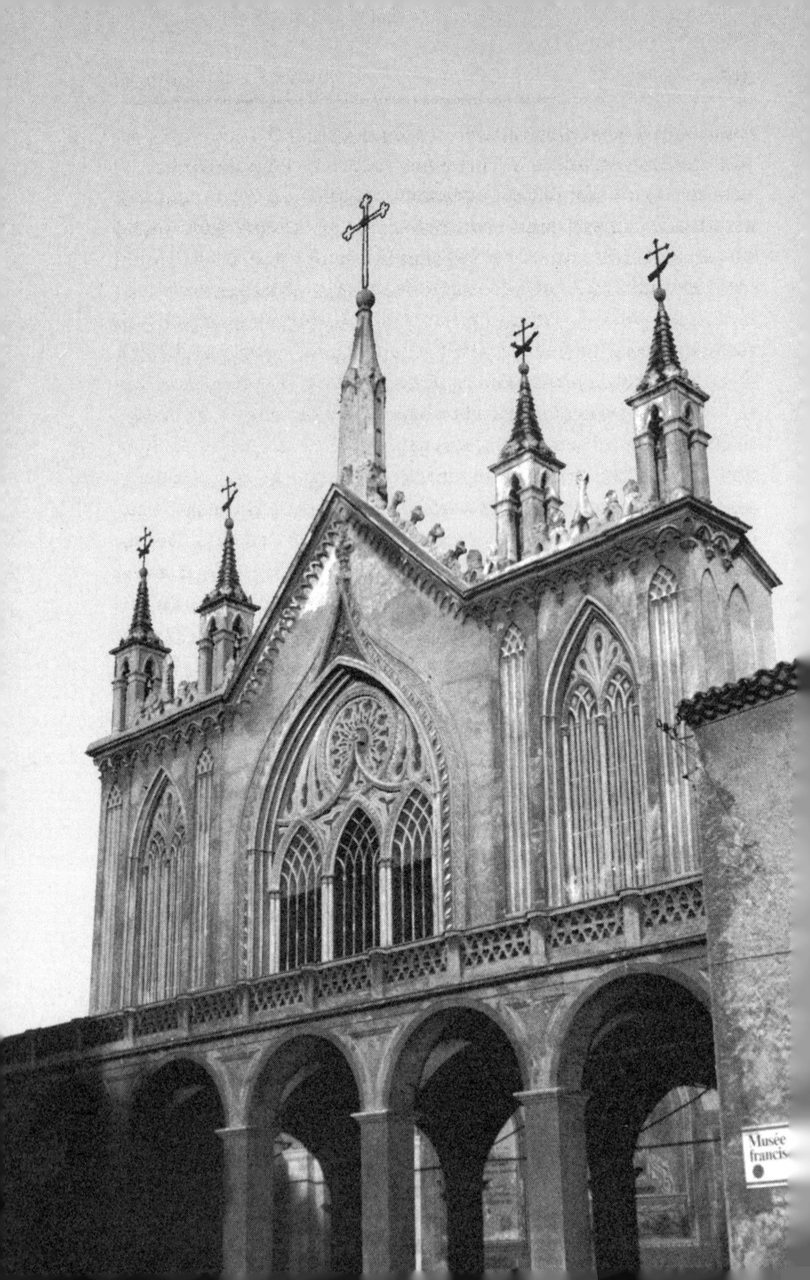
Musée
francis

Nizza: Cimiez

Höhe des Boulevard de Cimiez am Westhang des Hügels. Es versammelt die um die Bibel thematisch zentrierten Arbeiten Chagalls, und da die Bibel die Spiritualität seiner Werke zutiefst geprägt hat, ist es das bedeutendste Chagall-Museum der Welt. *André Hermant* hat das Gebäude eigens für Chagalls Bilder entworfen; Chagall selbst steuerte ein Mosaik und die Glasfenster des runden Konzertsaales zum Bau bei. Er liegt in einem kleinen Park, in dem mediterrane Vegetation den Weg zu einem Maler weist, dessen Werk zutiefst vom slawischen Osten geprägt ist. Das Zentrum des Museums bilden 17 große und auf großzügige Weise ausgestellte Ölgemälde zur Genesis, zum Exodus und zum Hohen Lied Salomons, die Chagall nicht als traditionelle Sakralkunst sah, sondern als eine universelle Entwicklungsgeschichte der Menschheit. Der mediterrane Picasso hat über Chagalls Werk gesagt, er sei nicht gerade «versessen auf seine Hähne und Esel und fliegenden Geiger und die ganze übrige Folklore», aber hinzugefügt, seine Bilder seien «wirklich gemalt, nicht nur einfach zusammengeschmiert. Ein paar der letzten Bilder, die er in Vence gemalt hat, haben mich davon überzeugt, daß es seit Renoir niemanden mehr mit einem solchen Gefühl für Licht gegeben hat wie Chagall.» Jedenfalls gibt es auch für denjenigen, der Picassos respektlose Distanz zu Chagalls Spiritualität und zu seinem Motivkanon auf respektvolle Weise teilt, im Museum viel zu entdecken, denn neben den 17 Hauptwerken sind Ölstudien auf Papier, Pastelle, Zeichnungen, Gouachen, 105 Stiche, 75 Lithographien, Skulpturen und Keramiken ausgestellt. Unter den Stichen findet sich zum Beispiel eine Lage

---

Die «gotischen» Fassaden dieser Gegend stammen meist aus dem 19. Jahrhundert. Klosterkirche von Cimiez

des Jeremias oder eine Darstellung Josephs als Schäfer, die zeigen, wie genau Chagall arbeitete und wie sehr seine Werke auch ohne die starken Stimmungen bestehen können, die seine großen Gemälde als ganze auszulösen verstehen. Dem Museum ist eine gut ausgestattete Bibliothek angegliedert, der Konzertsaal bietet einen idealen Rahmen für regelmäßige Kammerkonzerte.

Natürlich kennt niemand eine Großstadt mit 350000 Einwohnern wie Nizza wirklich, wenn er nur als Besucher die Altstadt, die Neustadt zwischen Fußgängerzone und Meer sowie Cimiez durchstreift hat. Nicht einmal alle Museen sind genannt. Wer sich in erster Linie für Naturkunde interessiert, wird das **Musée Barla** vermissen, mein Sohn liebt kein Museum so sehr wie das **Musée Naval** mit seinen Schiffsmodellen; wer Kuriositäten mag, für den kann das kleine **Musée du Prieuré du vieux Logis** eine Entdeckung sein. Von den kleinen Parks, ihrer nach Stadtteil verschiedenen Atmosphäre war wenig die Rede, obschon sie für das Leben in der Stadt von großer Bedeutung sind. Unser Rundgang führte auch nicht in die Viertel der Armut und der alltäglichen Gewalt, wo sich die Polizisten nur zu viert hineinwagen und die Lehrer an ihren Schülern verzweifeln. Reiseführer sind da weder mutiger noch einfallsreicher als andere, die mit Vernunft Ordnung zu schaffen versuchen.

Obgleich in Nizza noch so vieles zu entdecken bleibt, will ich Ihnen ein paar Wege im nächsten Kapitel durch das Um- und Hinterland vorschlagen. Der erste Ausflug muß kaum mehr als eine Stunde dauern, der letzte wird in einem Tag kaum zu machen sein; der erste führt am Meer entlang, die letzten führen ins Hochgebirge.

Die Côte d'Azur ist nicht nur Küste: Ausflüge ins Hinterland

179 Am Meer entlang: Spaziergang vom Nizzaer Hafen aus
180 Auf die küstennahen Gipfel:
 Aspremont, Mont-Cima und Mont-Chauve
184 Fromme Volkskunst: Notre-Dame-de-Laghet
187 Auf den Spuren der Pilger und Rallyefahrer
191 Über die Salzstraße ins Tal der Wunder
203 Von Nizza nach Digne mit dem Pinienzapfenzug

Am Meer entlang: Spaziergang vom Nizzaer Hafen aus

Der Kieselstrand von Nizza eignet sich selbst außerhalb der Badesaison nicht für Spaziergänge, und wo dieser Kieselstrand aufhört, fängt im Westen der Flughafen an und im Osten der Hafen. Eine Küste aber, die man nur ansehen, an deren Saum man nicht entlanggehen kann, ist keine Küste. Deshalb haben sich die Verantwortlichen an der Côte d'Azur überall bemüht, die alten **Chemins des Douaniers,** auf denen die Zöllner darüber wachten, daß nicht geschmuggelt wurde, zu Spazierwegen auszubauen. Einer dieser Wege führt von *La Napoule* unter dem dortigen Schloß vorbei zum Strand von *La Rague,* ein anderer findet sich am *Cap d'Antibes,* der schönste und längste umrundet das *Cap Ferrat* (S. 209), und am *Cap Martin* kann der Fußgänger ein Stück weit direkt am

Meer entlangspazieren. Nizza hält ebenfalls einen solchen Zöllnerweg bereit, hat den Zugang aber gut versteckt: Man muß zum Hafen fahren und an den Quai gehen, wo die Schiffe nach Korsika abfahren. Von dort folgen Sie dem *Boulevard Franck-Pilatte* bis zu einer großen Pinie mitten auf der Straße. Der Anfang des Weges liegt 20 Meter weiter rechts, am *Square Félix-Rainaud*. Sie passieren einen Tunnel und kommen ans Meer. Westlich sehen Sie bis zum gebirgigen Vorland von Grasse, östlich liegt hinter der Bucht das Cap Ferrat. Vor allem aber sehen Sie das Meer, blau bis zum Horizont, klar aus der Nähe, immer bewegt in den Ritzen und Buchten des zerklüfteten Kalksteins. An ruhigen Tagen können erfahrene Schwimmer dort baden und in einer kleinen Bucht das Gefühl haben, allein zu sein; an windigen spritzt die Gischt über den Weg. Er ist nicht lang, sondern endet einstweilen am *Cap de Nice*. Eine Verlängerung bis *Villefranche* soll beschlossen sein. Zurück können Sie auch auf der höher gelegenen, aber stark befahrenen Küstenstraße gehen.

Auf die küstennahen Gipfel: Aspremont, Mont-Cima und Mont-Chauve

Am besten nehmen Sie die *Avenue Jean-Médicin* in Richtung Norden und gehen über die *Place de la Libération* mit ihrem großen Markt, auf den sich kaum einmal Fremde verirren. Drei Kilometer weiter folgt an der *Place du Ray* ein anderer platanenüberschatteter Markt. Diese Märkte bilden mit den meist benachbarten überdachten Markthallen die natürlichen Mittelpunkte der Stadtviertel. Da treffen sich die Einheimischen, wählen aus, erfahren und verkünden Neuigkeiten. Die

Aspremont 181

Bars siedeln sich in der Nähe an, eine kleine Bankfiliale, eine Drogerie, eine Wäscherei, ein Weinkeller, eine kleine Buchhandlung, die vor allem Zeitungen verkauft, eine Autowerkstatt, eine Werkstatt für Fahrräder und die allgegenwärtigen «Mobilettes», alles, was man zum Leben wirklich braucht. In diesen Gebieten am Stadtrand gibt es zwar noch einige ältere Vorortvillen, aber vom großen Schloß des Grafen von Falicon steht nur noch das Pförtnerhaus. In der nahen *Avenue Cernuschi* überlebte eine mit türkisfarben gelackten Ziegeln bedeckte Villa, die nach dem gleichen Modell entstand wie das Schloß, wenn auch in kleinerem Maßstab. Auf dem Schloßgelände sind ebenso hohe wie häßliche Wohnkomplexe entstanden, denen das Altern nicht bekommt, wie sich schon nach wenigen Jahren zeigt. In den Schulen, die erst am Nachmittag um 17 Uhr schließen, und in solchen «Wohnmaschinen» spielt sich das Leben der meisten Jugendlichen ab, ein Leben, von dem der Urlauber meist wenig ahnt.
Sie kreuzen dann die *Autobahn.* Sie ist gebührenpflichtig, aber besonders im Sommer häufig die einzige Möglichkeit, selbst kurze Entfernungen zu überbrücken, ohne stundenlang im Stau zu stehen. Freilich will das jeweils ausprobiert sein: Von Nizza aus ist man zwar in wenigen Minuten etwa an der Ausfahrt «Monaco» oder «Antibes», man muß aber im ersten Fall noch die kurvenreiche Abfahrt in den Ort hinter sich bringen, im zweiten die ganze verstopfte Stadt durchqueren, um das Meer zu erreichen.
Nördlich der Autobahn wählen Sie die Straße nach *Aspremont* (D 14). Ein paar Kurven, und die Stadt ist zu Ende. Nach etwa vier Kilometern zweigt an einer Fußgängerampel der *Vieux chemin de Gairault* nach rechts ab, dann steigt das Gelände 100 Meter steil an, und Sie sind am *Kanal,* an einem offenen Wasserlauf, der das Trinkwasser Nizzas aus dem Hin-

terland heranführt. An diesem Wasserlauf führt ein breiter Weg entlang, der eine schöne Aussicht auf die ganze Stadt bietet und dazu zwei in der Region überaus seltene Vorteile hat: dort dürfen keine Autos fahren, und der Weg ist ganz eben. So begegnen wir vielen Joggern, denen es sonst in der Stadt an geeigneten Wegen fehlt.

Wenn Sie dann wieder der Hauptstraße folgen, biegt bald links der Weg zur **Cascade de Gairault** ab: Unter einem Haus im frei nachempfundenen alpenländischen Stil fällt das Wasser des schon erwähnten Trinkwasserkanals über mehrere Stufen in ein künstliches Becken, nicht unbedingt eine Augenweide, aber am Rand des kalten Gebirgswassers ist es immer angenehm kühl. Die eigentliche Attraktion ist der kleine Park am Hang, den ein Friedhof und eine Kirche abschließen. Von da aus sieht man über dem Lärm der Stadt ihre Häuser zwischen dem Meer und einer Hügellandschaft liegen, deren Ähnlichkeit zur Toskana oder zu den Südabhängen um die oberitalienischen Seen augenfällig wird.

Aspremont, 14 Kilometer von Nizza entfernt, liegt schon 530 Meter hoch über dem Meer. Von der Anhöhe des kleinen, befestigten Dorfes, das nicht so spektakulär liegt wie *Eze* oder so bekannt ist wie *Saint-Paul,* haben Sie einen bequemen Rundblick über das Tal des *Var* bis zur Mündung, über das Meer bis zum *Estérel* und das tief und unruhig gestufte Relief der Berge. Sie sehen die Industrieansiedlungen bei *Carros,* aber Sie schauen auch auf 17 umliegende Gemeinden, die meisten noch nicht vom Lebensstil der Küste geprägt. Dort wachsen schon keine Palmen mehr, Platanen treten an ihre Stelle. Wer abends oben auf dem Platz des Ortes um den Brunnen vor einer langen, blumenumrankten Treppe sitzt, auf ein billiges, einfaches Essen wartet und auf die Lichter der

Aspremont / Mont-Cima / Mont-Chauve

Küste hinabschaut, hat den Abstand, den er braucht, um sie als Traumküste zu empfinden.

Aspremont ist auch Ausgangspunkt für zwei sehr lohnende kleine Wanderungen, die beide nicht mehr als drei Stunden in Anspruch nehmen. Die erste führt auf den **Mont-Cima,** an dessen Fuß eine kleine asphaltierte Straße führt. Wo sie aufhört, können Sie entweder bequem auf einem leicht ansteigenden Feldweg bis zu einem Hochplateau um eine Schäferei weitergehen oder auf einem der zahlreichen steilen und steinigen Wege zum Gipfel wandern. Sie werden nicht nur durch ein Panorama belohnt, sondern finden sich auch unvermutet inmitten einer Ruinenstadt aus weißen Kalksteinen, die so gut erhalten ist, daß man in seiner Phantasie leicht das Fehlende rekonstruieren kann. Sogar eine kleine Kapelle, die auf kaum 50 Personen berechnet gewesen sein dürfte, verrät sich durch ihre Apsis. Die Vergangenheit ist an dieser Stelle ganz nah. Welche Erfahrungen mögen die Menschen so hoch hinauf getrieben haben? Wo bekamen sie ihr Wasser her? Gaben die kleinen terrassierten Felder genügend Getreide her zum Überleben? Was war in den Häusern? Ob die Bewohner den Ort leichten Herzens aufgegeben haben? Wann? Warum? Die alte Stadt auf dem Mont-Cima ist ein Museum, in dem es nach Thymian duftet und die Bougainvilleen sich an den Wänden hochranken.

Der Rundblick vom Mont-Cima ist nach drei Seiten frei, aber nach Süden hin durch den vorgelagerten **Mont-Chauve,** den «kahlen Berg», verstellt. Auch der ist von Aspremont aus recht leicht zu erreichen. Sie fahren einige hundert Meter in Richtung auf den *Col des Tourettes.* Von dort aus zieht sich ein schattiger, markierter Weg zum Gipfel, von dem Sie nun zwar den ungehinderten, weiten Blick über das Meer haben, dafür aber von einem massiven Fort, das den ganzen Gipfel einnimmt, in Ihrer Beschaulichkeit unangenehm gestört werden, denn das von einem tiefen Graben umgebene, anscheinend ganz menschenleere Fort wird offenbar noch zu militärischen Zwecken benutzt.

Zurück von Aspremont nach Nizza können Sie über *Saint-Roman-de-Bellet* fahren, aber auch hinunter nach *Tourette-Levens,* dort den Weg nach Nizza einschlagen (D 19) und dann über das Bergdorf **Falicon** (D 114) – das *Jules Romains* in seinen Romanen verewigt hat – und die *Aire Saint-Michel* nach Nizza zurückkehren. Sie haben dann den Mont-Chauve einmal umrundet. Kurz hinter Falicon zweigt übrigens bei *Saint-Sebastien* die D 214 ab, auf der Sie von der Südseite her auf den Mont-Chauve kommen. Von dort aus beschränkt sich der Anmarsch auf eine halbe Stunde zwischen Parkplatz und Gipfel.

Fromme Volkskunst: Notre-Dame-de-Laghet

Die Wallfahrtskirche **Notre-Dame-de-Laghet** ist leicht zu erreichen. Sie nehmen die Autobahn bis zur *Abfahrt Monaco/La Turbie* und folgen dann noch ein kleines Stück der D 2204 A. Kirche und Kloster lassen schon von außen den für die Region so typischen barocken Ursprung mit Verschlimmbesserungen aus dem 19. Jahrhundert erkennen. Innen hingegen wartet eine einmalige, sozialgeschichtlich wie ästhetisch hochinteressante Galerie von mehreren hundert Votivtafeln, die Gläubige der Kirche gewidmet haben. Diese Dokumente

---

Naive Frömmigkeit. Ex-Votos in der Wallfahrtskirche von Laghet

CHAPELAIN
d'ACCUEIL
INTENTIONS de MESSES - CONFESSIONS

naiven Glaubens berühren, wie Guillaume Apollinaire 1910 schrieb, «selbst diejenigen, die ungläubig sind».

Votivtafeln (*Ex-voto* werden sie in Frankreich genannt) haben viel gemein mit der naiven Malerei oder mit Kinderzeichnungen, sind aber doch ein eigenes Genre, weil sie einem unsichtbaren Betrachter dargeboten werden und ausschließlich Szenen äußerster Bedrohung darstellen: Krankheiten, Unfälle, Schiffsuntergänge werden extrem drastisch wiedergegeben, und darüber schwebt auf einer Wolke die rettende Jungfrau. Die Bildunterschriften beschränken sich manchmal auf «poetische» Danksagungen, beschreiben aber häufig auch die gemalte Situation mit der Genauigkeit eines Polizeiprotokolls. Man kann aus den Darstellungen von Kranken die Medizin des 19. Jahrhunderts rekonstruieren; aus Darstellungen von Mühlen, Werkstätten, Werkzeugen, Maschinen, die Unfälle verursacht haben, kann man ein Bild des Arbeitslebens im 19. Jahrhundert gewinnen und aus dem Ganzen eine Vorstellung nicht nur der objektiven Gefahren, sondern auch der kollektiven Ängste der Menschen früherer Zeiten. Die älteste Votivtafel von 1792 zeigt einen aristokratischen französischen Emigranten, der vor der Revolution ins savoyardische Nizza geflohen war, nun von der Revolution eingeholt und von französischen Revolutionssoldaten auf der Flucht beschossen wird – wie alle Votivtafeln geht auch diese auf ein historisch-authentisches Ereignis zurück. Das 19. Jahrhundert ist reich vertreten, aber es finden sich neben vergilbten Gemälden oder Blättern auch ganz frische – oft unübersehbar beeinflußt von Comiczeichnungen oder Pressefotos. Besonders beeindruckt hat mich ein Votivbild von 1983, das zu meiner Überraschung den Universitätshörsaal zeigte, in dem ich zu dieser Zeit deutsche Literatur unterrichtete. Im begleitenden Text bedankt sich eine Germanistikstudentin dafür, daß die Jungfrau ihr zum Bestehen des Examens verholfen habe. Ich gestehe, ich hätte mich als einer der Prüfer gern erwähnt gefunden, wie in den Texten des 19. Jahrhunderts, wo es zum Beispiel auf einer Votivtafel zu Ehren eines wunderbar bewahrten Kindes heißt, daß dessen Rettung sich «dem Willen Gottes und der Gnade der gebenedeiten Jungfrau von Laghet wie der aufopfernden und intelligenten Behandlung von Herrn Dr. de Gubernatis, wohnhaft in Nizza, verdankt».

Auf den Spuren der Pilger und Rallyefahrer

Die meisten Wege tief ins Hinterland von Nizza beginnen mit einer Fahrt durch das am Anfang recht häßliche *Tal des Var,* wo Eisenbahnlinie und eine schnelle vierspurige Straße verlaufen. Bei *Plan-du-Var* hört die autobahnähnliche Piste auf, gleich, ob sie weiter dem Tal des Var nach Westen folgen, nach Norden dem der *Tinée* oder nach Nordosten dem des *Vésubie*. Kurve reiht sich an Kurve, die Straße ist in den felsigen Hang über dem Fluß gesprengt, teils überdacht von hochragenden Wänden, teils durch Tunnel und Brücken führend. Man versteht, weshalb diese Talgründe als unpassierbar galten und die Fuß- oder Maultierwege ins Hinterland jahrhundertelang über die Bergrücken führten, bis Ende des 19. Jahrhunderts das heutige Wegsystem entstand.

Das **Tal des Vésubie,** dem wir folgen (D 2565), hat auf den ersten Kilometern besonders spektakuläre **Gorges** (Schluchten), zu eng und zu schattig, um zum Verweilen im abwechslungsreichen Flußtal einzuladen. Bei *Saint-Jean-la-Rivière* weitet es sich ein wenig und läßt zwei kleinen Straßen Platz, in engen Serpentinen die Talwände hinaufzuführen. Wir wählen die linke nach **Utelle,** einem uralten Dorf inmitten von schönen, allmählich verfallenden Steinterrassen am steilen Hang. Wir sind kaum 40 Kilometer Luftlinie von der Küste entfernt, aber von der forcierten Modernität der Küste durch Jahrhunderte getrennt. Die jungen Leute leben «unten» in der Gegenwart, geblieben sind die Alten, die man durch die Fenster der niedrigen Häuser in den Wohnküchen sieht, wenn sie nicht draußen auf den Bänken sitzen, als würden sie auf etwas warten. Eine alte Frau, die wir nach dem Weg fragen, erzählt, daß sie vor 50 Jahren aus Paris in diese Gemeinde kam, einen Einheimischen heiratete, begrub – und immer noch als eine gesehen wird, die «nicht von hier ist». Die Zeit, als man die große Welt in ein stolzes Dorf holen wollte, als man zum Beispiel im 18. Jahrhundert einen Künstler beauftragte, als Altarbild eine *Kopie der Kreuzabnahme von Rubens* zu verfertigen, sind fern. Dörfer wie dieses gibt es viele, alle ohne Sehenswürdigkeiten und alle sehenswert. In der Bar, wo viele Stühle auf eine seltene Hochzeitsgesellschaft oder das große Neujahrsessen warten, bekommen Sie den Schlüssel zum **Sanctuaire de la Madone d'Utelle,** einer Wallfahrtskirche auf 1200 Metern Höhe, die von verschiedenen Seiten zu Fuß, aber auch mit dem Wagen über eine enge, sehr schön geführte Straße zu erreichen ist. Seit der karolingischen Zeit soll dort eine christliche Kultstätte gewesen sein, und noch heute kommen Hunderte von Wallfahrern heraufgepilgert, obschon die Kirche natürlich weniger Gläubige anzieht als das viel leichter zugängliche Laghet. Das von außen schmucklose, flache, beinahe quadratische Gebäude, das wir heute sehen, stammt aus dem Jahr 1806. Dunkel, feucht, fast immer etwas kühl, einige wenige Votivtafeln, als Zeichen der Heilung hinterlassene Krücken an den Wänden – die Kirche, in der sich die Atmosphäre eines Heiligtums, einer Ruine und einer Berghütte mischen, vermittelt etwas von der

Turini 189

Stimmung dieses sterbenden Hinterlandes. Einige Meter weiter steht auf der Hochebene, die den Blick nach allen Seiten freigibt, eine Aussichtsplattform mit einem Stein, dessen Inschriften dem, was der Besucher da sieht, Namen geben.

Besser ist der Blick nur noch vom **Brec d'Utelle,** einem 1600 Meter hohen Berg, auf den von Utelle aus ein gut markierter Weg führt. Ein Spaziergang ist das freilich nicht mehr, sondern der Wanderer muß sich zweieinhalb bis drei Stunden anstrengen, bis er auf der Spitze des spektakulär ins Vésubie-Tal abfallenden Berges steht.

Wer hingegen von der Wallfahrtskirche hinunter ins Vésubie-Tal fährt und ihm weiter flußaufwärts folgt, kommt bald zur Abzweigung, die zum **Col de Turini** führt. Dort sind Sie nicht

Die Fassade barock, dahinter die romanischen Ursprünge.
Notre-Dame-de-la-Menour zwischen dem Col de Turini und Sospel

auf den Spuren der Pilger, sondern der Rallyefahrer, die alljährlich einmal einfallen und nächtlich auf vereisten Straßen in einer Gegend, wo es auf Jahre nicht ankommt, um Sekunden kämpfen. Da am Turini, wo sich vier aus vier Himmelsrichtungen kommende Straßen kreuzen, wird in der letzten langen Nacht traditionell die *Rallye Monte-Carlo* entschieden. Außerhalb dieser einen Nacht des Jahres, in der helle Scheinwerfer diese Gegend ins Licht internationaler Sportöffentlichkeit rücken, werden da allenfalls einmal Radfahrer überholt, die sich auf einer ehemaligen Königsetappe der Tour de France quälen. Die heutige Tour führt daher, wo mehr Zuschauer und Werbeeinnahmen winken, aber wenn Sie sich dafür interessieren, wieviel Sekunden Anquetil und Coppi auf dieser Rennbahn in den fünfziger Jahren auseinanderlegen, müssen Sie nur den Lebensmittelhändler von *Peira-Cava* fragen.

Am Col de Turini haben Sie die Wahl: Sie können eine kleine Wanderung hinauf machen zur *Pointe-des-trois-Communes* in die Hochgebirgsregion, wo keine Bäume mehr wachsen und Befestigungsanlagen aus Beton einsam in einer kargen Landschaft stehen. Sie können auch im *Tal der Bévéra* hinabfahren nach Sospel, eine schöne Strecke, auf der nichts passiert außer Landschaft und plötzlich einer schönen kleinen Kirche, *Notre-Dame-de-la-Menour,* die auf einem Felsrücken mitten im engen Tal liegt. Sie können aber auch durch *Peira-Cava* hinunterfahren nach *Lucéram,* um so über *L'Escarène* nach Nizza zurückzukehren; das Dorf Peira-Cava mit seinen beiden kleinen Liften als Wintersportort längst von den neuen, noch höher gelegenen «Skistationen» abgelöst, ist auch als alpine Sommerfrische aus der Mode gekommen. Auf dieser Route frappiert der Gegensatz zwischen den schönen gemischten Laubwäldern der **Forêt de Turini** – wo Pilzsucher in der Saison herrliche Steinpilze, Pfifferlinge, Maronen und Blutreizker finden können – und den verbrannten Hügeln um Lucéram. Früher waren hier die Wälder die Regel...

Aus der Kirche von **Lucéram** stammen die meisten Kunstwerke der Nizzaer «Primitiven» (S. 100–103). Dennoch birgt die Kirche aus dem 15. Jahrhundert auch gegenwärtig noch bedeutende Bilder von *Louis Bréa* und von unbekannten Künstlern aus der gleichen Zeit, die im gleichen Stil malten. Der kurze Aufstieg vom Parkplatz zur Kirche ist Teil des Vergnügens: links ein kleiner, kühler Brunnen, dann tritt man durch einen blumenumrankten Torbogen in die engen Gassen ein. Das *Lavoir,* ein öffentliches Waschhaus – zwei überdachte Becken mit natürlichem Zufluß – ist eigentlich nichts Besonderes, sondern existiert noch in vielen Dörfern. Nur ist es in Lucéram noch in Funktion. Frauen kommen, seifen, spülen, bürsten ihre Wäsche und tauschen dabei die wenigen Neuigkeiten aus. Ein paar Kilometer weiter, hinter dem Col de Nice, ist man dann schon wieder im Bereich der Waschmaschinen. (Übrigens haben Studenten der Nizzaer Kunsthochschule im großen Innenhof ihrer *Villa Arson* eine Plastik aus Dutzenden von chromblitzenden Waschmaschinen aufgestellt und damit die radikale Wandlung alltäglicher Praxen gegenüber der Zeit der Lavoirs veranschaulicht.)

Über die Salzstraße ins Tal der Wunder

Der letzte Ausflug von Nizza ins östliche Hinterland der Côte, den ich hier vorschlage, ist gewiß der lohnendste. Er bietet nämlich neben der Erfahrung des Lebens in den Dörfern abseits der Küste, von dem schon die Rede war, neben der Entdeckung des *Roya-Tales* auch die Begegnung mit der

schönsten Malerei vergangener Jahrhunderte, die in der Region erhalten ist, und schließlich einen direkten Eindruck vom «Tal der Wunder» in den Seealpen. In einem Tag ist das allerdings nicht alles zu machen. Sie können im Roya-Tal aber günstig übernachten oder mehrere Male von der Küste her anreisen, wenn Sie kurvige Strecken nicht scheuen.
Die reizvollste Anfahrt verläuft wiederum auf der D 2204. Hinter *L'Escarène* führt sie in engen Serpentinen über den *Col de Braus* nach **Sospel**. Spätestens dort, an der schönen Brücke aus dem 11. Jahrhundert, in deren Mitte ein steinernes Zollhaus thront, so daß sie von fern an die Arno-Brücke in Florenz erinnert, hört das Küstengebiet auf, und die Alpen beginnen. Der Gedanke an italienische Architektur wird nicht nur durch die Brücke hervorgerufen, sondern die ganze Stadt mutet schon italienisch an. Dazu trägt die obligate Barockkirche (deren Turm romanisch ist) ebenso bei wie die Arkaden des Hauptplatzes und die verblaßten Farben der Häuserfassaden. In manchen Bäckereien gibt es köstliche *Crechente* aus einem leichten Briocheteig, der mit Aniskörner und Rosinen gewürzt ist, ein Rezept, das man schon im nahen Nizza nicht mehr kennt. Nach Sospel geht es wieder durch menschenleere, wilde Landschaft bergauf zum *Col de Brouis*. Diese Straße ist die kürzeste von Süddeutschland und Oberitalien an die Côte, aber kaum befahren, weil man nur auf durchschnittlich 30 bis 40 Kilometer pro Stunde kommt, dafür als Fahrer hart arbeiten und als Beifahrer leiden muß. Vom Col, also der Paßhöhe, haben Sie einen schönen Blick ins **Tal des Roya,** das teils auf italienischem, teils auf französischem Gebiet verläuft, so daß der Reisende mehrere Grenzkontrollen über sich ergehen lassen muß (Ausweis nicht vergessen!). Wo nun die Straße verläuft, wurde seit dem 15. Jahrhundert ein Maultierpfad zwischen Savoyen/Piemont und deren Grafschaft Nizza unter-

halten, auf dem man das kostbare Salz über die Alpen schaffte, das in Turin in der Suppe fehlte. Eine besondere Zunft war für die Instandhaltung zuständig und durfte dafür Zölle erheben, eine der wenigen Einnahmequellen der bergigen Region. Auch die anderen sind rasch ausgemacht: ab und zu sieht man noch einen Schäfer mit seinem traditionellen schwarzen Umhang; Terrassen für Getreide und Olivenbäume zeugen von bescheidenem Landbau.

Der erste Ort, den man durchquert, **Breil-sur-Roya,** liegt an einem schönen, ruhigen See, in dem sich die umliegenden Berge spiegeln, eine Seltenheit in den engen Tälern des Hinterlandes. Danach wird das Tal schmaler und scheint schließlich ganz verriegelt durch den Ort **Saorge,** dessen Häuser sich an einen sehr steilen Berghang klammern. Sie stehen so eng zusammen, daß keins umfallen kann und kein Platz für einen Neubau bleibt. Die extreme Hanglage hat zur Folge, daß man in der Draufsicht von vorn jedes einzelne Haus vom Dach bis zum Erdgeschoß sieht, ein seltener Anblick, der dazu bewogen haben dürfte, das Dorf als Ganzes unter Denkmalschutz zu stellen. Die abschüssigen Gäßchen, die häufig durch dunkle Gewölbe unter den Häusern verlaufen, und die Treppen spotten der Autos, so daß sich auch in den Gassen viel vom Lebensstil der Vergangenheit erhalten hat. Die Schönheit, die Unversehrtheit und die Lage des Ortes haben zwar seine allmähliche Entvölkerung nicht verhindern können, aber einige Dutzend jüngere Leute angezogen, die eine alternative Lebensweise suchen. Deshalb gibt es dort schöne, solide Ledertaschen zu kaufen, wohnen da Kleinverleger, und die Haare des Klempners reichen bis auf die Schultern. Die Kirche *Madone del Poggio* geht auf das 11. Jahrhundert zurück und hat einige Fresken aus dem 15. Jahrhundert.

Am Ende des Tals, bevor die Straße sich hinaufzieht zum

Tende / La Brigue

Tenda-Tunnel und nach Italien, liegt an einem kahlen Berghang unterhalb eines kleinen Friedhofs der Ort **Tende,** der bis 1947 zu Italien gehörte und erst durch ein Plebiszit zu Frankreich kam, der letzte Flecken der Region, der verspätet die durch geographische Fakten nahegelegte Entscheidung der Bürger der Grafschaft Nizza von 1860 nachvollzog, sich der Französischen Republik anzugliedern. Von oben, vom Friedhof aus gesehen, mutet das ganze stille Dorf an wie eine der «unsichtbaren Städte» Italo Calvinos. Das Schloß der Lascaris, der Herren von Tende, ist weitgehend verschwunden, aber die Stadt hat an vielen Stellen etwas Aristokratisches, Nobles behalten, etwa in den reichverzierten Steinportalen. Die Lascaris standen im Ruf, eine häretische Neigung zur Alchemie zu haben, auch davon finden sich noch rätselhafte Spuren, etwa ein schönes säulenflankiertes Portal, das beherrscht wird vom Bild eines Phönix. (Der Phönix ist ein häretisches Auferstehungs- und Wiedergeburtssymbol.) Bei einer *Tourte tendasque,* einer lokalen Spezialität auf Basis von Zuccini, Mangold oder Tomaten, läßt sich lange darüber phantasieren, wie und von wem dieses Fabeltier wohl ins Christentum geschmuggelt worden sein mag. Es wird sich jedenfalls noch mehrfach erweisen, daß diese Region des Hinterlandes der Côte Geheimnisse birgt, von denen sich woanders keine Spur findet.

Von Tende führt die Straße zurück nach *Saint-Dalmas.* Dort zweigt die kleine D 43 nach **La Brigue** ab, die Sie keinesfalls verfehlen sollten. Der Ort selbst ist stolz auf seine *Eglise Collégiale Saint-Martin* und darf das gewiß auch sein, aber es wartet auf den Besucher wiederum etwas, das er in vielen Varianten schon kennt: romanischer Glockenturm, in diesem Fall mit einigem gotischem Zierrat, das Innere aus dem 19. Jahrhundert und als Schmuckstück ein Altarbild von

Louis Bréa. Es ist nicht unangebracht, Bréas Gemälde von der Geburt Christi mit einer in kostbare Seide gekleideten engelsgleichen Maria, mit Ochs und Eselein und Heiligenschein noch einmal genau zu betrachten, um schätzen zu können, wie außergewöhnlich das ist, was außerhalb der Gemeinde in der Wallfahrtskirche **Notre-Dame-des-Fontaines** auf den Betrachter wartet. Das Äußere der Kirche ist enttäuschend; aber innen sind Wände, Chor und Deckengewölbe fast völlig bedeckt von Wandgemälden, die nicht durch einen Rahmen befriedet und in eine Altarnische eingesperrt wurden, wie die meisten Gemälde der Nizzaer «Primitiven», sondern bedrängen und in ihren Bann ziehen. Das Bild gewinnt Autonomie gegenüber dem kalkulierten Formen- und Regelwerk der Kirche, schon indem es sich nicht mit dem angestammten Platz begnügt. Dabei rechnet man *Jean Canavesio,* der am Ende des 15. Jahrhunderts die Fresken des Hauptschiffs schuf, und *Jean Baleison,* der wohl den Chor gestaltete, den «Primitiven» zu, obwohl ihr Werk (besonders das des vitaleren Canavesio, der Geistlicher gewesen sein dürfte) eher an Giottos Fresken in der *Capella Scrovegni* von Padua erinnert, die in gewisser Weise am Beginn der italienisch-abendländischen Malerei stehen. Giotto stellt in drei übereinander geordneten Reihen das Leben Mariens und das Leben Christi dar, ergänzt durch ein «Jüngstes Gericht» an der Eingangswand und Grisaillemalereien der Sieben Tugenden und der Sieben Laster. Canavesio malte 26 Szenen, die in zwei Reihen übereinander angeordnet sind. Elf von ihnen erzählen vom Leben Marias und der Kindheit Jesu, 26 sind der Passion gewidmet. Schon aus dieser Gewichtung wird das ästhetische Interesse Canavesios deutlich: es gilt der Darstellung des Leidens, der Folter und des Bösen, der Elemente, die bei Bréa fehlen oder gebrochen auftauchen. Das *Abendmahl* wird beinahe wie ein Gelage ab-

gebildet, der *Verrat des Judas* denunziert über die Darstellung der Schriftgelehrten die bebrillten mittelalterlichen Intellektuellen, die *Gefangennahme Christi* zeigt ein Schlachtgetümmel, in das eine Lampe Licht zu bringen versucht wie auf Picassos Guernica-Gemälde, immer wieder tauchen Bilder der Mißhandlung und Folterung Christi auf *(Flagellation, Der mißhandelte Christus, Christus wird vor Herodes mißhandelt),* die Dornenkrone wird ihm von Landsknechten wollüstig ins Fleisch getrieben, Kaiphas sieht aus, wie sich die Menschen dieser Gegend wohl die arabischen Piraten vorstellten, vor denen sie sich jahrhundertelang fürchteten. Verrat, Opportunismus, Leiden, Kreuzigung, der kurze Friede der Auferstehung, der gleich wieder eine Darstellung der *Vorhölle* folgt, um in einem grausigen *Jüngsten Gericht* zu enden – das *Ecce Homo,* das nicht nur die 16. Freske, sondern der gesamte Zyklus zeigt, kennt Leidenschaften, Triebe, Begierde, Bewegung, kennt wirkliche Menschen und wirkliche Geschichten. Ob der Bruder Canavesio nie zu hören bekam, es sei doch seltsam, daß gerade die Folterknechte, die Kämpfer, die Verleugner und Verräter so einfühlsam und individualisiert gestaltet sind, während sich die Darstellung für die Gestalt Christi viel weniger interessiert? Jedenfalls zieht sich eine geheime Traditionslinie von den Menschen des Canavesio zur modernen Malerei Picassos oder Chagalls, wie es eine Linie von Bréa über die Van Loos und Fragonards zur akademischen Porträtmalerei des 19. Jahrhunderts gibt. Und von Canavesio, der viel vom mittelalterlichen Wunderglauben in seine biblischen Geschichten mischt, führt wiederum eine schwache Spur zurück in die Anfänge ästhetischer Praxis der Menschheit überhaupt, ins nahe **Vallée des Merveilles,** ins Tal der Wunder.
Als die Fresken von Notre-Dame-de-la-Fontaine gemalt wurden, da verbot der Klerus den Menschen des Roya-Tales

noch, hinaufzusteigen in die geheimnisvolle Region der Wunder und der Magie. Wie sehr das, was da oben in den kahlen Bergen war, aber das Denken beschäftigte, zeigen die Namen wie *Val d'Enfer* (Höllental), *Baisse de Valmasque* (Hexensenke), *Cime-de-la-Malédie* (Gipfel des Fluchs), *Cime-du-Diable* (Teufelsspitze). Sie alle liegen um den **Mont-Bégo,** der im 2. und 3. Jahrtausend vor Christus von einem geheimnisvollen Bergvolk als Sitz der Götter, als eine Art Olymp, betrachtet worden sein muß. Das hat noch heute für den ein wenig Plausibilität, der am *Bégo* (die Wurzel *Beg* bedeutet in der indogermanischen Sprache soviel wie «göttlicher Herr») einmal eines der im Juli so häufigen Sommergewitter erlebt. Wir wissen von alledem nur durch ein in Frankreich einmalig reiches **Ensemble frühgeschichtlicher Gravuren,** die sich auf einem Gebiet von etwa zwölf Quadratkilometern rund um den *Mont-Bégo* finden. Seit der Engländer Bicknell 1881 mit der Suche und systematischen Inventarisierung der Gravuren begonnen hat, wurden mehr als 100 000 aufgespürt, und es kommen immer noch mehr dazu. Sie lassen sich leicht in vier deutlich unterscheidbare Gruppen einteilen:

1. Stark stilisierte Darstellungen von Rindern. Sie machen etwa 60 Prozent aller Gravuren aus. Die Form und die Länge der Hörner variieren stark. Sie können U-förmig, rechteckig, ja sogar wellenförmig gewunden sein. Einzelne Wiedergaben zeigen die Rinder durch Joche miteinander verbunden, während sie einen Pflug ziehen.

2. Geometrische Muster in meist rechteckiger und länglicher Form mit Punkten und abgeteilten Flächen (ca. 20%). Fachleute vertreten die These, daß die Flächen für Gebäude, die Punkte für Tiere stehen.

3. Waffen und Werkzeuge (ca. 15%). Es gibt keilförmige Spitzen, manche sind an einem Stil befestigt und ähneln so Hak-

ken, andere eher Lanzen oder Messern. Am meisten fallen die Darstellungen von Hellebarden auf, die mit Nägeln an Stielen befestigt sind.

4. Einzelne Darstellungen von Menschen. Es gibt in der Region von **Valmasque** ungefähr 100 ziemlich unspezifische Bilder von Menschen hinter einem von Rindern gezogenen Pflug und vier berühmte anthropomorphe Gravuren um den **Lac des Merveilles:** den «Tänzer», den «Christus», den «Häuptling» und den «Zauberer».

Obwohl sich viele mit den Gravuren beschäftigt haben und trotz vieler wissenschaftlicher Schriften, wissen wir eigentlich überhaupt nichts über sie. Niemand weiß, wer sie warum geschaffen hat, niemand weiß, was sie bedeuten. Dank neuesten Untersuchungen ist es allerdings möglich, die Gravuren, die sehr unterschiedlichen Zeitaltern zugeordnet wurden, recht genau zu datieren: Sie entstanden zwischen dem ausgehenden Neolithikum und der mittleren Bronzezeit, also etwa zwischen 2500 und 1500 vor Christus. Einige der früheren Theorien, zum Beispiel die, Hannibals Soldaten hätten die Gravuren bei ihrem Übergang über die Alpen angebracht, sind damit hinfällig, aber die wesentlichen Fragen bleiben offen. Sind die Zeichnungen im Zusammenhang mit dem im ganzen Mittelmeerraum verbreiteten Stierkult zu sehen? Aber warum werden die Rinder dann – anders als einige der dargestellten Menschen – ohne Geschlecht wiedergegeben? Vergegenständlicht sich da ein Ackerbauvolk? Aber warum gerade in dieser unfruchtbaren Steinwüste? Und wären sie gerade im Sommer heraufgekommen? Nur dann sind die Steine schneefrei, aber gerade dann fällt für ein Ackerbauvolk im Tal der größte Teil der Arbeit an... Oder stammen die Zeichnungen von Jägern, die, von Ackerbauern in das Hochtal verdrängt, die Symbole der Feinde in unnennbarem Haß überall anbringen, ohne sich

Vallée des Merveilles 199

Sommerhütte eines Schaf- und Ziegenhirten im Vallée des Merveilles, der seinen Käse noch selbst macht

selbst und ihr eigenes Leben bildnerisch je zu vergegenständlichen? Keine der Theorien will ganz plausibel erscheinen, aber das ist vielleicht auch zweitrangig gegenüber dem Gefühl des Besuchers, einmal wirklich direkt, außerhalb der Mittelbarkeit eines Museums, vor den ersten Spuren ästhetisch gestalteten Lebens der Region zu stehen. Das Tal der Wunder ist zugänglich, gibt aber seine Geheimnisse nicht preis.

Ausgangspunkt für den **Besuch des Vallée des Merveilles** ist wiederum *Saint-Dalmas-de-Tende.* Von da fahren Sie diesmal westlich im Vallon de la Minière zu einem See, dem *Lac des Mesches,* um von dort den Mont-Bégo südlich zu umrunden und in der Nähe der Alpenvereinshütte am *Lac des Merveilles* die bekanntesten Gravuren anzuschauen, oder Sie fahren weiter bis *Casterino,* von wo westlich ein Weg zur Hütte von *Fontanalbe* führt, vor allem aber ein Weg, der den Bégo nördlich über die Valmasque-Hütte umrundet und schließlich auf den zuerst beschriebenen trifft.

Der Besuch der Hochtäler ist im allgemeinen von Juni bis Oktober möglich, in der anderen Zeit des Jahres sind die Gravuren von hohem Schnee bedeckt. Wer es sich aussuchen kann, geht im Juni, wenn im Hochgebirge die Frühlingsblumen blühen. Der Wanderer geht durch Lärchenwälder, die nach feuchtem Moos duften, vorbei an mächtigen Wasserfällen, die noch Schmelzwasser führen. Oben auf der Hochebene, die im August den Eindruck einer düsteren Steinwüste machen kann, wechseln sich große Schneeflächen, noch zugefrorene Seen sowie gewaltige, schon schneefreie Felsflächen ab, die durch Algenbewuchs außer in ihren natürlichen Farben auch rosa, rot, violett und graugrün leuchten. Feste Bergschuhe sowie im Rucksack einen warmen Pullover und einen Regenschutz braucht man immer, besonders, wenn noch Schneereste zu überqueren sind.

Es gibt mehrere Möglichkeiten, von den Parkpätzen am Ende der befestigten Straße am **Lac des Mesches** oder bei der ehemaligen königlichen Jagdhütte in **Casterino** auf die etwa 2000 Meter hohe Ebene zu kommen, wo die Gravuren zu sehen sind. Die einfachste ist, im Verkehrsbüro in Tende einen Führer zu engagieren und Plätze in einem der sechs geländegängigen Jeeps zu reservieren, die ins Naturschutzgebiet fahren dürfen. Schnell und komfortabel ist das freilich nicht, denn die Wagen brauchen mehr als eine Stunde, um über die engen, von Regengüssen, Frost und Schnee zerfurchten Waldwege bis zu den Hütten zu kommen, und von dort müssen die Fahrgäste noch mindestens eine halbe Stunde laufen, bis sie die Gravuren anschauen können.

Wer gut zu Fuß ist, schafft es in zwei Stunden auf Schusters Rapppen, der Genuß ist weit größer. Der Weg vom Lac des Mesches zum Beispiel ist ein idealer, schattiger Wanderweg ohne sehr starke Steigungen, wo das Vergnügen nicht einmal, wie sonst oft in den Südalpen, durch Schottersteine getrübt wird. Sie können freilich auch auf einem markierten kleinen Weg abkürzen und kommen dann durch ein wildes, urweltlich anmutendes Tal mit vielen Wasserläufen, die ihre Richtung nach Jahr und Jahreszeit ändern, zur Alpenvereinshütte beim *Lac des Merveilles.*

Wenn Sie Glück haben, begegnen Sie Pierre, einem der beiden Schäfer des hinteren Roya-Tals, die noch den ganzen Sommer über in den Bergen sind. Sie stehen am Ende der uralten mediterranen Tradition des *Transhumance,* einer halbnomadischen Form der Weidewirtschaft, die ständig richtiggehende Ströme von Vieh und Hirten auf festgelegten Wegen («Drailles» heißen sie im Languedoc, «Carraïres» in der Provence, «Tratturi» in Italien) zwischen Hoch- und Tiefland hin- und herlenkte. Die Wanderschäfer, in allen westlichen Mittelmeerländern ein eigener Menschenschlag, leben außerhalb

---

Der Nationalpark Mercantour

Der Nationalpark Mercantour ist der jüngste der französischen Nationalparks. Er entstand 1979 und umfaßt 68 500 Hektar. Er folgt der Gipfellinie des Mercantour und berührt 22 Bergdörfer. Beim Festlegen der Parkgrenzen wurden die Interessen der zahlreichen schon vorhandenen Skistationen berücksichtigt. Wie bei allen anderen Nationalparks dürfen keine Hunde mitgeführt werden, Camping und offenes Feuer sind verboten. Man darf nichts zurücklassen und nichts mitnehmen.

der allgemeingültigen Regeln; sie gelten geradezu als Gesetzlose. Wenn sie unten im Tiefland vorbeiziehen, werden sie von den ihnen feindlich gesonnenen Bauern beargwöhnt, traditionelle Lieder warnen die jungen Mädchen davor, sich in einen solchen liederlichen und unsteten Menschen zu verlieben. In Pierres versteckter Hütte aus geschichteten Steinen und einem Wellblechdach wäre auch kein Platz für eine Frau, und sich mit dem Lebensnotwendigen zu versorgen, schafft er schon allein, ebenso, wie er allein die großen Kupferkessel zum Glänzen bringt, in denen er delikaten Schafs- und Ziegenkäse bereitet.

Die geräumige Alpenvereinshütte oben am Lac des Merveilles ist dagegen ein Luxushotel. Sie wird ab Juni bewirtschaftet, auch dort kann der Wanderer einen Führer zu den Gravuren anheuern. Die bekanntesten der Felszeichnungen wie der «Christ», der «Hexer», der «Tänzer» und der «Häuptling» sind allerdings auch nach mündlichen Beschreibungen oder der Wegweisung durch das Buch von Vincent Paschetta «Haut Pays Niçois – Mercantour» gut zu finden. Wer in der Hütte übernachten will, sollte sich in der Ferienzeit oder am Wochenende besser schriftlich anmelden. Das gilt auch für die von Valmasque und Fontanalbe.

Bleibt man in Hüttennähe und tritt von da später den eineinhalbstündigen Rückweg an, so bleibt der Besuch des Tals der Wunder eine nicht allzu anstrengende Tagestour. Wer von der Hütte noch den steilen, aber unschwierigen Aufstieg auf den Gipfel des Bégo anschließt (nur die letzten Meter zum Gipfel sind etwas ausgesetzt und verlangen Schwindelfreiheit), wird nach etwa zwei Stunden durch einen phantastischen Rundblick über das gesamte Département Alpes-Maritimes bis zum Meer belohnt, zahlt für einen Moment auf dem Gipfel des Götterbergs aber sehr menschlich mit viel Mühsal und

Vallée des Merveilles / Ins westliche Hinterland

Schweiß, wenn er am Abend wieder «unten» sein will. Sie können aber auch gemächlich den Bégo umrunden und einmal in einer der Hütten übernachten. Schließlich gibt es auch die Möglichkeit, das Vallée des Merveilles zum Ausgangspunkt einer mehrtägigen Wandertour über die höchsten Pässe und die schönsten Täler der Seealpen zu nutzen: markierte Wege führen zu bewirtschafteten Hütten wie der Nizzaer Hütte im *Gordolasque-Tal,* der Hütte von *La Madone de Fenstre* im gleichnamigen Tal und der Gourgoude-Hütte im *Tal des Boréon.*

An die Ausgangspunkte aller dieser Unternehmungen im Roya-Tal kommen Sie sogar bequem mit dem Zug. Die wieder eröffnete **Tenda-Linie** reicht bis nach *Cuneo.* Wer es nicht eilig hat und lieber die Landschaft betrachtet, als nur auf die nächste Kurve zu achten, findet in der kleinen Bahnlinie ein ideales Verkehrsmittel.

Von Nizza nach Digne mit dem «Pinienzapfenzug»

Auch für einen Ausflug ins westliche, an die Provence grenzende Hinterland der Côte existiert eine Bahnverbindung, der «Pinienzapfenzug», der an sich schon eine Sehenswürdigkeit ist. Vier Züge fahren täglich vom schönen *Gare du Sud* in Nizza die 150 Kilometer nach **Digne.** Die kleinen Triebwagen brauchen für die Strecke drei Stunden, und das ist nicht viel angesichts der unwegsamen Landschaft, die zu durchqueren ist und angesichts der 65 meist winzigen Bahnstationen, an denen er halten muß – von denen abgesehen, an denen er halten kann, wenn ein Fahrgast den Zugführer darum bittet.

Zunächst schiebt sich das Bähnchen vorsichtig durch die Stadt Nizza in Richtung auf die Industriezone am Ufer des Var. Dort verlassen die meisten Mitfahrenden schon den Zug, der bis dahin sozusagen als Vorortbahn funktioniert. Diejenigen, die bleiben, geben mit dem, was sie in der Stadt gekauft haben, einen Eindruck vom sozialen Leben des Hinterlandes. Alle sitzen zusammen in einem großen Abteil und dürfen sich füreinander interessieren. Das Anonymitätsgebot der Großstadt gilt schon nicht mehr. Als die Bewohner des Hinterlandes den Zug erfolgreich gegen Stillegungspläne verteidigten, verteidigten sie nicht nur ein Transportmittel, sondern ein Stück sozialen Lebens. Auf den ersten 30 Kilometern erscheint das Züglein ziemlich gestrig neben den auf der vierspurigen Straße schnell dahingleitenden Autos. Wo aber die Schluchten des Var beginnen, hat der Passagier es im Zug besser und kann ruhig die abrupten Linien dieser Voralpen betrachten, den Wechsel karger Landschaften mit mediterran-fruchtbaren, von baumlosen Steinwüsten und riesigen *Kastanienwäldern* wie zum Beispiel denen *zwischen Méailles und Annot*. Der Legende, die dem Bähnchen seinen Namen gab, entgegen, hat der Fahrgast keine Zeit, auszusteigen und Pinienzapfen zu sammeln, aber er hört die Grillen zirpen und riecht das Land unter der Sonne. Und er kann natürlich aussteigen, um mit dem nächsten Zug die Reise fortzusetzen. **Touët-sur-Var** mit seinen an mächtige Felsen geklammerten Häusern könnten Sie sich ansehen. Oder **Entrevaux** an der Grenze zwischen dem Département Alpes-Maritimes und dem zur Provence gehörenden der Hautes-Alpes. Vauban, der berühmte Festungsbaumeister, hat die Stadt einst zu einer mächtigen Grenzfeste ausbauen lassen. Sie ist noch immer von einer starken Mauer mit 17 befestigten Toren umgeben. In den meisten dieser Städte gibt es keine Sehenswürdigkeiten der Art, wie sie Reiseführer verzeichnen, oder jedenfalls nehmen sie sich bescheiden aus neben dem Aufwand, den man treiben müßte, um sie zu sehen. Das Sehenswürdige ist dort das Ganze. Die Eisenbahngesellschaft hat dennoch ein Büchlein zusammengestellt, das dem Reisenden als Führer dienen kann; dessen Verfasser haben recht, das Bahnhofsbuffet von **Annot** neben die Festungsbauten Vauban zu rücken, denn schön ist es auch und nützlicher allemal.

In der Region von Annot und Entrevaux, an der Grenze der Départements, ist die Reise noch längst nicht zu Ende. Nach dem Tal des Var kommen noch die Täler des *Coulomp,* der *Vaire,* des *Verdon* und der *Asse.* Es kommt noch der Scheitelpunkt der Bahnstrecke in über 1000 Meter Höhe, es kommt noch der moderne Wintersportort *Allos,* die Ankunft in *Digne,* einem wunderbar ruhigen und verschlafenen Provinzstädtchen. Dort scheint die Côte weiter entfernt als in Paris. Im Sommerhalbjahr können Sie die Reise sogar noch weiter fortsetzen, denn dann haben Sie über die Linie Alpazur Anschluß an die Linie der Staatseisenbahn nach Grenoble und weiter nach Genf. So anzureisen, ist übrigens gewiß nicht die bequemste, aber die exklusivste Möglichkeit, die Côte d'Azur zu erreichen.

Wenn die Fahrt mit dem *Train des Pignes* ein Tagesausflug sein soll, empfehle ich, mit dem frühesten Zug nach Annot zu fahren und von dort auf dem gut markierten Weitwanderweg GR 4 nach Entrevaux zurückzukehren. Das dauert ungefähr fünfeinhalb Stunden, und so bleibt noch Zeit für ein bescheidenes, aber gutes und gewiß billiges Essen, bevor Sie dort den letzten Zug zurück nach Nizza nehmen.

Zwischen Nizza und Monaco: die drei Corniches

Von Nizza nach Monaco verlaufen *drei Straßen,* die Grande Corniche, die Moyenne Corniche und die Basse Corniche. «Kurvenreiche Küstenstraße an einem felsigen Steilhang», schlägt das Wörterbuch als Übersetzung für «Corniche» vor und hat damit den Charakter der Straßen wie der Landschaft genau bezeichnet, durch die sie führen. Am stärksten befahren ist die **Basse Corniche,** die Küstenstraße, die über *Villefranche, Beaulieu Eze-sur-Mer und Cap d'Ail* verläuft. Die **Moyenne Corniche,** auf halber Höhe in den Steilfelsen gesprengt, hat den Vorzug der besseren Aussicht und erlaubt schnelleres Vorwärtskommen. Zudem führt sie an Eze vorbei, dem obligaten Ziel aller Besucher der Côte. Die **Grande Corniche,** die älteste der drei Straßen, die teilweise der alten Via Aurelia folgt und schon Anfang des 19. Jahrhunderts ausgebaut wurde, ist heute wenig befahren, eine gemächliche und aussichtsreiche Möglichkeit, sich der Landschaft zwischen Nizza und Monaco zu nähern. Eigentlich wäre die Autobahn sozusagen als vierte «Corniche» anzusehen, denn sie verläuft hinter den ersten dreien in den steilen Felsen, aber sie ist nun einmal nicht kurvenreich und damit keine «Corniche».
Villefranche wäre schon längst von Nizza aufgesogen worden, läge zwischen beiden nicht das felsige *Cap de Nice.* Der Ortskern mutet mit seinen Gäßchen, seinen steilen Passagen, seinen überwölbten Straßen (*Rue Obscure,* «Dunkle Straße», heißt die berühmteste von ihnen) noch recht mittelalterlich an. Die Bedeutung von Villefranche hing lange vom Geschick

seines Hafens ab. Eine Zeitlang war er der einzige Hafen von Savoyen/Piemont, so daß sogar Kaiser und Päpste dort kurz vor Anker gingen. Später, nach dem Ausbau des Hafens von Nizza, blieb der Bucht von Villefranche immerhin noch der Vorzug ihrer außergewöhnliche Tiefe, so daß dort bisweilen imposante Kreuzfahrt- oder mächtige Kriegsschiffe liegen.

Neben der *Rue Obscure* ist die von *Jean Cocteau* innen und außen bemalte **Chapelle Saint-Pierre** zur größten Attraktion der kleinen Stadt geworden. Cocteau war schon seit den zwanziger Jahren regelmäßiger Gast in Villefranche und verbrachte im *Hotel Welcome* nicht nur, wie Prospekte des Fremdenverkehrsamtes gern zitieren, «eine der schönsten Perioden seines Lebens», sondern auch einige der schlimmsten, als er bei Georges Auric in der *Villa Le Calme* versuchte, von seiner Opiumsucht loszukommen. Als Matisse die Kapelle von Vence projektierte, Picasso die von Vallauris ausmalte, erreichte der wendige Cocteau 1957, daß ihm die Gemeinde Villefranche die seit langem nicht mehr für den Gottesdienst, sondern nur noch zum Aufbewahren von Fischernetzen benutzte kleine romanische Kapelle zur Gestaltung überließ.

Das Äußere der Kapelle versah Cocteau mit Illusionsmalerei im frei nachempfundenen italienischen Stil, eine unglückliche Wahl, da Cocteaus leichte Hand gerade das Widerlager strenger Formen brauchte. Im Inneren folklorisierende Fresken, deplazierte Zigeunerinnen und viele Engel, weil doch die Engelsbucht so nah ist. Drei Fresken huldigen Petrus, Namenspatron der Kirche und Schutzheiliger der Fischer. Die Fischer von Villefranche waren jedenfalls – auch das verschweigt die Broschüre des Verkehrsamtes – mit solchen Huldigungen nicht zufrieden und wollten statt des gemalten Schutzheiligen lieber weiterhin einen bequemen Stauraum für ihre Netze. So holten sie während der Arbeiten mehrfach die Gerüstleitern

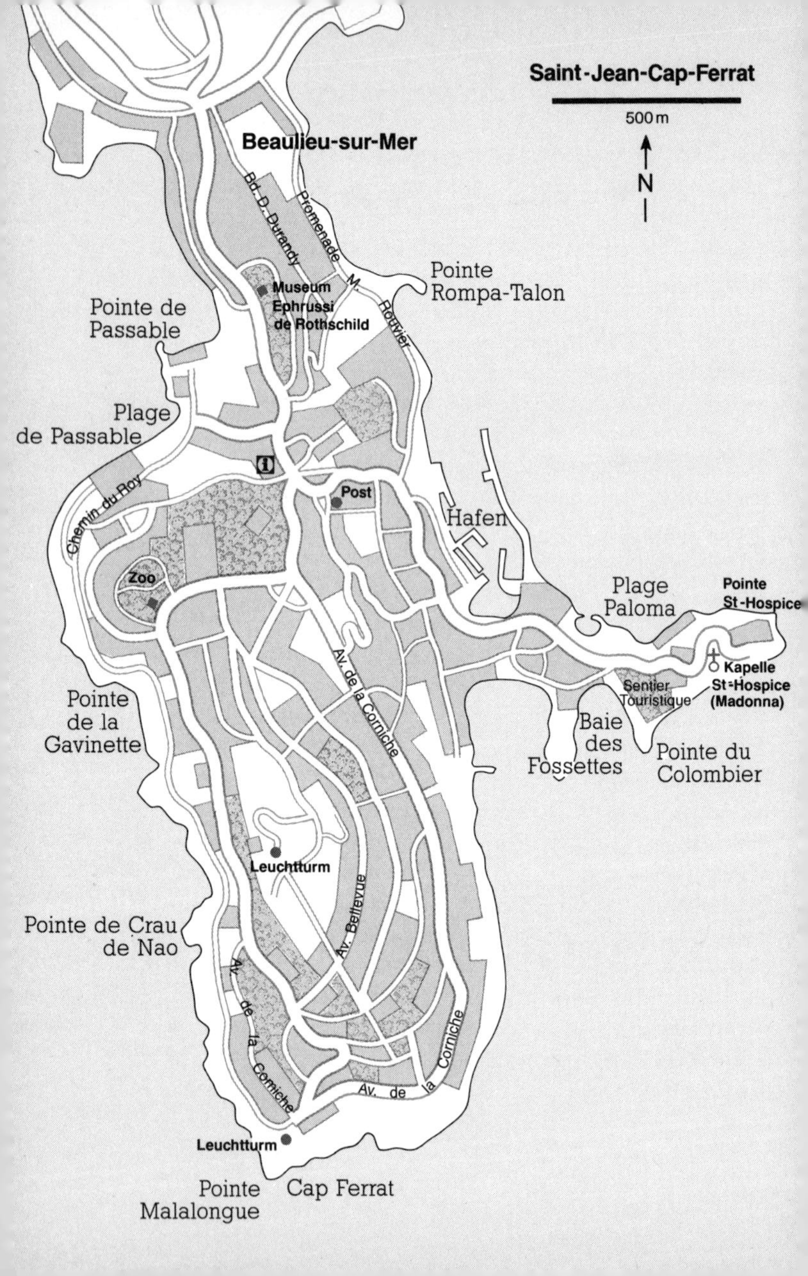

Saint-Jean-Cap-Ferrat
500 m
N
Beaulieu-sur-Mer
Bd. D. Durandy
Promenade M. Rouvier
Pointe Rompa-Talon
Museum Ephrussi de Rothschild
Pointe de Passable
Plage de Passable
Chemin du Roy
Post
Hafen
Zoo
Plage Paloma
Pointe St-Hospice
Kapelle St-Hospice (Madonna)
Sentier Touristique
Baie des Fossettes
Pointe du Colombier
Pointe de la Gavinette
Av. de la Corniche
Leuchtturm
Av. Bellevue
Pointe de Crau de Nao
Av. de la Corniche
Av. de la Corniche
Av. de la Corniche
Leuchtturm
Pointe Malalongue
Cap Ferrat

weg und waren erst beruhigt, als ihrer Kasse der Eintrittspreis für die Kirche als Ersatz zugesichert wurde.

Die mächtige Zitadelle zwischen Jacht- und Fischereihafen hat sich in einen Museumskomplex verwandelt. Sie enthält nun das **Goetz-Burmeester-Museum** mit zahlreichen Gemälden des Künstlerpaares und wenigen ihrer berühmteren Freunde wie Picasso. Miró und Hartung. Bedeutender sind die 58 großen Plastiken der **Fondation Volti** nebenan, die in immer neuen Varianten den weiblichen Körper feiern.

Bevor Sie von Villefranche nach Beaulieu kommen, biegt rechts die Straße auf die Halbinsel des **Cap Ferrat** ab. Am Anfang säumen noch Tankstellen, Garagen, Autobushaltestellen, Bars den Straßenrand, aber dann kommen Sie in eine der Gegenden, wo die Côte am feinsten ist: Da wohnten früher Könige wie Leopold II. von Belgien in seiner *Villa Les Cèdres,* Bankiersfamilien wie die Rothschilds oder Erfolgsschriftsteller wie Somerset Maugham in der *Villa Mauresque,* da wartet ganz an der Spitze des Kaps das *Grand Hotel* auf Wirtschaftsmagnaten und Filmstars. Es wäre eine sozialgeschichtliche Studie wert, den Wechsel der Eigentumsverhältnisse zu verfolgen: Leopolds Besitz teilen sich jetzt ein Zoo, eine Likörfabrikantenfamilie und der mächtigste italienische Autoproduzent; Ephrussi de Rothschilds Besitz ist in die Hände des Staates übergegangen, und an die Stelle von Somerset Maugham sind die Rolling Stones getreten...

Der Zoo könnte der Landschaft schon besser angepaßt sein, und wenn der Schwarzbär einen Baum aus Holz, statt aus Beton in seinem Gehege hätte, würde es ihn gewiß nicht stören, aber dennoch ist der Tiergarten eine Attraktion besonders für die Kinder in einer Region, die den Bedürfnissen der Kleineren von ihnen nicht immer entgegenkommt. Direkt hinter dem Zoo führt eine unbeschilderte Straße steil hinunter zum

Meer und endet auf einem Parkplatz. Dort liegt, ziemlich versteckt, der Ausgangspunkt für den **Sentier touristique,** einen schmalen Pfad, der steil über dem Meer rund um das Cap Ferrat führt. Dieser Weg ist der schönste und längste der alten Zöllnerwege an der Côte. Dort bleibt der Wanderer unbehelligt vom Verkehr, dort gibt es immer neue Buchten, zu denen man hinuntersteigen kann, um sich zu sonnen oder zu baden. Selbst im Hochsommer ist es da nicht so eng wie an den Stränden in Straßennähe. Diese Zöllnerwege sind eine eminent demokratische Sache auf einer Halbinsel der Reichen: Ihnen gehört das Land, ihnen gehören die Villen, aber die Zäune enden am Sentier touristique – das Meer immerhin gehört allen, kein Privatstrand darf den gut dreistündigen Weg ums Kap bis nach Saint-Jean/Cap Ferrat versperren.

Den Besuch in Villa und Park der **Fondation Ephrussi de Rothschild** lassen die meisten schon deshalb nicht aus, weil das Grundstück in phantastischer Lage auf dem Rücken des Kaps einzigartige Rundblicke nach allen Seiten erlaubt. Als die Baronin Rothschild dieses Haus 1912 für ihre reiche Kunstsammlung entwerfen ließ, die dann Ende der zwanziger Jahre als Stiftung an den Staat überging, waren eigentlich alle Bedingungen für ein musterhaftes Museum gegeben: zunächst die Kollektion selbst, deren Schwerpunkt das französische 17. und 18. Jahrhundert sind, Gemälde (z.B. einige von Boucher und Fragonard), aber auch Möbel, Teppiche, Wandverkleidungen, Geschirr umfaßt; dann ein Neubau, der um die Exponate herum konstruiert wurde (einige Deckenmaße sind zum Beispiel nach den Tiepolos gewählt, die dort angebracht wurden, einige Wände haben genau die Länge der ausgestellten Ledertapeten); schließlich eine optimale Lage, die durch umfangreiche Erdbewegungen im sieben Hektar großen Park noch verbessert wurde. Und wenn der Baronin irgendwo auf der Welt etwas gefiel, dann wurde es hinzugekauft, hier eine florentinische Tür und dort eine japanische Vase, hier ein chinesischer Wandschirm und dort ein Kostüm aus der Zeit Ludwigs XIV., hier ein kostbares Täßchen und dort ein dekoratives Gitterchen – und als es Mode wurde auch ein paar Impressionisten, vom Schönsten natürlich. Kurzum: statt so den Eindruck eines harmonischen Ganzen von erlesener Kostbarkeit zu machen, sieht das Museum nur aus wie der Spleen einer unermeßlich reichen Geldbaronesse des 20. Jahrhunderts, die sich ins höfische 18. Jahrhundert träumt, Wohnräume mit Antiquitäten unbenutzbar macht und Kunstwerken in der Salonatmosphäre die Aura zu nehmen versteht.

Ähnliche Empfindungen löst die **Villa Kerylos** im nahen **Beaulieu** aus, die heute ebenfalls als Museum Besuchern offensteht. Der wohlhabende Archäologe Theodor Reinach hat sie im ersten Jahrzehnt des 20. Jahrhunderts nach dem Muster eines griechischen Peristylhauses bauen lassen, das geliebte Land der Griechen mit seinem Architekten, statt mit seiner Seele gesucht und demzufolge auch nur seelenlose Architektur bekommen.

Die Côte kennt viele solcher steingewordenen Träume von Unsterblichkeit, die doch nur um den Preis der Leblosigkeit von Anfang an zu bekommen waren. Nur was sich seiner Zeit stellt, kann sie auch überleben, wie zum Beispiel der Wintergarten aus Eisen und Glas am *Riviera Palace Hotel in Beaulieu* im Stil des Fin de siècle, eines der wenigen an der Côte noch erhaltenen Dokumente dieser Bauweise aus den damals modernsten Materialien. Oder das Observatorium, an dem Sie auf der Grande Corniche vorbeifahren, wenn Sie Nizza eben verlassen haben: Charles Garnier und Gustave Eiffel haben den 1887 in Dienst gestellten Bau entworfen.

Hinter Beaulieu können Sie die Küstenstraße getrost verlassen und, steil ansteigend, auf die Moyenne Corniche wechseln, um bald darauf den Wagen auf dem Parkplatz des exponiert gelegenen Bergdorfes **Eze** abzustellen. Dort winden sich die Häuser eng um einen herausragenden Bergkegel, der zum Meer hin mehrere hundert Meter abfällt und so optimalen Schutz bot. Der Ort ist schön. Nietzsche wußte es, George Sand wußte es – und die Busfahrer, die eilige Fremde aus Norditalien oder Süddeutschland für ein paar Augenblicke an die Côte bringen, wissen es auch. Das Nest ist *zu* schön – sein kleiner Kakteengarten oben an der höchsten Stelle des Kegels ist zu spektakulär zwischen Bergen und Meer gelegen, seine Restaurants sind *zu* gut, die Umsätze der Andenken- und Postkartenläden zu bedeutend – um noch wirklich lebendig zu sein. So hängt die Tatsache, daß der Ort so gut und stilistisch geschlossen erhalten blieb, leider auch damit zusammen, daß er sich ganz dem Tourismus auslieferte.

Anders das nahe **La Turbie** oben auf der Grande Corniche mit seinem weithin sichtbaren römischen Siegesmal (S. 52/53). Der Ort hat einen schönen alten Kern um diese monumentale *Trophée des Alpes* herum, die vom Sieg der Truppen des Augustus über die widerständischen Alpenstämme zeugt, aber ansonsten gibt er sich kleinstädtisch-bescheiden, obgleich da nicht nur der römische Kaiser siegte, sondern auch Napoleon übernachtete. Die Siegessäule und das kleine Museum daneben, in dem ein Modell der ursprünglichen Anlage ausgestellt ist, empfehle ich auch zum Anschauen, wenn Sie sich für den Konflikt zwischen Asterix und Cäsar nicht sonderlich interessieren, denn von den Parkanlagen um die Siegessäule herum genießen Sie einen ebenso reizvollen wie ungestörten Blick auf Monaco – die Sieger von gestern im Rükken, sehen Sie auf die Oase der Gewinner von heute.

Puppenstube mit Hochhäusern: Monaco

Wer auf der Küstenstraße nach Monaco kommt, übersieht leicht das unauffällige Schild, mit dem das Fürstentum seine Grenze markiert. An dieser Stelle ist der Übergang von Frankreich her beinahe unmerklich, und in der Tat muß sich Monaco mit dem großen Nachbarn, von dessen Territorium es ganz umschlossen ist, weitgehend arrangieren, um in Ruhe sein luxuriöses Leben zu genießen. 1962, als das Geld der Algerienflüchtlinge vor der französischen Steuer auf die Konten monegassischer Banken floh, ließ General de Gaulle einmal kurz den (französischen) Strom ausschalten, mit dem nicht nur die Lüster der Spielbank, der Grandhotels und des fürstlichen Palastes gespeist werden. Die Nacht brachte die Erleuchtung, und bald darauf unterzeichnete Monaco einen Vertrag mit Frankreich, der die Zollunion garantiert, die Steuerflucht erschwert, französische Aufsicht über die Staatsgeschäfte garantiert und auch sonst weitgehend sicherstellt, daß in Monaco nicht gegen die Interessen Frankreichs regiert werden kann. So sind zwar die Briefkästen weiß statt wie in Frankreich gelb, so prangt zwar das Porträt des Fürsten auf Briefmarken und Münzen, aber praktisch sind die monegassische Post und die monegassische Währung Teil des französischen Systems. Was hätte der *Prinz Rainier* auch gegen den französischen Druck ausrichten sollen? Die paar alten Kanonen vor seinem Schloß sind zur Landesverteidigung nicht recht brauchbar. Also tat er, was seine Vorfahren und Vorgänger auf dem Thron der Grimaldis immer wieder getan hatten, er arrangierte sich mit dem Stärkeren, erhielt dabei aber seinem kleinen Land auf anderen, wichtigen Gebieten die Unabhängigkeit.

Es ist eine lange, schwer zu durchschauende Geschichte, wie es dazu kam, daß diese Politik seit 1297, als der Genueser Francesco Grimaldi die wichtige Burg auf dem Felsen von Monaco durch List besetzen konnte, immer wieder Erfolg hatte. Während jedenfalls Nizza treu zu Savoyen, Antibes treu zur Provence oder zu Frankreich standen, balancierten die Grimaldis zwischen Frankreich, Savoyen, Spanien und Genua und überstanden so die Periode der Bildung großer Nationalstaaten als der (vom Vatikan – 0,44 km^2 – abgesehen) mit Abstand **kleinste Staat Europas** (1,95 km^2). Kleine Unregelmäßigkeiten in der männlichen Erbfolgelinie, Kriege ringsum, ja selbst die Französische Revolution, die auch die Fürsten von Monaco eine Zeitlang vertrieb, überstand das Ländchen unbeschadet, wohl deshalb, weil es zu unbedeutend war, um die Habgier der «Großen» auf sich zu ziehen. Nach der Revolution von 1848 schien im Zuge des «Anschlusses» der Grafschaft Nizza an Frankreich auch das Ende Monacos gekommen, denn Roquebrune und Menton, bis 1860 Teil des Fürstentums, sagten sich los und sprachen sich zunächst für Nizza und dann für Frankreich aus. Das Fürstentum hatte damit nicht nur einen großen Teil seines Territoriums, sondern vor allem auch seine wichtigste Einnahmequelle verloren: den Export der Zitronen und Orangen von Menton. Die Bürger von Menton hatten einfach keine Lust mehr, die 1200 Monegassen und ihren machtlosen Souverän zu ernähren.

Und dann beginnt jene Legende, die nicht nur in Monaco jeder kennt, sondern auch andernorts zum Beweis herhalten muß, daß man mit einer guten Idee selbst einen Staat aus aussichtsloser Lage zu Glück und Wohlstand führen kann: *Char-*

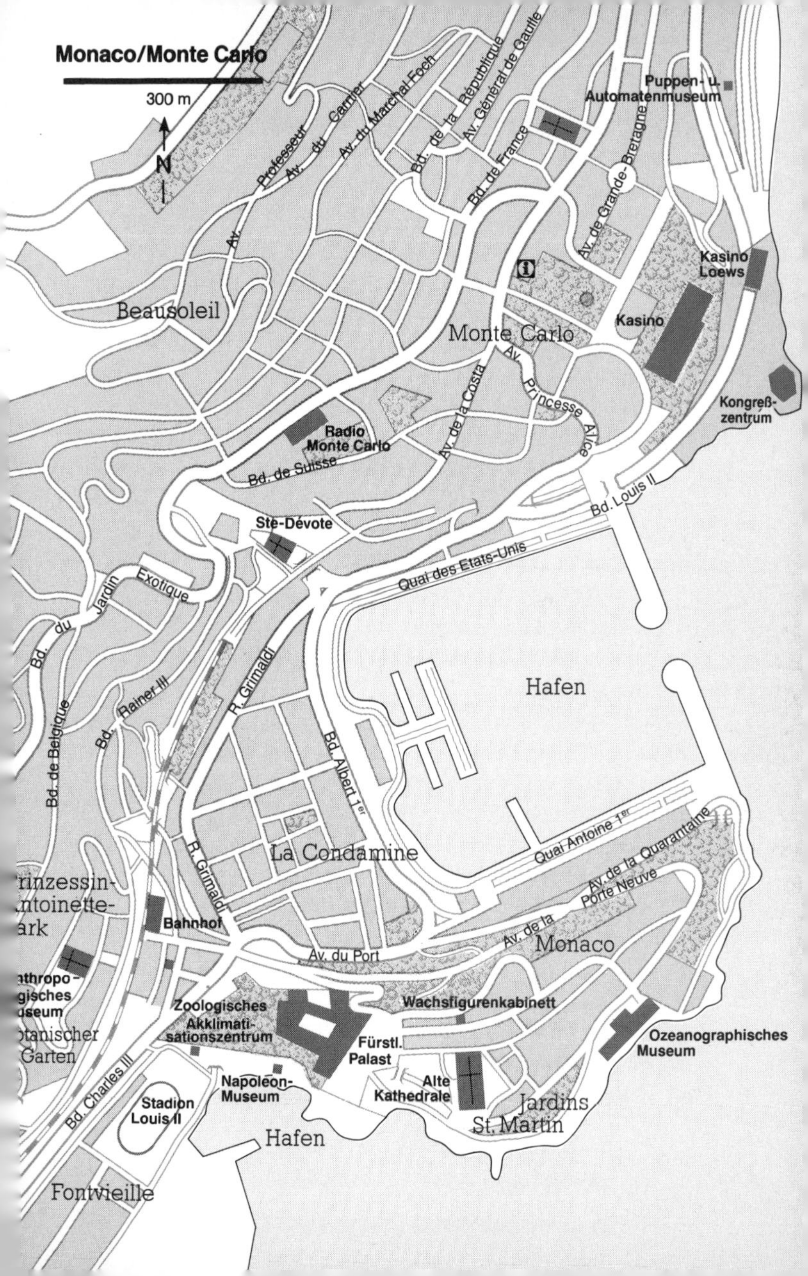
Monaco/Monte Carlo
300 m
N
Puppen- u. Automatenmuseum
Av. Professeur
Av. du Carnier
Av. du Marchal Foch
Bd. de la République
Av. Général de Gaulle
Bd. de France
Av. de Grande-Bretagne
Kasino Loews
Beausoleil
Monte Carlo
Kasino
Av. de la Costa
Av. Princesse Alice
Kongreß-zentrum
Radio Monte Carlo
Bd. de Suisse
Bd. Louis II
Ste-Dévote
Quai des Etats-Unis
Bd. du Jardin Exotique
R. Grimaldi
Hafen
Bd. Rainer III
Bd. de Belgique
Bd. Albert 1er
Quai Antoine 1er
Av. de la Quarantaine
La Condamine
R. Grimaldi
Av. de la Porte Neuve
Prinzessin-Antoinette-Park
Bahnhof
Av. de la Monaco
Av. du Port
Anthropologisches Museum
Zoologisches Akklimatisationszentrum
Wachsfigurenkabinett
Botanischer Garten
Fürstl. Palast
Ozeanographisches Museum
Napoleon-Museum
Alte Kathedrale
Bd. Charles III
Stadion Louis II
Jardins St. Martin
Hafen
Fontvieille

les III. erlaubte die in den Nachbarländern verbotenen Glücksspiele, gewann *François Blanc,* einen genialen Manager für die Spielbank, schaffte die direkten Steuern ab und lockte auf diese Weise reiche Wintergäste in seinen Staat. Der Erfolg war phantastisch: Auf dem Hügel von *Monte-Carlo,* wo 1850 kaum die Schafe ihr Auskommen fanden, entstand binnen kurzem um das Kasino herum eine neue Stadt. In den siebziger Jahren des 19. Jahrhunderts konnte man Napoleon III. schon fünf Millionen Goldfranken für den Bau der unvollendeten Pariser Oper unter der Bedingung überlassen, daß Garnier den Bau Oper von Monaco in ähnlichem Stil übernähme. 1913 hatte das Fürstentum 23000 Einwohner, zwanzigmal mehr als 1860. Der Nachfolger von Charles III., *Albert I.,* konnte sich ohne Sorgen um den Fortbestand seines immer noch kleinen, aber nun feinen Landes der Meereskunde widmen, mit Erfolg nach prähistorischen Höhlen graben lassen sowie Rallyes und Autorennen ins Leben rufen.

In den fünfziger Jahren des 20. Jahrhunderts stellte der Reederkönig Aristoteles Onassis, dem zeitweilig eine Aktienmehrheit der allmächtigen *Société des Bains de mer* gehörte, Rainier III. vor die Alternative: «Kaviar oder Würstchen.» Er wollte ein streng auch gegen den Tourismus geschütztes Refugium der Superreichen, Rainier setzte sich aber mit der Strategie durch, Kaviar und Würstchen zugleich zu vermarkten, eine zeitgemäße Orientierung nach amerikanischem Muster, für das er auch bei der Wahl der Fürstin an seiner Seite eine glückliche Neigung zeigte.

Heute machen die Einnahmen aus Spielbankgewinnen nur noch vier Prozent des Staatshaushaltes aus. Sie kommen übrigens zu mehr als 60 Prozent aus Italien und nur zu sechs Prozent aus Frankreich. Die Steuervorteile bestehen freilich fort, wie jeder unschwer daraus ersehen kann, daß gutverdienende

Reichtum sah früher schöner aus. Belle-Epoque-Pracht und Hochhausfunktionalität in Monaco

Tennisspieler, Autorennfahrer, Bestsellerautoren eine unwiderstehliche Sehnsucht nach Monaco zu ziehen scheint, eine Zuneigung, die von den dortigen Einwanderungsbehörden nur in Ausnahmefällen erwidert wird, denn in den letzten 15 Jahren hat der Fürst nur 4000 Anträge auf Einbürgerung akzeptiert, so daß die 4500 «echten» Monegassen und die rund 23500 wohlhabenden Zuwanderer aus aller Welt eine recht geschlossene Gesellschaft bleiben.
Die Franzosen sind von den beträchtlichen Steuervorteilen ausgeschlossen: Kleinere Unternehmen, die mehr als drei Viertel ihrer Gewinne vor Ort machen, müssen überhaupt keine Steuern bezahlen, die anderen zahlen niedrigere Steuerraten als ansonsten in Europa. Dividenden, Tantiemen, Bankzinsen und Mieteinnahmen unterliegen nicht der Steuer. Die

Steuervorteile haben seit den sechziger Jahren des 20. Jahrhunderts die Bauspekulation enorm angeheizt, wie man mit einem Blick auf die Hochhäuser sehen kann, die sich grenzscharf dort zu recken beginnen, wo Rainiers Reich anfängt. Bei 50 000 Francs soll der Quadratmeterpreis heute liegen. In Roquebrune oder Menton machen gewiß manche Besitzer kleiner Gärten ihren Vorfahren stille Vorwürfe, daß sie nicht beim Fürstentum Monaco bleiben wollten.

Es ist wenig bekannt, daß Monaco zahlreiche kleine und mittlere Betriebe mit umweltfreundlicher Produktion angesiedelt hat. 1939 gab es ganze zwölf von ihnen, heute sind es über 800. Sie beschäftigen mehr als 17 000 Mitarbeiter(innen), von denen die meisten in Frankreich und Italien wohnen – Monaco ist eine Oase der Vollbeschäftigung. So schert es die Monegassen wenig, daß das Streikrecht eingeschränkt ist. 1982 machten einmal einige fünfzig Croupiers ein Sit-in auf den Treppen des Spielkasinos, bis der Fürst seine Truppen schickte. Sonst ist von offenen Arbeitskämpfen nichts bekannt, und der Landesherr darf auch weiterhin unkritisiert jährlich 65 Millionen Francs Privatausgaben verbuchen (1985), immerhin ungefähr ein Drittel mehr als die Königin von England.

Wie sich die Zeiten ändern...

Monaco, Hauptstadt des Fürstentums, von den Alten Templum oder Portus Herculis Monooeci genannt, ist eine kleine, auf einen Felsen gebaute Stadt, die einen wirklich pittoresken Anblick bietet, wenn man sich ihr vom Meer her nähert. Sie hat ungefähr 1000 Einwohner, der große Prinzenpalast ist das einzige, was ein wenig Aufmerksamkeit verdient.
(Aus einem französischen Reiseführer von 1826)

Es sind gewiß nicht nur die Steuervorteile, die den Reichtum nach Monaco ziehen: In diesem Miniaturstaat ist der Reichtum nicht nur sicher vor der Gewerkschaft und dem Steuerinspektor, sondern auch vor Räubern. Monaco rühmt sich, die beste Polizei der Welt zu haben, 400 modern ausgerüstete Polizisten, unterstützt von 200 zivilen Sicherheitskräften. Das macht zwar noch keinen Leibwächter für jede Familie, aber es kommt auf jeden 50. Einwohner eine Ordnungskraft.

Prosperität vor dem Hintergrund schöner Mittelmeerlandschaft, eine Aura von fürstlicher Tradition, hübsche Prinzessinnen, deren Pop-Songs in Hit-Paraden auftauchen, Thronfolger, die auf olympischen Bobbahnen und bei Wüstenrallyes rasen: Nicht nur die Leser der Regenbogenpresse wollen träumen. Träume brauchen ihre Orte, und einer der berühmtesten von ihnen heißt eben «Monaco».

Ein Führer sieht sich im Fall Monacos somit in einer schwierigen Lage: Träume brauchen keine Führung und keine Erklärung, denn die gehören einer anderen Sphäre an, der Realität. Und die entspricht selten den Träumen.

Die zwei Quadratkilometer des Fürstentums kann der Tourist leicht zu Fuß erschließen, und die Parkplatzsorgen lassen das auch geraten scheinen (im Felsen unter dem Schloß liegen riesige Tiefgaragen). Beginnen wir im Stadtteil **Monte-Carlo,** mit dem **Kasino.** Der Ekklektizismus des riesigen, mehrfach erweiterten Baus ist zu pompös, um anziehend zu wirken, zu ernst gemeint, um als Spiel genossen zu werden. Innen bleibt der zweispältige Eindruck: Garniers kleine Oper mit der prominenten Fürstenloge wirkt als hübsche Miniatur. 1897 zur Eröffnung kam *Sarah Bernhardt, Camille Saint-Saëns* hat für dieses Haus komponiert, und bis heute haben Oper, Theater, Ballett *(Diaghilews «Ballets Russes»),* Symphonieorchester unter der langjährigen Leistung von *Lawrence Forster* einen guten Ruf und locken auch gelegentlich gegen den Stachel des klassizistischen Publikumsgeschmacks.

Darauf folgt die Haupthalle mit ihren 24 Onyxsäulen, die zum anschließenden Spielsaal mit den «amerikanischen Spielen» und den Spielautomaten überleiten. Im «Weißen Salon» grüßen auf riesigen Fresken die «Drei Grazien», offenbar ein Lieblingsmotiv der früheren Wintergäste, denn auch der ebenso pompöse Speisesaal des angrenzenden *Hôtel de Paris* (Salle Empire) ist mit drei Grazien verziert. Im «Rosa Salon» des Casinos schlägt die Lust an der sinnentleerten Mythologie endgültig ins Komische um: dort wird die Decke von einem Fresko geschmückt, auf dem nackte Nymphen kokett Zigarillos und Zigarren rauchen. Im letzten Saal müssen allegorische Fresken, die «Morgen», «Mittag», «Abend» und «Nacht» darstellen, dem in seine künstliche Welt eingesponnenen Spieler die Tageszeiten ersetzen. Aber das alles ist nicht dafür gemacht, eingehend betrachtet zu werden, sondern es will durch Reizhäufung beeindrucken. Wer sich gern in solchem Rahmen sieht, wird gewiß auch einen Cocktail, einen Kaffee oder ein Essen im *Hôtel de Paris* oder im ebenfalls nicht weit entfernten *Hermitage* genießen. Freilich scheint die so sorgfältig restaurierte alte Pracht auch manchem von denen Unbehagen zu bereiten, die sich nicht vor der Rechnung zu fürchten brauchen: die riesige neue Allerweltsherberge *Loews* machte 1985 große Gewinne, während die Traditionshotels Schwierigkeiten hatten.

Vom Garten auf der Südseite des Kasinos schaut man über die Hafenbucht auf den Felsen mit Altstadt und Schloß. Der Fußweg dorthin führt durch den Stadtteil **La Condamine,** wo Monaco recht normal ist. Aber da hält sich demzufolge auch kein Besucher länger auf, sondern steigt den Fußweg hinauf in die **Altstadt.** Die kleinen Häuser im italienischen Stil sind so wie überall in den Städten und Dörfern östlich des Var, wie in der Altstadt von Nizza, in Sospel, in Saorge, in Tende, in Peille, in Peillon – und doch nicht, denn dieser Altstadt hat eine gründliche Sanierung alle Falten des Alters genommen. Ihr Gesicht wurde sorgfältig «geliftet» – aber dadurch auch so leblos wie die Ahnengalerie berühmter Monegassen im **Wachsfigurenkabinett** (Historial des Princes de Monaco. Musée des Cires). Man wird verschieden über die Frage denken, ob es dadurch anziehender wirkt. Am Ende des Weges durch die Altstadt trifft man auf den teilweise zur Besichtigung freigegebenen fürstlichen Palast und kann der Wachablösung der Operettensoldaten zusehen. Sie beherrschen ihre Inszenierung, denn sie sind Profis. In Monaco gibt es keine Wehrpflicht. Einige Türme des fürstlichen Schlosses stammen aus dem 13. und 14. Jahrhundert, im 16. und 17. Jahrhundert wurde es ausgebaut, aber sein heutiges Aussehen, das im ersten Moment so mittelalterlich anmutet, stammt aus dem Kostümfundus des 19. Jahrhunderts. Gleiches gilt trotz mehrerer *Altarbilder von Louis Bréa* für die pseudo-romanische **Kathedrale,** die man im Baurausch des ausgehenden 19. Jahrhunderts an die Stelle des bescheidenen Originals aus dem 13. Jahrhundert stellte. Das Grab der verunglückten Fürstin Grace Kelly in der Kathedrale ist Ziel säkularer Wallfahrten geworden.

Monumentaler noch wirkt der nahe Palast, in dem das bedeutende **Musée Océanographique** untergebracht ist. Der Prospekt verkündet stolz, der Palast von 1906 wiege 100 000 Tonnen. Sie glauben es sofort, wenn Sie ihn sehen. Das Museum geht auf die wissenschaftlichen Interessen des Fürsten Albert I. zurück. Er rüstete vier große Forschungsschiffe aus, unternahm selbst etliche Expeditionen, vor allem in Tiefseebereiche. Der ältere Teil des Museums legt mit seinen unendlich vielen klassifizierten Exponaten in unendlich vielen Schubla-

Monaco: Altstadt

Durch Aufschüttung dem Meer abgewonnen: Monacos neuer Stadtteil Fontvieille

den und Vitrinen Zeugnis ab von einem positivistischen Wissenschaftsgeist, einer strikten Klassifizierungswut, die ebenso typisch für das ausgehende 19. Jahrhundert sind wie der Historismus des Fürstenpalastes oder die regelvergessene Lust am Dekor, die das Kasino bestimmt. Beides scheint einander wechselseitig zu bedingen. Wer genug hat vom Kabinett der Walfischskelette, Haifischzähne und Robbenhäute, kann sich im modernen Teil des Museums eine reiche Sammlung von Meeresfischen in über 80 großen Aquarien ansehen oder komplizierte meereskundliche Phänomene an aufwendigen Modellen auf vergnügliche Weise studieren.

Monte-Carlo, gegenüber die Altstadt auf dem Felsen und dazwischen La Condamine – das war früher das Fürstentum Monaco –, und was hätte dazu kommen sollen, wo doch jeder

Monaco: Fontvieille / Musée National Galéa

Quadratmeter erschlossen ist? Rainier hat freilich sein Territorium auf friedliche Weise um ein Viertel zu vergrößern verstanden, indem er dem Meer neues Land abgewinnen ließ, ein aufwendiges Unterfangen an einer Küste, die hinter dem Ufer sofort in große Tiefen abfällt.

Der Anfang wurde 1960 mit einem Strand gemacht, dann kam das Gelände, auf dem heute der vornehme «Monaco Sporting Club» sein Domizil hat, schließlich der gigantische Neubau des «Loews-Kongreßzentrums» mit amerikanischem Kapital. Der letzte Streich verschaffte dem Fürstentum sogar einen neuen Stadtteil: **Fontvieille** heißt das neue Viertel, das unterhalb des Botanischen Gartens ins Meer gebaut wurde. Jahrelang war es die größte Baustelle der Côte mit über 1000 Beschäftigten. Jetzt sind die ersten der 7000 Mieter, die im Jahr 2000 da wohnen sollen, bereits eingezogen, die beiden Jachthäfen belegt; das große, auch ästhetisch sehr gelungene Fußballstadion ist eingeweiht. Man spricht schon von einem weiteren Projekt dieser Art am *Cap d'Ail*. Vom Stahlbetongigantismus der sechziger und siebziger Jahre haben sich Bauherren und Architekten vorsichtig distanziert und, wenn auch halbherzig, eine mediterrane Bauweise versucht.

Man sollte Monaco nicht verlassen, ohne sein gewiß nicht reichstes, aber reizvollstes Museum gesehen zu haben, das Puppen- und Automatenmuseum (**Musée National Galéa**). Es entstand aus einer Privatsammlung. In diesem Museum scheint sich mir alles zu verdichten, was Monaco ausmacht: Es ist in einer Villa untergebracht, die Garnier im Stil der Belle Epoque entworfen hat. Der Auftraggeber war ein *Bankier*. Sein Name war *Sauber*. Die *Exponate* beeindrucken dank ihren reichen *Kostümen* und *laufen wie geschmiert*. Ihre Lebendigkeit behält aber immer etwas *Seltsames, Starres und Lebloses,* so wie es eben Automaten eigen ist.

Angenehm extrem: Menton

In soziologischer Hinsicht bildet Monaco ein Extrem der Côte d'Azur. Östlich des Fürstentums, hinter dem *Monte-Carlo-Beach-Hôtel,* an dessen Swimmingpool man reich, schön oder wenigstens dabei gewesen sein muß, wird es wieder ruhiger. Noch eine Halbinsel, das *Cap Martin,* noch ein Dorf oben auf den Felsen, *Roquebrune,* noch eine größere Stadt mit allem, was so dazugehört, *Menton* – und die Côte endet an der italienischen Grenze. Dort sind die Extreme anderer Art: Die Küste ist in diesem äußersten Südostteil am wärmsten, und die Berge unmittelbar hinter dem schmalen Küstenstreifen recken sich am höchsten. Den Bewohnern dieses Abschnitts der Côte scheint es recht zu sein, daß es weniger hektisch zugeht als in Monaco, Nizza, Antibes oder Cannes. Wo alles ein wenig langsamer geht, werden auch die irreparablen Fehler nicht so schnell begangen, müssen sich auch die besonders vielen Alten nicht dem Kult der Jugendlichkeit unterwerfen.

Das **Cap Martin** ist nicht so spektakulär wie die Halbinsel weiter westlich. Natürlich hat es auch seine Legende. Im Grandhotel vorn auf der Spitze, das heute still den besseren Tagen nachtrauert, tranken einst Elisabeth von Österreich, die schöne «Sissi», und Eugénie, die französische Kaiserin, zusammen Tee und hofften auf Besserung ihrer Leiden. Außer der Legende hat das Kap noch Felsstrände, einen «Zöllnerweg» für einen zirka anderthalbstündigen Spaziergang – und Villen. Ihre wohlhabenden Besitzer suchen die Öffent-

Roquebrune / Menton

lichkeit nicht, und es dürfte ihnen recht sein, daß es sonst nicht viel zu sehen gibt, was Touristen anziehen könnte.

Anders das 300 Meter höher gelegene **Roquebrune,** das seinen Namen von den rotbraunen Felsen hat, in die der Ort gebaut wurde. Er stammt aus den Zeiten, als die Ansiedlung unten am Meer wegen der Bedrohung durch die Sarazenen viel zu gefährlich gewesen wäre, und vermittelt den vielen Gästen, die nicht nur während der berühmten, seit 500 Jahren an jedem 5. August stattfindenden Prozession die Gassen säumen, sondern während der ganzen Saison durch diese engen, winkligen, teilweise überdachten Sträßchen ziehen, eine Vorstellung davon, wie die Menschen an dieser Küste im Mittelalter lebten. Während man die endlosen Treppen durch das einst streng nach Bauern, Handwerkern und Rittern getrennte Dorf hinaufsteigt zum Donjon, dem Wohnturm des Schlosses, ahnt man, daß dieses Leben trotz der schönen Lage selten glänzend gewesen sein dürfte. Der Donjon aus dem 13. Jahrhundert zeugt mit seinen zum Museum umgestalteten anspruchslosen drei Innenräumen davon, wie bescheiden die Lebensverhältnisse selbst der Feudalherren hier waren.

Menton, die letzte französische Stadt vor der Grenze, hat mit seinen 25 000 Einwohnern genau die richtige Größe, um im übersichtlichen Maßstab noch einmal eine Anschauung von dem zu geben, was an der Côte, auf die eine oder andere Weise gemischt, die größeren Orte charakterisiert. Wie zum Beispiel auch in Nizza und Monaco gibt es eine Neustadt mit Villen und Grandhotels aus der Belle Epoque, in den Dimensionen etwas moderater. Die Grandhotels haben auch da ihre noble Kundschaft verloren, auch da wurde wie in Nizza die *Villa Masséna,* eine der prächtigen Villen, dadurch vor dem Abriß bewahrt, daß die Stadt sie übernahm und in ein Museum umwandelte. Das **Palais Carnolès** stammt allerdings schon aus dem 18. Jahrhundert. Die Spannbreite des Ausgestellten ist sehr weit, sie reicht von italienischen Gemälden des 14. Jahrhunderts über Holländer und Flamen und französische Grafik des 19. Jahrhunderts bis zu zeitgenössischen Werken, unter denen wiederum preisgekrönte Arbeiten von den im Zwei-Jahres-Turnus stattfindenden Internationalen Biennalen dominieren.

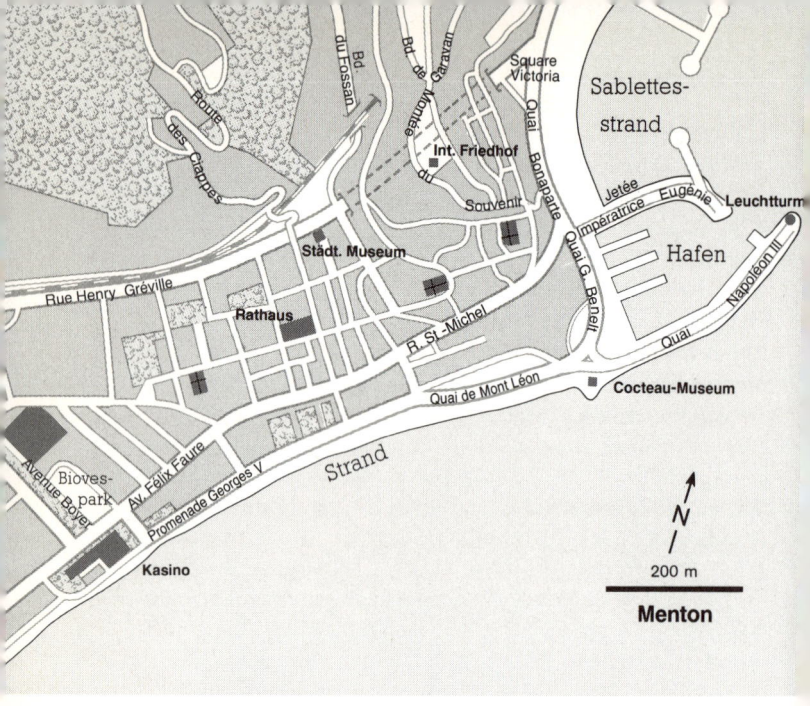

Das *Musée Régional* ist separat untergebracht und vor allem wegen des *Schädels des Grimaldi-Menschen* interessant, der in den **Grimaldi-Grotten** gefunden wurde. Die Grotten am östlichen Ortsrand liegen schon auf italienischem Boden und sind

Menton / Cocteau

dort nebst einem kleinen Museum zu besichtigen. Auch die *Jardins Biovières* erinnern an Nizza, denn wie dort die Gärten Alberts I., entstanden sie durch Überbauung eines (im Frühjahr) gefährlichen Flusses, des *Careï*. Sind die Gärten dort ein wichtiger Ort für den Carneval, so bilden sie hier das Zentrum des etwa gleichzeitig stattfindenden Zitronenfests, eines Fests, bei dem Menton stolz die Farbenpracht seiner Zitrusfrüchte vorzeigt, die aller Welt beweisen, daß das Mikroklima dort besser ist als sonst irgendwo an der ganzen Küste.

Neben frühgeschichtlichen Funden, Grandhotels und Villen aus der Belle Epoque sowie Gärten mit exotischen Pflanzen gehört zu einer «richtigen» Stadt an der Côte auch ein berühmter moderner Maler: Was für Nizza Matisse war, für die Region zwischen Antibes, Vallauris und Mougins Picasso, das ist für Menton *Cocteau*. Er gestaltete das **Trauungszimmer des Standesamts** von Menton im Rathaus. Die Idee war, dem Symbolischen, Festlichen der kirchlichen Trauung ein weltliches Pendant zu schaffen, den kahlen Raum in einen Festsaal für die Sinne zu verwandeln. Obwohl seine kolorierten und mit Linienrastern gefüllten Wandzeichnungen durchaus gefällig sind, mißlang doch die Absicht gründlich, weil die Ausführung im Konstruierten und Dekorativen steckenblieb: Die Zeichnungen einer Zitronenpflückerin und eines Fischers (das Brautpaar hat die traditionellen Berufe der Bürger Mentons), einer Hochzeitsfeier in orientalischen Trachten (die sarazenische Vergangenheit der Küste harmonisch eingebunden) und einer Orpheusszene (die Künste) sind bedeutungsschwer-vernünftelnd und zitieren Traditionen, an die nicht umstandlos angeknüpft werden kann. Die rotgepolsterten Stühle und der Tigerfellteppich im Mittelgang bringen vollends zum Vorschein, daß einem Projekt ein Kostüm statt eines Gehalts verliehen wurde.

In der **Bastion** aus dem 17. Jahrhundert hat Menton ein Museum ganz dem Werk Cocteaus gewidmet. Cocteau richtete das kleine Kastell mit seinen massiven, unverputzten Mauern, kleinen Schießscharten, tiefen Fensterhöhlen noch selbst ein und nutzte es dabei geschickt. Aber dieses Geschick konnte nicht verhindern, daß in der Häufung der Werke auch die geringe Variationsbreite des Stils augenfällig wird – ein Effekt von Kollektivausstellungen der Werke einzelner Künstler, dem nur die größten entgehen.

Wichtiger noch als ein bedeutender moderner Maler ist für eine Stadt an der Côte aber natürlich eine **Altstadt** mit Häusern im italienischen Stil, mit italienischen Farben, mit einer barocken Kirche und einem alten Friedhof. Da liegt ihr Ursprung, da pulsiert ihr Leben, das den Tod nicht verdrängt. Natürlich hat Menton eine solche Altstadt.

In Menton bedecken die Häuser der Altstadt eine Erhebung direkt am Meer bis dicht unter den schönen Friedhof, der auf dem höchsten Punkt liegt. Der Spaziergänger wird dort nicht durch eine steile Gasse hinaufgeleitet, sondern durch eine elegante Freitreppe in barockem Stil, deren Regelmäßigkeit schön mit dem Eigenwillen der umstehenden Häuser kontrastiert. Allmählich an Höhe und Weitblick über das Meer hin gewinnend, kommt man so hinauf zum **Parvis Saint-Michel,** wo kein Auto die Illusion stört, ins 18. Jahrhundert zurückversetzt zu sein. Der kleine Platz wird gesäumt von zwei barocken Kirchen, die fast gleichzeitig entstanden sind. Die größere, *Saint-Michel,* zeigt – wie häufig in der Region – neben der dominierenden barocken Gesamtanlage auch Spuren früherer Bebauung (der kleine linke Glockenturm stammt aus dem 14. Jahrhundert) und hat eine Fassade aus dem 19. Jahrhundert. Die Fassade der angrenzenden *Chapelle de la Conception* zitiert diese Fassade und gibt dadurch dem gesamten Platz In-

Menton: Altstadt / Garavan

timität und Geschlossenheit. Die typische enge Staffelung der nahe aneinandergerückten Häuser mit den runden Schindeln, die sich zum alten, heute von kleinen Jachten genutzten Hafen wenden, ist auch von oben zu sehen, nicht aber die Arkadenreihe, auf der die ganze Altstadt Mentons zu ruhen scheint und die nicht nur die heutigen Ansichtskarten von der Stadt, sondern auch schon die gestochenen Stadtansichten aus dem 19. Jahrhundert charakteristisch prägt. Auf diesen Arkaden verläuft zwischen Altstadt und Strand die Uferstraße, die schon Napoleon I. anlegen ließ, aber man glaubt auf den ersten Blick die ganze Altstadt auf diesen Bögen ruhen zu sehen, was dem Ortsbild etwas Leichtes, Durchlässiges, Gesäumtes verleiht.

Die schönste Aussicht auf die Stadt bietet sich vom östlich gelegenen Stadtteil **Garavan**, besonders vom Garten der *Villa Les Colombières*. Der Garten ist das Lebenswerk des Malers und Architekten *Fernand Bac*. Er überrascht duch eine Subtilität und Raffinesse im gestalterischen Detail wie aus den Blütezeiten der Gartenarchitektur, die etwa in Goethes «Wahlverwandtschaften» eine zentrale Rolle spielen. Bac setzte im Gegensatz zu den meisten anderen südfranzösischen Land-

---

Wo Italien beginnt...

Menton. Italien beginnt, man spürt es in der Luft. Kleine Straßen mit hohen weißen Häusern, eng, der Wagen geht gerade hindurch. Beim Hinein- und Hinausfahren ist die Straße von Lorbeerbäumen, Rosen, Kakteen und Palmen gesäumt. Schwärme von Bettlern. Ich habe einen Spaziergang auf dem großen Weg am Meer entlang gemacht. Olivenbäume und Berge zur Linken.
(Gustave Flaubert)

schaftsgärtnern seinen Ehrgeiz nicht darein, möglichst viele exotische Pflanzen anzusieden. Er schuf einen Garten, der auch in der Toskana denkbar wäre. Es dominieren Pinien und Zypressen, statt der Palmen und Kakteen. Dabei ging es Bac nicht um antikisierende Nachahmung einer griechischen oder italienischen Landschaft, wie zum Beispiel die Zitate maurischer Bögen beweisen, sondern um das Prinzip der Reinheit und Gestaltung, statt dem der Häufung und Verblüffung.

Menton ist ein idealer Ausgangspunkt für **Ausflüge** in die nahen Berge und nach Italien. Die Dörfer **Sainte-Agnès** und **Gorbio** im unmittelbaren Hinterland sind leicht zu erreichen. Sie bieten nicht nur einen privilegierten Blick auf Küste und Meer, sondern auch einen Einblick in eine andere Welt, die bald verschwunden sein wird.
Mehr Anstrengung macht der Weg entlang des Bergrückens, auf dem die Grenze verläuft: Sie fahren nach **Castellar** oder *Monti* und folgen von dort dem markierten Weg, der allmählich, aber stetig steigend hinauf bis **Castillon** und dann wieder hinunter nach **Sospel** führt, von wo Sie mit dem Zug oder dem Bus zurückkehren können. Dabei sind zahlreiche Varianten möglich. Eine führt zum *Pas des Morts,* einer Scharte im Höhenrücken, auf dem die Grenze verläuft, die früher zahlreiche Flüchtlinge vor dem Faschismus beim illegalen Grenzübertritt das Leben gekostet hat und bis heute ein gefährlicher Ort heimlicher Einwanderung ist. Der Abstecher zum rund 1400 Meter hohen *Mont-Grammont* führt durch gespenstische Grenzbefestigungen, ist anstrengend, aber nicht schwierig und belohnt mit einem Panorama vom Meer bis zu den Gipfeln der Seealpen.
Mehr Menschen trifft man beim Ausflug nach **Ventimiglia.**
Ventimiglia ist berühmt für seinen riesigen Markt. Jeden Frei-

tag ist die Stadt völlig verstopft von Autos, deren Besitzer auf der Suche nach einem günstigen «Schnäppchen» sind. Man sollte, von der Autobahn kommend, schon auf der Brücke parken, die stadteinwärts führt, oder besser gleich den Zug benutzen. Angeboten wird alles, von billigen Schuhen bis zur imitierten Rolex-Uhr. Wenn man viel Zeit hat, steht die Chance nicht schlecht, Ventimiglia mit einem günstigen Fund zu verlassen, aber wer nicht kritisch einkauft, läuft Gefahr, betrogen zu werden. Spannender jedenfalls als in der Fußgängerzone von Nizza oder der Rue d'Antibes von Cannes ist der Einkauf da allemal.

Die Rückfahrt nach Frankreich werden die meisten nur dann über die Küstenstraße antreten, wenn es auf ein paar Stunden nicht ankommt. Wer die Autobahn wählt, ist der sterilen Abfolge von dunklen Tunnels und gleißend hellen Brücken ausgeliefert. Aber rasch taucht wie eine Fata Morgana zwischen den Stützen der Leitplanken schemenhaft unten die Vision des ersten Ortes der Côte auf, der über den Hafen schön auf seinen Arkaden ruht – Menton. Man kann, man sollte nicht anhalten, aber man hat doch einen ebenso vagen wie intensiven Eindruck von dem, was da wartet – oder auf der Gegenfahrbahn die letzte Ansicht, ein letztes Bild, das man mit sich tragen kann.

Zwischen Promenade des Anglais und Croisette: die westliche Côte d'Azur

232 Alte Dörfer auf sanften Hügeln: Cagnes und Biot
238 Die Freude am Leben: Picasso in Antibes
254 Tonkunst: Vallauris
258 Heilige und Filmstars: Cannes

Alte Dörfer auf sanften Hügeln: Cagnes und Biot

Westlich des Var hinter Nizza in Richtung Cannes treten die Berge zurück, aber der Reisende kann sich an der nun einsetzenden Hügellandschaft nicht freuen, denn die Einheimischen haben die Nachgiebigkeit der Natur als Einladung dazu mißverstanden, sie hemmungslos mit Straßen zu überziehen. Man fragt sich spätestens an der Stelle, wo Küstenstraße, Nationalstraße 7, die Straße nach Grenoble und die Autobahn – allesamt mindestens vierspurig – aufeinandertreffen und ihre Zubringer großflächig ineinander schlingen, ob die Erfindung des Doktor Guglielminetti, der 1902 in Monaco die erste geteerte Straße anlegen ließ, wirklich so segensreich war. Ob die Häuser an den Straßen nun zu **Saint-Laurent-du-Var** oder schon zu **Cros-de-Cagnes** gehören, interessiert den Durchreisenden kaum, denn eine Stadt ist zunächst ebensowenig zu erkennen wie bei einer Fahrt auf den kalifornischen Highways.

Cagnes: Altstadt 233

Der kalifornische Traum dieser Küste ist, mit wachen Augen betrachtet, bisweilen auch ein Alptraum. Dann aber wird die Einförmigkeit der Appartementbauten mit den bombastischen Namen plötzlich aufgebrochen durch den Blick auf **Cagnes,** das einige Kilometer vom Meer entfernt auf einer Anhöhe liegt: eine festumrissene Siedlung, den natürlichen Gegebenheiten angepaßt, zur Sonne hin gestaffelt, von einem wuchtigen Schloß gekrönt. Eigentlich müßte man genauer von **Haut-de-Cagnes** sprechen, denn zu Füßen des alten Ortes liegt die moderne Neustadt und davor der Stadtteil am Meer, von beiden will ich höflich schweigen oder allenfalls darauf hinweisen, daß dort als grüne Oase zwischen viel Stein und Beton die schöne Pferderennbahn liegt *(Hippodrome de la Côte d'Azur).*

Anders die Altstadt, die durch ihre Enge vor dem Verkehr geschützt und hinreichend groß ist, um dort über Treppen und Gäßchen, über kleine Plätze oder unter dunklen Lauben hindurch auf Entdeckungsreise zu gehen, weit über die Küstenlandschaft zu blicken oder nah an die betriebsamen Küchen der Restaurants. Irgendwann kommt man oben beim wuchtigen *Grimaldi-Schloß* an, das zwar auf das 14. Jahrhundert zurückgeht, seine gegenwärtige Form aber, der mittelalterlichen Fassade entgegen, erst im 17. Jahrhundert bekommen hat, als dort Grenzland war und der Herr dieses Schlosses mit erheblichen Summen bei der Fahne des französischen Königs gehalten wurde. Die Innenausstattung mit den Arkaden und der Illusionsmalerei von *Carlone* an der Decke des Festsaals ruft hingegen sofort den Geist des Barock hervor. Das Grimaldi-Schloss beherbergt heute mehrere Museen. Das originellste ist gewiß das *Musée Ethnographique de l'Olivier,* das **Olivenbaummuseum,** das nicht nur eine umfassende Dokumentation zu allem bietet, was mit der Olive zusammenhängt, sondern die Vorstellung auch nährt mit Bildern, Gemälden von Olivenhainen, Gegenständen aus Olivenholz, Ölpressen, Ölkrügen, Amphoren. Das benachbarte **Musée d'Art Méditerranéen** stellt Werke von Künstlern aus, die eine Zeitlang in Cagnes gearbeitet haben. Darunter sind einige Arbeiten zum Beispiel von Chagall und Matisse, aber dennoch gibt das Ganze nur einen sehr beschränkten Eindruck von der großen Bedeutung, den der Ort für die Malerei der Moderne wirklich hatte. *Cocteau, Modigliani, Soutine, Valloton* und *Grigorieff* arbeiteten da, und es gab während der dreißiger Jahre auch eine bedeutende Kolonie deutscher Künstler am Ort. Aber natürlich ist *Auguste Renoir,* der sein Spätwerk in der heute als Museum zugänglichen **Villa Les Collettes** schuf, *der* Maler von Cagnes (s. a. S. 97).

Verläßt man Cagnes in Richtung Antibes, so kann kein Blick dem gigantischen Hochhauskomplex *Marina Baie des Anges* ausweichen. Wo einst Wohnwagen standen, beherrscht jetzt eine riesige Wohnanlage mit eigenem Hafen die Szenerie, eine kleine Stadt in Form eines fragmentarischen Turms von Babylon. Wenige Kilometer weiter, dort, wo unauffällig der *Loup* einmündet, liegt am Strand die *Siesta,* ein Freizeitkomplex, wo Besucher tagsüber auf kleinen lauten Mini-Rennwagen Krach machen und abends auf vielen Tanzflächen tanzen dürfen. Auf der anderen Seite der Eisenbahn wirbt *Marineland* um Gäste: Wenige Schritte von Meer entfernt zahlen sie teuer dafür, auf ein häßliches Meerwasserschwimmbassin mit Fischen und Seehunden sehen zu dürfen, von denen ab und zu einer durch einen Reifen springt. Derlei Einrichtungen (vgl. auch den Parc d'Attractions in Nizza) entstehen zunehmend häufiger in einer Region, die noch alle *natürlichen* Voraussetzungen bietet, sich zu amüsieren.

Biot: Glasherstellung

Biot liegt nur wenige Kilometer landeinwärts, aber die reichen schon aus, um den kleinen Ort den größten Teil des Jahres über vor dem ärgsten Rummel zu bewahren. Wie Cagnes breitet er sich auf einem steilen Hügel aus, und auch die Häuser selbst wie die Anlage der Orte gleichen sich. In Biot aber stößt man oben in der Dorfmitte am Ende der Treppen nicht auf ein Schloß, sondern einen arkadenumsäumten Platz. Dort liegt die Kirche mit einem der schönen Altarbilder von *Louis Bréa* in Rot und Gold. In der Weihnachtszeit wird da eine reiche Krippe ausgestellt. Neben der Kirche hat die Stadt ein **Heimatmuseum** eingerichtet (Musée d'histoire locale), das vor allem deshalb interessant ist, weil es einen Einblick in den Alltag vergangener Jahrhunderte erlaubt. So haben die Gründer zum Beispiel eine Küche des 19. Jahrhunderts rekonstruiert, die durch die schlichte Schönheit der Geräte und vor allem des Tongeschirrs imponiert.

Biot hat eine lange Tradition der Töpferei und der **Glasherstellung.** Besonders waren die Handwerker auf die Herstellung großer bauchiger Tonvasen zum Aufbewahren von Olivenöl spezialisiert. Zu Beginn des 20. Jahrhunderts verdrängte jedoch die industrielle Glasherstellung die Glasbläserei völlig, bis es 1956 *Eloi Monod* wagte, an die abgerissene Tradition anzuknüpfen. Heute werden in seinem Unternehmen über 1000 Teile pro Tag handwerklich produziert. Wer daran interessiert ist, kann den Glasbläsern bei der Arbeit zusehen. Auf Schildern wird erklärt, was die schwitzenden Männer mit ihren ruhigen, schönen selbstsicheren Bewegungen dort arbeitsteilig anfertigen. Ausstellungen zeigen die schönsten Stücke, und im angeschlossenen Laden kann der Besucher das erstehen, was er entstehen sah und einiges darüber hinaus, zum Beispiel schöne Fayencen. Auch wer das «Markenzeichen» der Glasherstellung in Monods Fabrik, die durch Sodalauge erzeugten kleinen Bläschen, ebensowenig schätzt wie die komplizierten Glas-Metall-Legierungen seines Meisterschülers Novara, wird kaum bestreiten, daß die Glasbläserei trotz der vielen Reisebusse vor der Tür der Versuchung, am Kitsch zu verdienen, viel besser widerstanden hat als etwa die Töpfer von Vallauris. Die Glasbläserei in Biot ist einer der wenigen erfolgreichen Versuche an der Côte d'Azur, handwerkliche Vergangenheit und touristische Gegenwart miteinander zu verknüpfen.

Die bekannteste Attraktion von Biot ist aber das *Musée National Fernand Léger,* das **Léger-Museum** südöstlich der Stadt. Léger hatte kurz vor seinem Tod ohne jeden Gedanken an ein Museum das Grundstück für die riesigen Keramikmosaiken gekauft, an denen er damals arbeitete. Seine Frau sorgte später mit einer großen Stiftung dafür, daß da ein ausschließlich seinen Werken gewidmetes Museum entstand. Der erste Eindruck wird eher gemischt sein. Das riesige Mosaik an der Frontseite, ursprünglich für das Niedersachsenstadion in Hannover gedacht, erinnert zu sehr an die ferne Mosaikbegeisterung der fünfziger Jahre des 20. Jahrhunderts. Die Architektur des Museums trägt schwer an Légers Kunstwillen, der auf bescheidene Tragkraft nicht berechnet war. Légers langjährige Freundschaft mit Le Corbusier wurde nicht in Anschlag gebracht. Das Äußere des Museums erscheint ein wenig gestrig, angestrengt bemüht, sich dem Kunstgeschmack seiner Zeit anzubequemen. Innen geht es nicht entscheidend anders zu. Unten ein regelmäßiges Rechteck mit Légers Zeichnungen, dazwischen ein ebenso großflächiger wie mißlungener Versuch, Légers Technik auf Glasfenster zu übertragen und oben wieder ein regelmäßiges Rechteck mit Ölgemälden von den impressionistischen Anfängen bis 1953, die viele Motive der Zeichnungen aufnehmen.

Und wenn nun jemand sagen würde, so wie das Museum sei eben die Malerei Légers, also flächig, gerade, schlicht und berechenbar? Und wenn nun jemand sagen würde, der am wenigsten romantische, am wenigsten poetische Maler der Moderne habe mit diesem Bau ein adäquatgradliniges Museum erhalten? Wenn nun jemand sagen würde, Légers Liebe zum «fait brut», zu den nackten Tatsachen, sei hier eben Gestalt geworden?
Ich könnte dagegen anführen, daß gerade Léger ein Freund der überhaupt nicht gradlinigen Dichter war. In der «Ruche» in Paris besuchten ihn *Apollinaire, Max Jacob, Blaise Cendrars;* mit seinem späten Gemälde *Die Bauarbeiter* korrespondierte *Eluard* in einem berühmten Gedicht. Aber Léger braucht solche Verteidigung nicht, denn wer das Museum einen Moment vergißt und sich in die Bilder versenkt, für den verflüchtigt sich der Eindruck des Einförmigen wie der des Überholten. Die Gemälde zwischen dem impressionistischen Porträt des Onkels von 1905 und der *Komposition mit zwei Vögeln* von 1955 haben, obgleich früh unverkennbar von Légers Handschrift geprägt, die Entwicklung der Malerei des 20. Jahrhunderts in sich aufgenommen. Und die Problemstellungen, die mit seinem Werk nicht abgegolten sind, wo wären sie weiter voran getrieben? Die industrielle Welt hat keine Mythologie von der Art, wie sie das gleichzeitige Werk des mediterran orientierten Picasso zeigt. Die Suche nach einer Kunst, die nicht zurück will hinter die Entwicklung der Malerei, auf die sich aber alle beziehen können, wie sie Léger vorschwebte, wo wäre sie ans Ziel gekommen? Der Alltag der Arbeit, dessen konstruktive Seiten Léger bei all seinem sozialen Engagement besonders interessierten *(Les Constructeurs* ist als *Die Bauarbeiter* nur sehr unzulänglich übersetzt) und die Lust an der selbstbestimmten Zeit danach, die etwa in der

Radfahrergruppe von *Ausflug auf rotem Grund* gestaltet ist, wo hätten sie gültigere Formen gefunden? Und antworten nicht sogar die großflächigen Wände, die Léger beschäftigten, auf ein Problem unserer Städte, das mit Werbeplakaten allein nicht lösbar ist? Légers Bearbeitungen der industriellen Welt des Nordens gehören in das an der Côte präsente Spektrum moderner Malerei wie Chagalls östlich inspirierter Spiritualismus und die vom Süden her gespeiste Bilderwelt Picassos.

Die Freude am Leben: Picasso in Antibes

Zurück an die Küste. **Antibes** ist gewiß einer der schönsten Orte an der Côte: Hafenstadt, Altstadt, «Kapstadt», Stadt der Künste und mittlerweile auch Großstadt, mit mehr als 80 000 Einwohnern die zweitgrößte der Region, noch vor Cannes und Monaco. Das alte «Antipolis» entstand gleichzeitig mit «Nikaia» schon zur Zeit der griechischen Besiedlung der Küste, ist also von ältestem historischem Adel. Später wurden die beiden Städte zu feindlichen Schwesten, denn Antibes gehörte zur Provence respektive später zu Frankreich, während Nizza ja für Savoyen optiert hatte. Das mächtige **Fort** am Hafeneingang und die Wehrtürme der Kirche und des **Grimaldi-Schlosses** zeugen noch von den Zeiten der wechselseitigen Invasionen. Ein Gang durch die **Altstadt** macht übrigens, denkt man an die Städte östlich des Var, auch im Baustil deutlich, daß sich die Einwohner der Provence zugehörig fühlten und nicht nach Italien schauten, denn die schönen Häuser aus unregelmäßigen Bruchsteinen sind unverputzt und wirken nicht durch ihre Farben, sondern durch die natürliche Struktur ihres Mauerwerks. Insgesamt gesehen sind aber natürlich die

Antibes: Altstadt

Gemeinsamkeiten stärker als die politischen Unterschiede. So zeugen etwa die barock überarbeitete romanische Kirche oder die Wallfahrtskirche auf dem höchsten Punkt des *Cap* mit ihren Votivtafeln davon, daß die Geister östlich und westlich des Var nicht sehr verschieden ausgerichtet waren. Die Architektur der Belle Epoque hat in Antibes nur vergleichsweise wenige Spuren hinterlassen und die sind noch in den parkartigen Gärten auf der vornehmen Halbinsel versteckt. Ganz vorn auf der Spitze zum Beispiel liegt das berühmte «Hôtel du Cap», dessen illustre Gästeliste in Antibes gern zitiert wird, um die Exklusivität des «Kaps der Milliardäre» zu unterstreichen. Der Patron des kleinen «Bar-Tabac» nicht weit vom Eingang des «Eden-Roc», der schon seit ewigen Zeiten einen kleinen Roten und schwarze Zigaretten verkauft, behauptet

In den mächtigen Befestigungsmauern kleine Werften: der Hafen von Antibes

freilich mit einer Geste zu den exklusiven Villen und Hotels hin: «C'est plus ça». Ob er recht hat, daß das, was sich hinter den Sicherheitsvorkehrungen abspielt, nicht mehr so glänzend ist wie zu den «Gatsby»-Zeiten, als Scott Fitzgerald dort *Tender in the Night* schrieb, oder ob der Patron sich einfach keine neuen Namen mehr merken mag, kann auf preiswerte Weise kaum jemand ermitteln, und so muß sich denn der Neugierige mit einem schönen Rundgang um die Halbinsel begnügen – er hat die Wahl, ob er sich auf die Seite der Ordnung oder die des Verbrechens schlagen möchte, denn es gibt nicht nur einen «Zöllner-», sondern auch einen «Schmugglerweg».

Mit einem Blick von Antibes aus auf die Vielfalt dessen, was

---

241 Mehr Autos als Palmen – die Promenade des Anglais in **Nizza**

242/243 Im blauen Licht nach Sonnenuntergang sind selbst die häßlichsten Hochhäuser noch schön – Blick von La Turbie auf **Monaco**

244 Über den Gassen der engen Altstadt – Kirche Saint Michel in **Menton**

245 Eine Region für Träume und Illusionen – fest in der Hand der Geschäftsleute und Werbestrategen – Werbeaufnahmen am Hafen von **Antibes**
Sehenswürdigkeiten, die keiner sehen will – Verlassene romanische Kapelle im **Cheiron-Gebirge**

246 Die Rassen der Menschheit gemeinsam für den Frieden – Ausschnitt aus Picassos monumentaler Arbeit «Krieg und Frieden» (1952) in der Kirche von **Vallauris**
Die Einheimischen verlieren sich zwischen den Touristen: **Saint-Paul-de-Vence**

247 Alchemie des Wohlgeruchs – Parfümherstellung in **Grasse**

248 Erleuchtet – Miró-Plastik im Garten der Fondation Maeght **(Saint-Paul-de-Vence)**

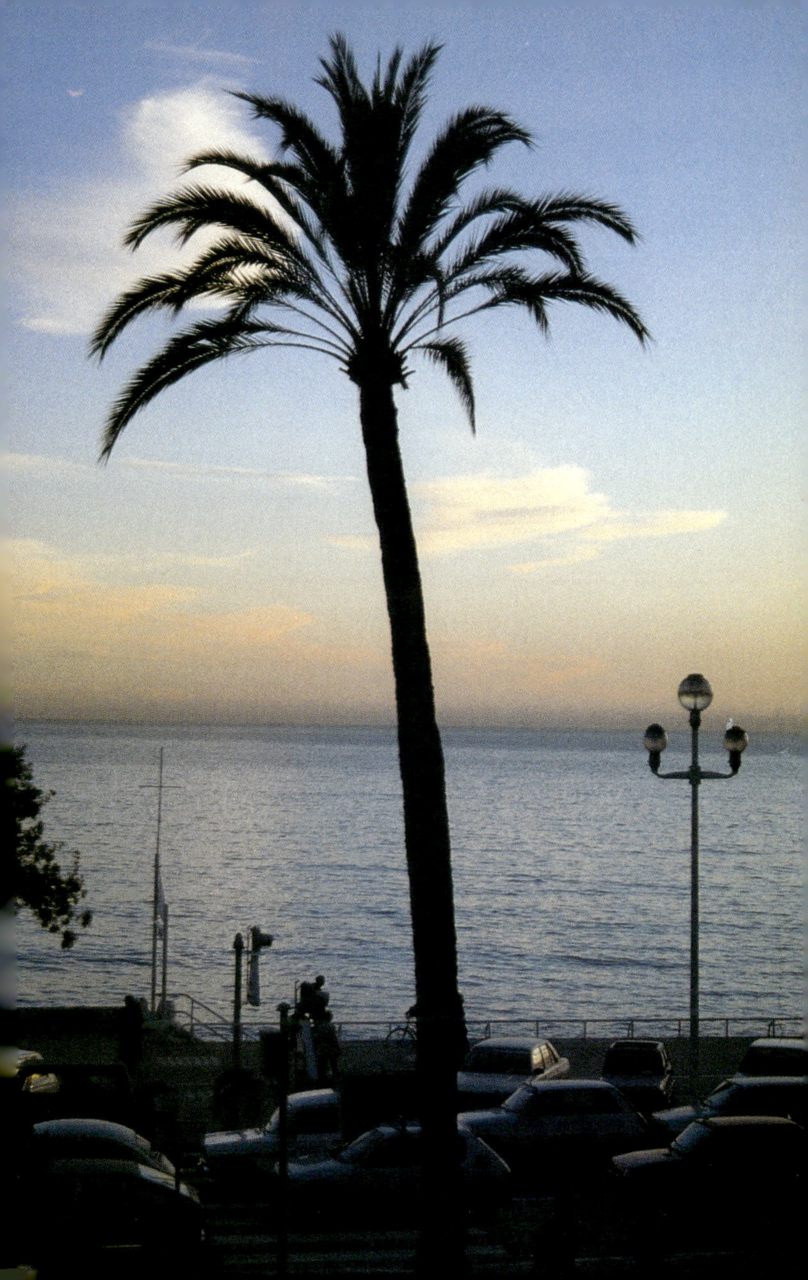

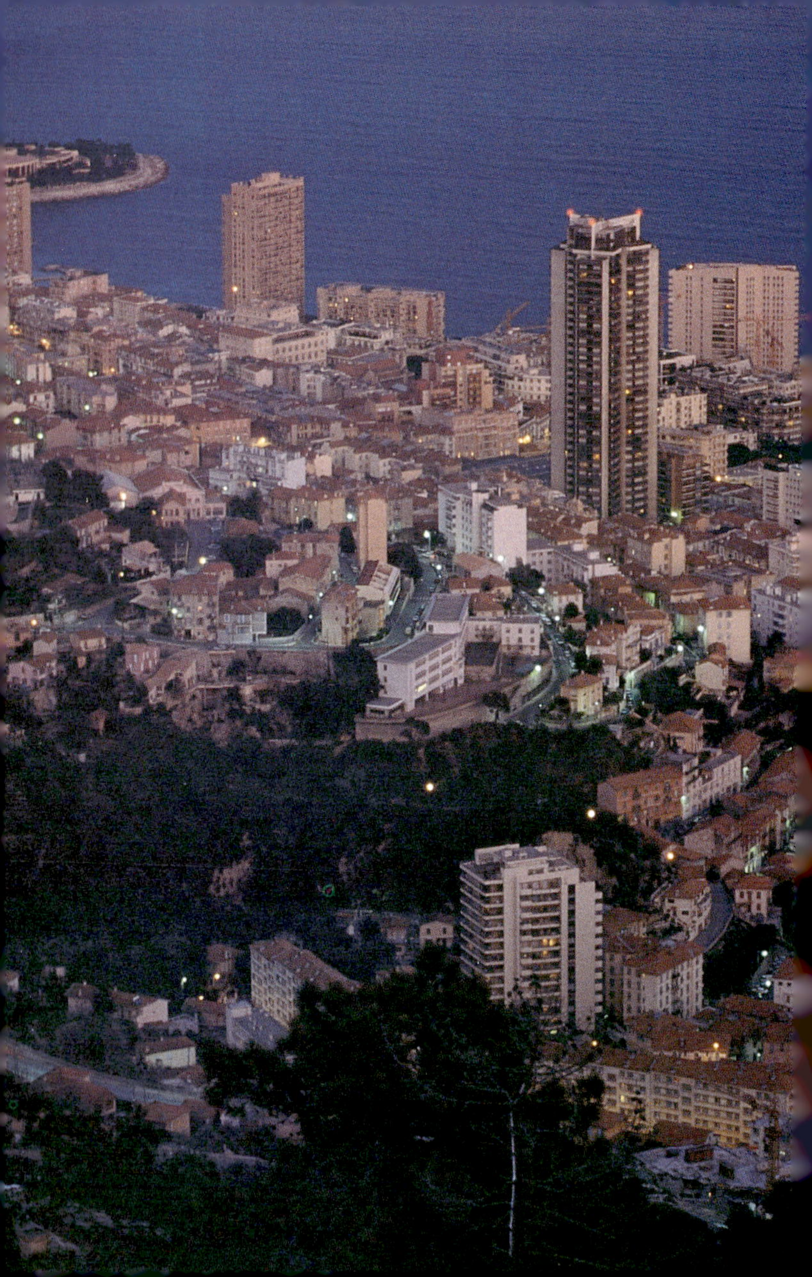

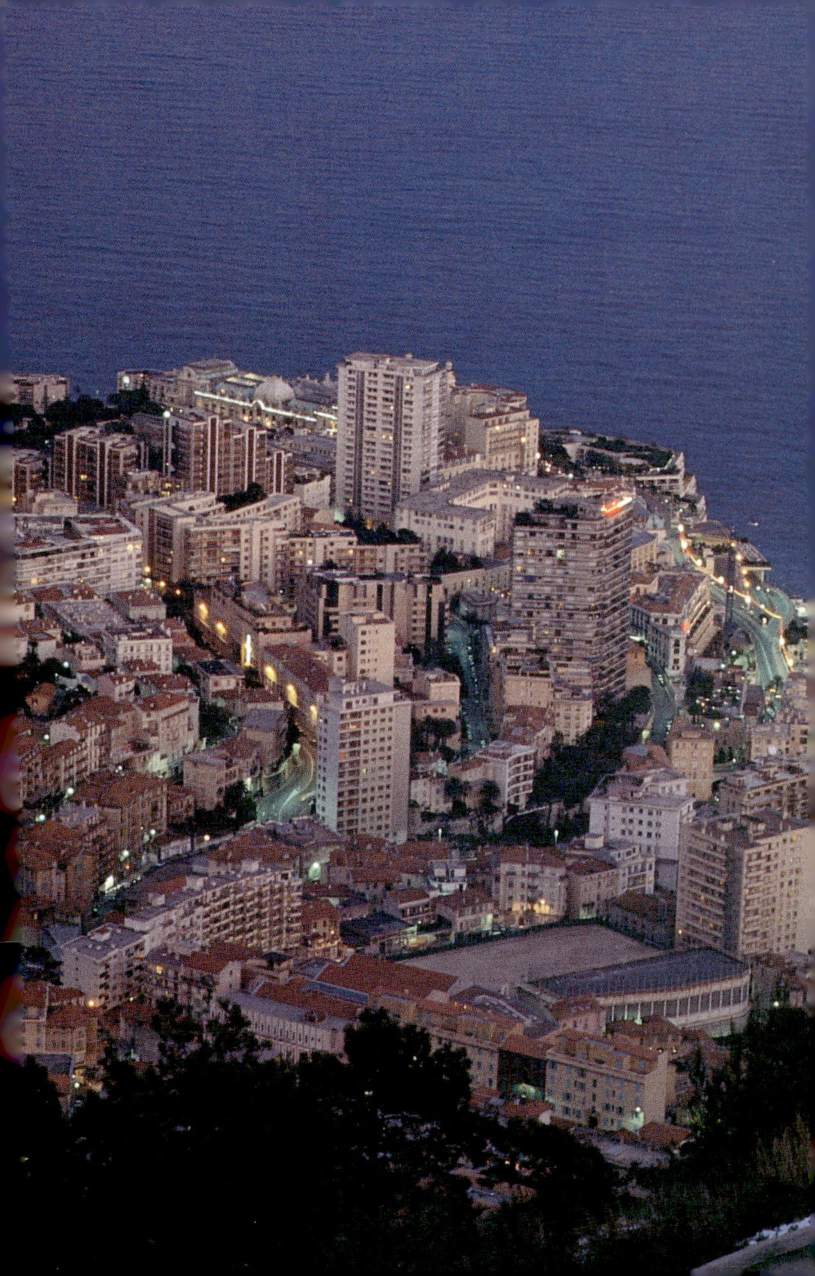

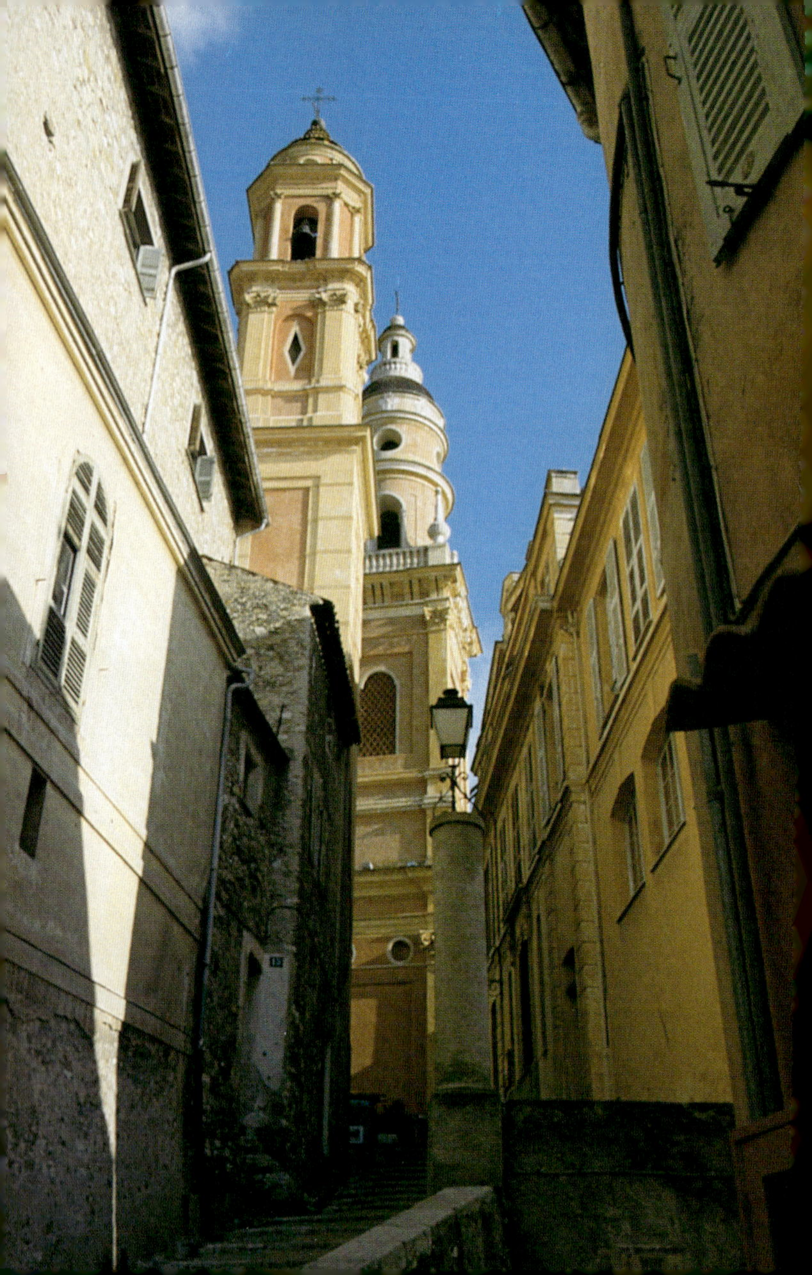

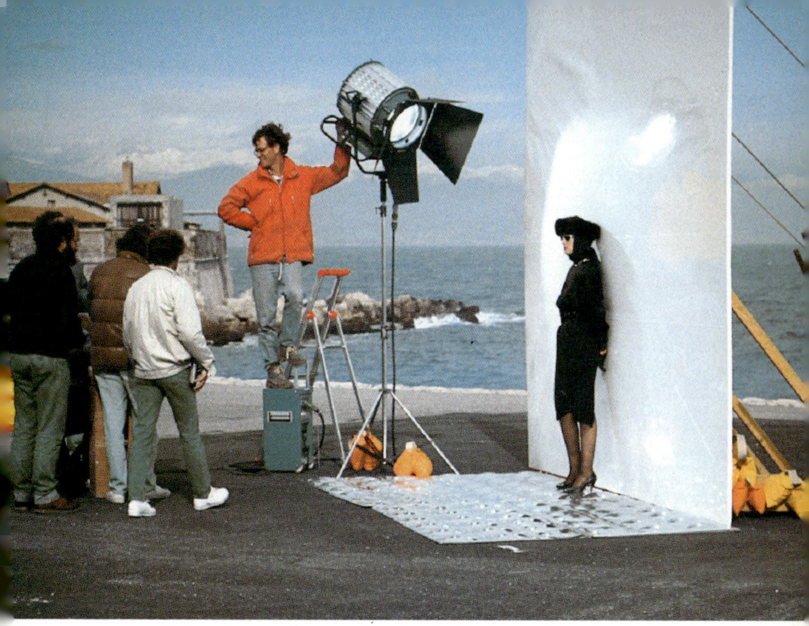

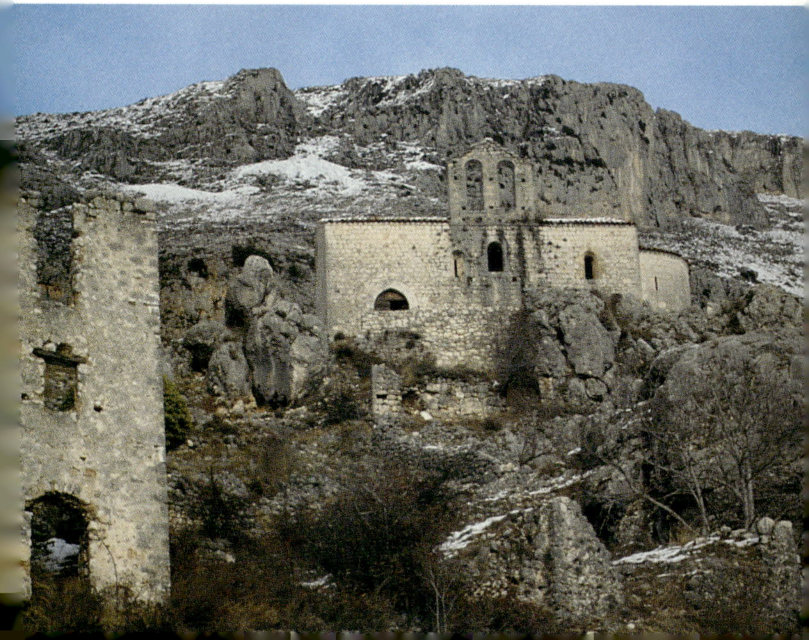

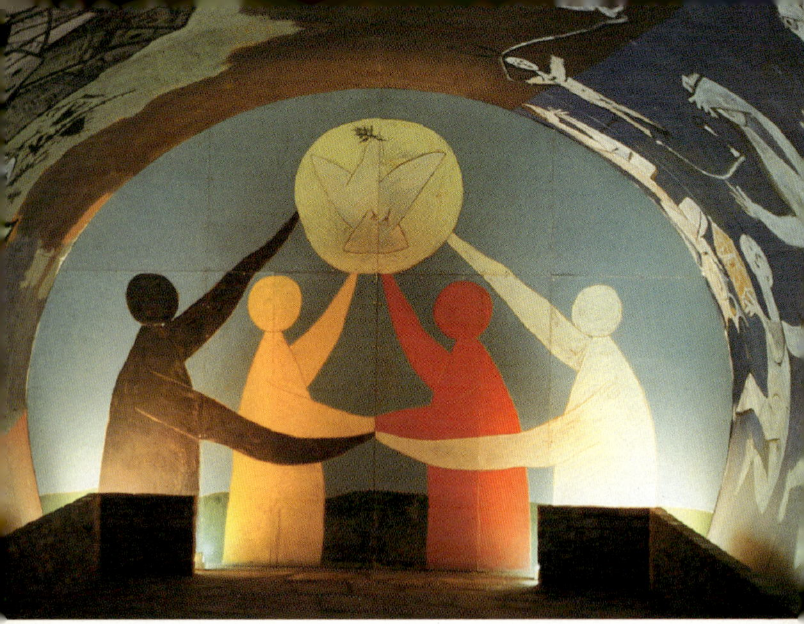

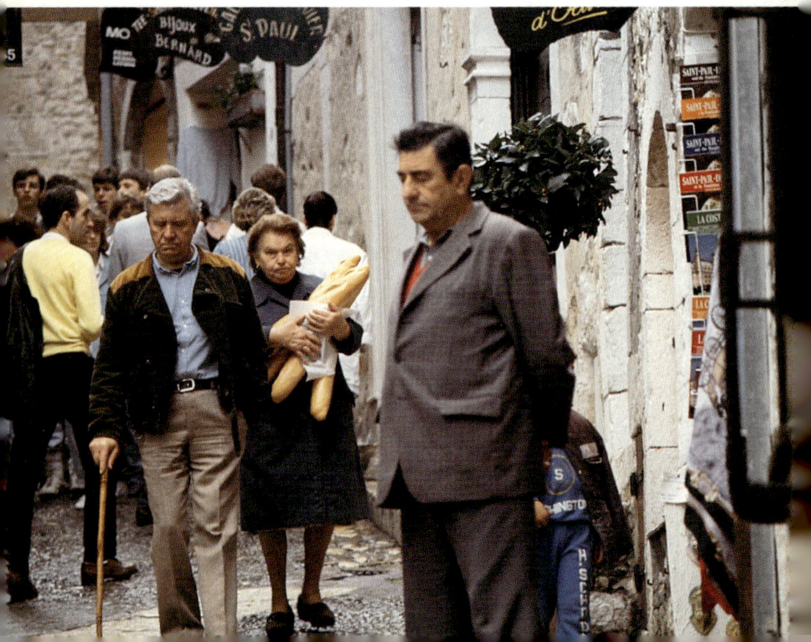
Bijoux
BERNARD
S. PAUL

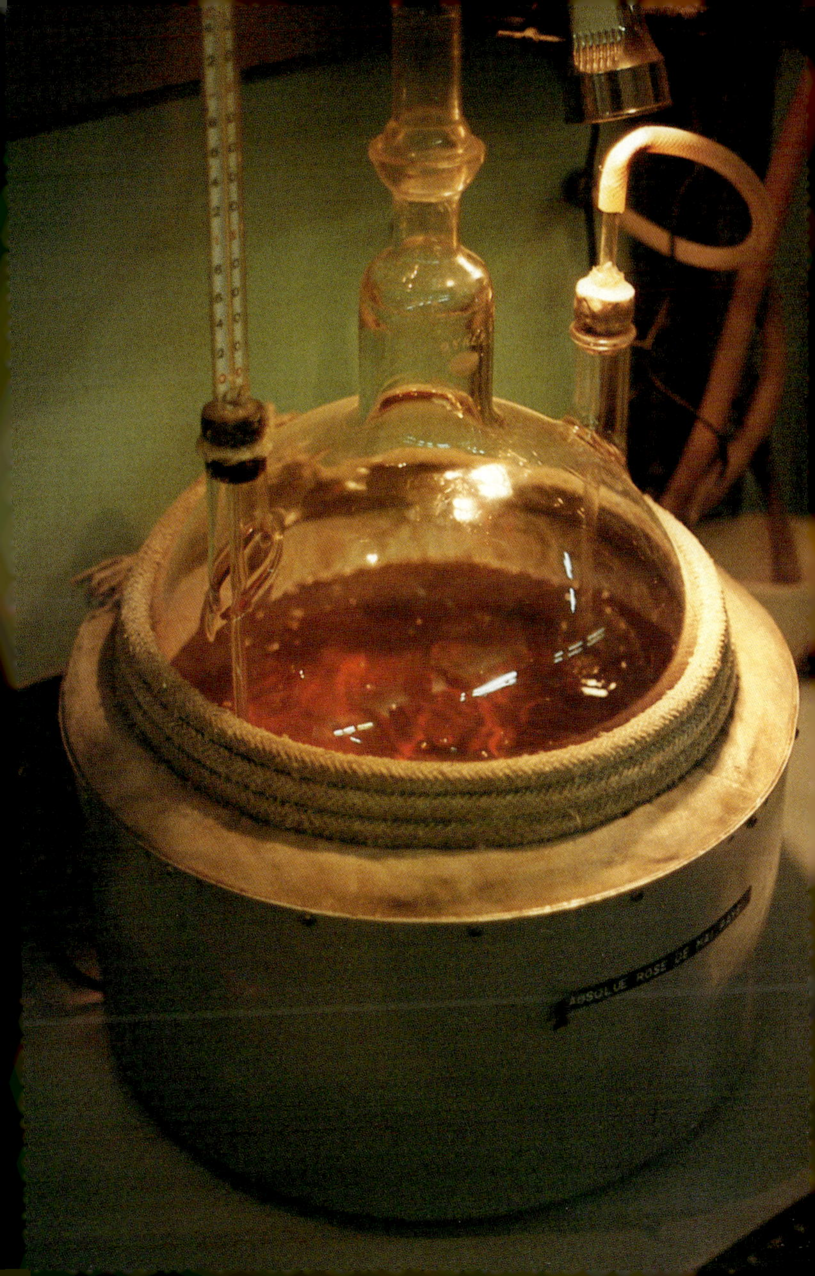
ABSOLUE ROSE DE MAI

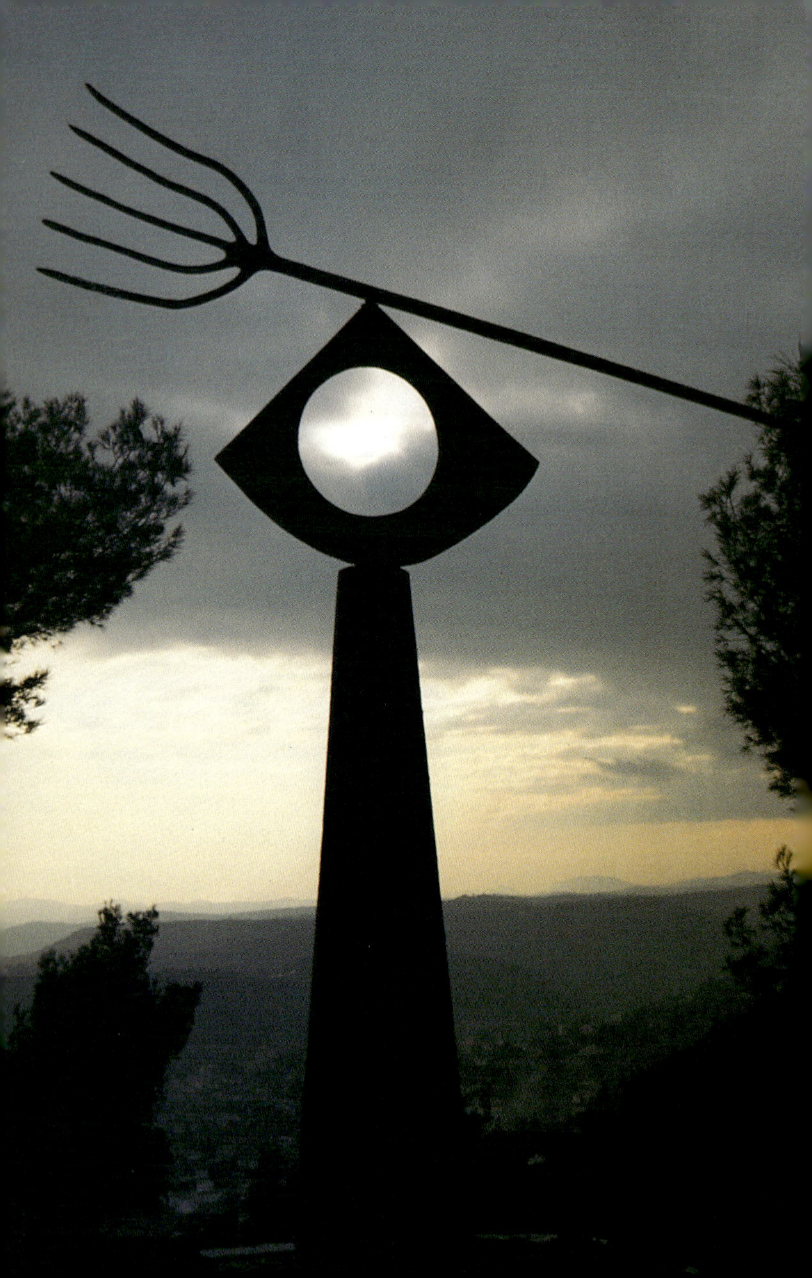

Antibes: Musée Picasso

die Côte ausmacht, haben wir die Rundreise begonnen (S. 14), und so soll der Blick beim zweiten Besuch nicht schweifen, sondern sich konzentrieren auf ein Museum, für das allein sich die Anreise schon lohnen würde, das **Musée Picasso** im Grimaldischloß, das erste Museum, das je ausschließlich dem Werk eines noch lebenden Malers gewidmet wurde. In der Tat gibt es nicht wenige Besucher, die eigens wegen der «Picassos» von Antibes kommen, denn Picasso hat Antibes seine dort gemalten Bilder nur unter der Bedingung für ein Museum hinterlassen, daß sie niemals verliehen werden dürfen. Viel erstaunlicher als die Anziehungskraft, die das Museum auf die Kundigen ausübt, ist die häufig gerade an den jüngsten Besuchern ablesbare Anziehungskraft auf Zufallsbesucher, die ohne Ehrfurcht kommen und sichtbar Spaß haben an einem Museum, das Picasso bewußt für das große Publikum gedacht hatte: «Ich habe in Antibes getan, was ich konnte, und ich habe es gern getan, weil ich wußte, daß ich dieses Mal für das Volk arbeitete» (Georges Brassaï: Gespräche mit Picasso).

«Lebensfreude» *(La joie de vivre)* heißt das berühmteste der 25 großen Bilder, die Picasso hier gemalt hat. Das ist vielleicht der Begriff, der erklärt, warum dieses Museum so einmalig ist: Da ist Lebensfreude Gestalt geworden, Lebensfreude, die wir Reisenden in Regionen wie dieser suchen und die sich in den Vergnügungsparks nur scheinbar kaufen läßt. Lebensfreude läßt sich nicht planen, und so ist denn das, was wir dort sehen, Ergebnis eines glücklichen, unwiederholbaren Moments.

Als Picasso 1923 Antibes besuchte und spielenden Kindern auf geheimen Pfaden in das Innere des klobigen Schlosses folgte, stand das Gebäude leer. Später begann ein Studienrat namens *Dor de la Souchère* ein Heimatmuseum einzurichten, dessen Exponate jedoch den Bau keineswegs füllen konnten. Aber Dor war ein Kenner der modernen Malerei, und als Picasso 1946 wieder an die Côte kam, zunächst beengt in *Golfe-Juan* wohnte und ein geeignetes Atelier suchte, bot er Picasso das geräumige Schloß an. Der brachte eine Matratze für den Mittagschlaf mit, einen kleinen Tisch für das Frühstück, einen großen für das Material – und füllte in drei Monaten vitalster Arbeit den ganzen Bau mit seinen Werken, neben den 25 Gemälden 44 vorbereitende Zeichnungen, später ergänzt mit Keramiken, die Picasso in Vallauris gemacht hatte, sowie Tapisserien nach seinen Entwürfen. Nur einige große Plastiken wie der *Frauenkopf mit großen Augen* sind nicht am Ort entstanden, sondern sie stammen schon aus der Zeit in Boisgelup (1933).

Daß die großen Gemälde zum Teil mit Bootsfarbe auf Holz und Hartfaserplatten ausgeführt wurden, hat keineswegs mit Picassos Neugier auf neue Materialien zu tun, sondern entsprang dem schieren Mangel, denn 1946, in der unmittelbaren Nachkriegszeit, ergatterten die meisten Künstler nur unter äußersten Schwierigkeiten das zum Arbeiten Notwendige. Den Plan, die Wände direkt zu bemalen, mußte Picasso wegen des feuchten Mauerwerks aufgeben, und so war es denn ein Glücksfall, daß jemand in Cannes ein paar großformatige Hartfaserplatten und bei den Bootsmachern haltbare Schiffsfarbe fand. Erst jüngere, mit dem Röntgengerät unternommene Forschungen haben zutage gebracht, daß Picasso mangels Leinwand auch heimlich Gemälde aus dem Bestand des Hei-

---

Blick aus dem Fenster des Picasso-Museums in Antibes auf den Skulpturengarten und das Meer. Hier Anne und Patrick Poiriers Plastik «Jupiter und Encélade»

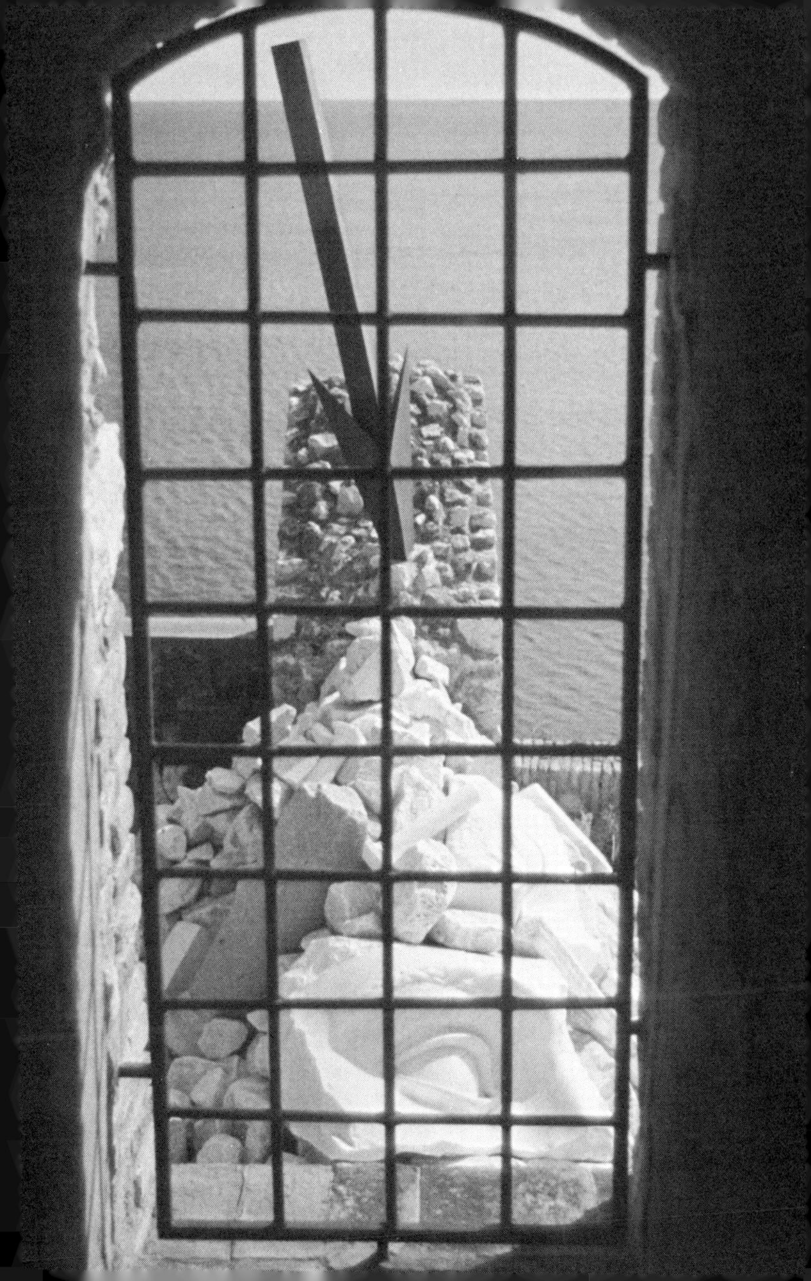

matmuseums übermalte. Der berühmte *Gobeur d'Oursin,* der «Seeigelessende Mann», ist über das repräsentative Porträt eines Generals aus dem Ersten Weltkrieg gemalt. Dieser Vorgang bringt die revolutionäre Haltung Picassos gewiß besser zum Ausdruck als die ewigen Tauben, in denen Kunsthistoriker gern den «politischen» Picasso sehen: Statt eines Generals der Verkäufer von Seeigeln aus einem winzigen Restaurant, der Picassos Bild inspiriert hatte; statt der Orden das Eßbare; statt Repräsentation Genuß; statt der Tradition des Krieges die Gegenwart des Mittelmeeres; statt längst von der Fotografie überholtem Detailrealismus die Beschränkung auf die einfachen Formen – und statt Ehrfurcht vor der Vergangenheit der listige Wille zu Neuem.

Die Schönheit dieses Museums ist in einem tieferen Sinn dem Sieg über den Krieg zu verdanken. Die Gemälde Picassos, die während des Krieges entstanden sind, zeigen in dominierenden Grau- und Brauntönen Fischskelette, Schädelkompositionen, leere Kochtöpfe und weinende Frauen. In Antibes wird der Friede gefeiert mit immer neuen Kompositionen in den Farben der Sonne und des Meeres. Endlich den Ruinen der Städte, der Furcht vor den Besatzern entkommen, genießt der 65jährige Picasso die Rückkehr an das geliebte Mittelmeer wie eine Neugeburt. Daß im Werk auf die «Weinende Frau» aus der Pariser Kriegsperiode die *Femme fleure,* das blühende junge Mädchen folgte, hat auch biographische Gründe. Picasso war in jenem Sommer frisch verliebt in *Françoise Gilot,* die nicht einmal ein Drittel seiner Jahre zählte und aus deren Bericht wir genau über Picassos Aufenthalt in Antibes informiert sind. Endlich Frieden, endlich wieder der Süden, eine neue Liebe, erneute Vaterschaft, viel Besuch von Freunden wie *Prévert* und *Eluard,* ein ideales Atelier – alles kam zusammen, um dem wohl größten Maler des 20. Jahrhunderts den vitalen Ausbruch von Lebensfreude gelingen zu lassen, der die *Suite d'Antipolis* so einmalig macht in seinem Werk. – Thematisch fällt neben den Fischern, Fischen, Seeigeln der ganz anders gelagerte Komplex vielfältiger mythologischer Figuren auf. Freilich interessiert sich Picasso nicht für die Götter und Helden, sondern vor allem für Minotaurus, Zentauren, Faune, allesamt Figuren, die, wie Michel Leiris schrieb, «eine permanente Metamorphose verkörpern», also wandelbar sind, wie Picasso wandelbar war und die zugleich ewig mediterran bleiben, wie Picassos Werk in der uralten mediterranen Kultur wurzelt. Gerade die Schlichtheit der Formen, die Alltagsnähe besonders der Keramiken zeigt, daß Lebensnähe und mythologische Tiefe, die Cocteau im Standesamt von Menton vergeblich in Verbindung zu bringen versuchte, nicht unwiederbringlich auseinandergefallen sind.

Dem Gründer des Museums von Antibes gebührt das Verdienst, Picasso angeregt und zur Stiftung dieser Gemälde bewegt zu haben, seinen Nachfolgern das einer Öffnung für Ausstellungen und Neuankäufe, die sich, wie zum Beispiel die Skulpturen von *Germaine Richier* auf den Backsteinmauern oder die Plastik *Jupiter et Encélade* von *Anne und Patrik Poirier* im Schloßgarten in das Ensemble einfügen, ohne auf eigene Spannung zu verzichten.

Juan-les-Pins, die mit Antibes zusammengewachsene Stadt an der anderen Seite der Halbinsel, gehört zu den im 20. Jahrhundert entstandenen Küstenorten. Die Lebensfreude, so wie man sie in diesem Teil Frankreichs versteht, hat vor allem mit dem langen, feinsandigen Strand zu tun, mit den offenen Kabrios, den allgegenwärtigen Mofas, den Straßencafés, vor denen abends die Reihe der Musikanten nicht abreißt, den modischen Boutiquen, den Spielhallen, den Diskotheken, mit all jenen Sachen also, zu denen kein Reiseführer führen kann, weil das, was *branché*, modisch «in» ist, schon bei Beginn der nächsten Saison «out» sein wird.

Tonkunst: Vallauris

So können Sie getrost Picassos Spuren noch ein wenig verfolgen bis **Vallauris,** wo die Keramiken entstanden, die in Antibes ausgestellt sind. Vallauris war wegen seiner Tonvorkommen schon zu römischen Zeiten ein **Ort der Töpfer.** Im 16. Jahrhundert wurde diese Tradition durch die Ansiedlung von italienischen Töpfern fortgesetzt. Nach dem Zweiten Weltkrieg war die Töpferei von Vallauris freilich im Niedergang, denn ein Schwerpunkt der Produktion hatte traditionell auf dem einfachen Küchengeschirr gelegen, das nun industriell viel billiger herzustellen war. Es war für den ganzen Ort ökonomisch ein Glücksfall, daß die Inhaber der *Madoura-Töpferei*, das Ehepaar *Ramiès,* den in der Region weilenden Picasso dafür gewinnen konnte, sich (nach dem Antibes-Aufenthalt) in Vallauris anzusiedeln und sich intensiv der Keramik zu widmen. Plötzlich waren Ort und Material wieder interessant geworden, ein Effekt, von dem Vallauris heute noch zu zehren versucht.

Obgleich Picasso sich intensiv auf die Keramik einließ, waren die Reaktionen der Kritik auf seine keramischen Werke durchaus zurückhaltend. Auch bei ihm selbst wechselten euphorische Phasen mit Phasen der Unzufriedenheit ab, bis er schließlich die Keramik weitgehend aufgab, weil er den Eindruck hatte, daß das Material doch nicht recht tragen konnte, was er ihm zumuten wollte. Tatsächlich sind, für sich betrachtet, manche der meist als Frauenakte gestalteten Amphoren allzu dekorativ, und Arbeiten wie etwa der «Stehende Stier» *(Taureau debout)* konnten allzuleicht von kunstgewerblicher Töpferei imitiert werden. Das Urteil wird aber anders ausfallen, wenn der Betrachter Picassos Keramik nicht an seiner Malerei mißt, sondern etwa die lustigen *Teller mit Aubergine* oder *Teller mit Eiern und Wurst* (samt ebenfalls aufgemaltem blauem Besteck) als Versuch wertet, die Grenzen der Institution Kunst zu überschreiten und die Kunst in die Alltagspraxis zu überführen. Picasso hat das nie so programmatisch gefordert wie etwa die Surrealisten, aber er hat es gemacht, hat seine gesamte Umgebung nach seiner Inspiration umzuschaffen versucht.

Wer heute durch die Straßen des häßlichen Vallauris geht, merkt nichts von Picassos Einfluß. Es ist nicht alles ästhetischer Müll, was in den unzähligen Geschäften angeboten wird, aber der erwartungsvolle Fremde muß sich viel zumuten, bis er einen hübschen Fund gemacht hat. Das Atelier *Madoura* gehört übrigens immer noch zu den besten Töpfereien am Ort, aber die Teller oder Vasen dort sind ein wenig zu teuer für den Alltagsgebrauch, also heimgekehrt aus dem Alltag in die Kunstsphäre.

Daß Picasso Ehrenbürger von Vallauris war, wird erst wieder auf dem platanenüberdachten Hauptplatz deutlich, wo seine große Bronzestatue *Mann mit Schaf* steht, die er der Stadt schenkte, als sie ihn zum Ehrenbürger ernannte. Der einfache, untersetzte Mann, der das offenbar verletzte Schaf trägt, steht in denkbar größtem Gegensatz zum bombastischen Kriegerdenkmal auf der anderen Seite des Platzes. Damit ist ein Thema angedeutet, das Picasso am Beginn der fünfziger Jahre intensiv beschäftigte: Zu der Zeit war die Freude über den Frieden, die in Antibes Ausdruck gefunden hatte, angesichts der

Auseinandersetzungen in Korea längst der Furcht vor einem neuen Krieg gewichen. In dieser Situation nahm er 1952 das Angebot der Gemeinde Vallauris wahr, eine kleine leerstehende romanische Kapelle zu gestalten. Er machte sie mit dem Monumentalwerk **Krieg und Frieden** zu einem Mahnmal des Friedens. Auf der Südseite der gewölbten Vorkirche ist eine allegorische Darstellung des Krieges angebracht, gegenüber eine Welt des Friedens mit Faunen, tanzenden Mädchen, dem Pferd des Pegasus, das den von einem Knaben gelenkten Pflug zieht; ein Friede, der die Natur reifen, die Kochstelle brennen läßt, der erlaubt, Bücher zu schreiben und Kinder zu stillen. Das Gemälde an der Stirnwand, auf dem vier stark stilisierte Menschen weißer, roter, gelber und schwarzbrauner (Haut-)Farbe eine leuchtende Scheibe mit Friedenstaube halten, bringt die Gesamtproblematik des Vorhabens deutlich zum Vorschein: ich kann mich des Eindrucks nicht erwehren, daß der Gedanke etwas gewaltsam in Bilder umgesetzt wurde, ein Eindruck, den ich sonst bei Picasso kaum je habe. Matisse mußte beim Entwurf der Kapelle in Vence mit ähnlichen Problemen kämpfen, was nur deshalb weniger auffällt, weil er sich sozusagen als Gast in eine noch eher als selbstverständlich empfundene sakrale Tradition einschrieb.

Die letzte Station der Aufenthalte Picassos an der Côte war der *Mas-Notre-Dame-de-Vie* in **Mougins** im Hinterland von Cannes, wo er noch einmal die Ruhe fand, die er zum Arbeiten brauchte. Der *Mas* ist nicht zu besichtigen. Außer einigen Fotos im örtlichen *Musée de la Photographie* finden sich in Mougins keine Spuren von Picasso. Der Ort kann es verschmerzen, denn er zählt zu den schönsten und vornehmsten der Region, und es fehlt ihm nicht an prominenten Gästen. Wer – vom großen Parkplatz her kommend – den alten Ortskern betritt, sieht rechts ein ehemaliges öffentliches Waschhaus mit seinen steinernen Becken, das überdacht wurde und jetzt als Sitz des Fremdenverkehrsamts und als Galerie dient. Etwas weiter stehen die früheren Ställe für die Pferde der Ölmühlen. Sie wurden in ein Restaurant umgewandelt. In der ehemaligen Mühle richtete sich Christian Dior eine Ferienwohnung ein. Das Haus, das heute das Museum der Fotografie beherbergt, hat im Erdgeschoß einen Raum, der als Ortsgefängnis diente, und in Nr. 88 der *Rue Maréchal Ferrant* mit der komisch anmutenden Statue des Commandanten Lamy, die Picasso umzuarbeiten versäumte, verbrachten Catherine Deneuve und Jeanne Moreau ihre Ferien... Kurzum: Der alte Ort ist wunderbar erhalten, der Besucher kann anhand eines informativen, vom Verkehrsamt erarbeiteten Prospekts die Fassaden aller früher für das Leben des Städtchens wichtigen sozialen Orte noch auffinden, aber der Preis dafür ist, daß alle

---

Cannes und das Estérel

Zu jeder Stunde des Tages sieht das Estérel anders aus und schmeichelt den Augen der «hight society». Die korrekt und sauber gezeichnete Gipfelkette hebt sich am Morgen vom blauen Himmel ab, von einem sanften und reinen Blau, einem hübschen purpurnen Blau, dem Idealblau der mittelmeerischen Strände. Aber am Abend zeichnen die bewaldeten Küstenhänge einen schwarzen Fleck auf einen feuerroten Himmel, auf einen unwahrscheinlich dramatischen und roten Himmel. Ich habe niemals irgendwo anders diese märchenhaften Sonnenuntergänge, diese Feuersbrünste am ganzen Horizont, diese Wolkenexplosionen, diese geschickte und großartige Inszenierung, diese tägliche Wiederholung wunderbarer und maßloser Effekte gesehen, die Bewunderung erzwingen und die ein kleines Lächeln hervorriefen, wenn sie von Menschen gemalt wären.
(Guy de Maupassant)

diese alten Häuser ihre ursprünglichen Funktionen eingebüßt haben und zu Restaurants oder Ferienwohnungen umfunktioniert wurden. Die äußerliche Authentizität wurde mit um so rascherem inneren Wandel bezahlt. Zwischen dem öffentlichen Waschhaus von Lucéram, wo sich die Frauen noch am Waschtag treffen und dem in eine Galerie verwandelten Waschhaus von Mougins liegen Zeitalter. Aber ein bißchen schöner Schein gehörte an der Côte schon immer zum Vergnügen, und so sei denn gegen alle kulturkritischen Einwände behauptet, daß der Luxus von Mougins, wo mehr exzellente Restaurants auf engstem Raum nebeneinander liegen als irgendwo sonst auf der Welt, jedenfalls seinen Charme hat.

Heilige und Filmstars: Cannes

Jedenfalls ist der Charme von Mougins angenehmer als der von **Cannes,** der auf Luxus baut und in den Belle-Epoque-Bauten sowie den phantastischen Neubauten reicher Araber im Stadtteil *La Californie* so recht sichtbar wird. Picasso hat in den zwanziger Jahren in La Californie gewohnt, bevor er schon damals den Lärm floh. Die Information hätte keinerlei Bedeutung – Cannes ist keine Kunststadt –, wenn sich mit ihr nicht eine bezeichnende Geschichte verbinden würde: Picasso schuf 1929 in Cannes einige Eisenskulpturen, die auf der *Croisette* aufgestellt werden sollten. Den Stadtvätern gefielen sie natürlich nicht, und so nahmen sie den Börsenkrach zum Anlaß, den Kauf zu verweigern. Wir sollten das nicht bedauern, denn sonst wäre der Stadt ein Symbol zugewachsen, das ihren Charakter schwerlich repräsentiert hätte. Sie mußte noch ein paar Jahrzehnte auf «ihr» Symbol warten, bis zu den Filmfestspielen von 1986 anläßlich von Polanskis Film «Piraten» zu Public-Relations-Zwecken der 20 Millionen teure Nachbau eines spanischen Piratenschiffs aus dem 17. Jahrhunderts in den Hafen von Cannes einlief, auf dem Polanski gedreht hatte. Die naturalistische «Neptun» aus Edelhölzern und Polyester wurde sofort eine Attraktion und blieb auf Betreiben der Stadtväter an der Mole liegen, repräsentiert sie doch die Tradition eines wirklichen Fischerdorfes, das jahrhundertelang von Seeräubern bedroht war, ebenso wie die Tradition einer Filmstadt, wo alles nur Kulisse ist. War nicht dieses Schiff aus dem gleichen Geist entstanden wie die Fassaden der Belle-Epoque-Paläste? Und lebt das moderne Cannes nicht wesentlich von jenen Kongreßtouristen, die sich auf hochklassige Illusionsproduktion spezialisiert haben, also etwa von den Besuchern der Musikmesse *Midem* im Februar und vor allem natürlich von den *bedeutendsten Filmfestspielen der Welt?* Cannes hatte sich unerwartet in einem Symbol gefunden. Das heißt natürlich nicht, aus sentimentalen Gründen auf Vermarktung zu verzichten: wer mag, kann die «Neptun» für wenige Francs besichtigen und bei günstigem Wetter auch für viele, viele Francs für eine Party auf dem Meer mieten – in Cannes wird für die Illusion bare Münze genommen.

«Cannes» heißt übersetzt: «Schilfrohre», und so müssen wir uns das mittelalterliche «Portus Canuae» wohl als kleines Fischerdorf inmitten einer schilfbewachsenen Bucht vorstellen. Aus diesen Zeiten ist nicht viel geblieben, und das Wenige liegt in der Altstadt um den Wachturm von Le Suquet und die kleine Kirche *Notre Dame de l'Esperance*. Aber das Cannes, das seine Besucher heute suchen, das liegt zwischen dem Meer mit seinem schönen Sandstrand, der *Croisette* mit den schönen Wagen und den schönen Mädchen sowie der *Rue d'Antibes* mit den schönen Geschäften. Die vier gigantischen

Cannes, Innenstadt

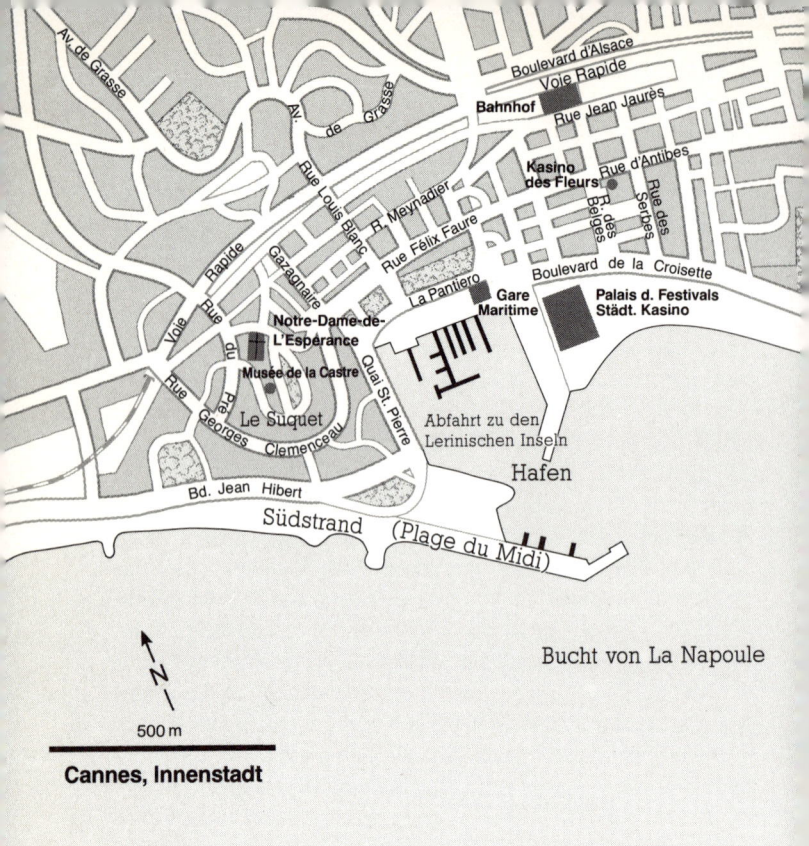

Grand-Hotels an der Croisette, die in den siebziger Jahren in unaufhaltsamem Niedergang begriffen schienen, sind mit immensem Aufwand modernisiert worden und ziehen jetzt wieder schicke Kundschaft an. Unsere Zeit der Krisen braucht dringend Traumpaläste, das Modernste braucht die vormodernen Fassaden, wenn es drinnen nur komfortabel genug zugeht. Aber natürlich machen die Flaniermeilen zwischen dem

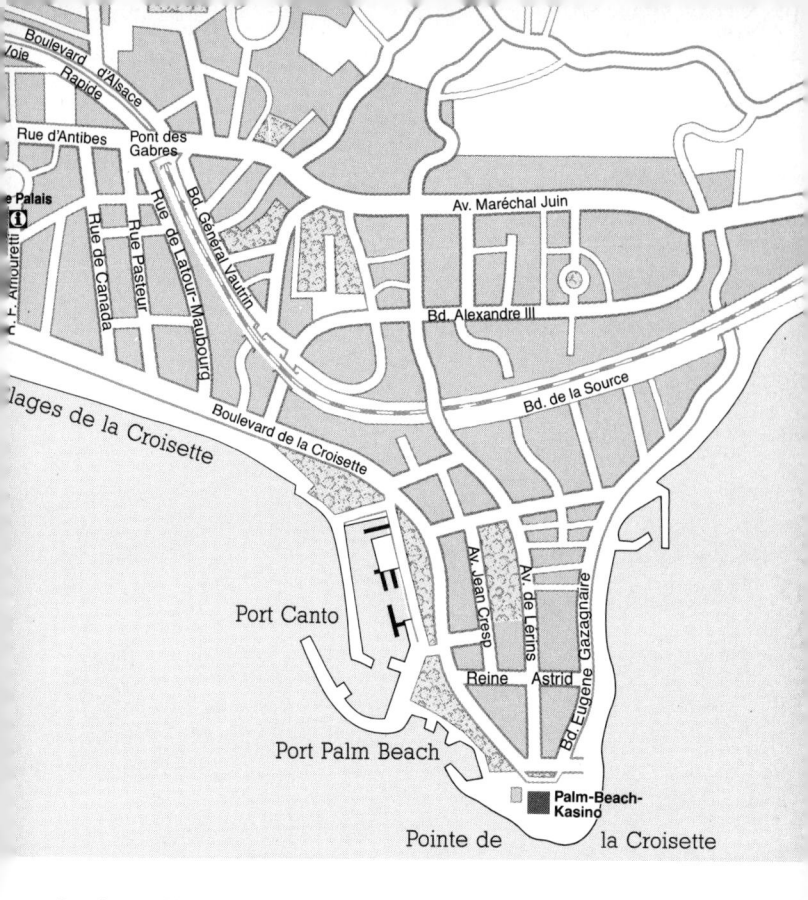

«Bunker», dem scheußlichen neuen Filmpalast am Hafen einerseits und dem «Palm-Beach-Casino» an der Spitze der Bucht nicht die ganze Stadt mit ihren 72 000 Einwohnern aus. Um die Markthalle herum oder im nördlichen Stadtteil *Le Cannet* schert sich das Leben wenig darum, welcher Filmstar welche Goldene Palme bekommen hat. Da liegt auch ein wichtiger Unterschied zu Monaco: während dort die ganze

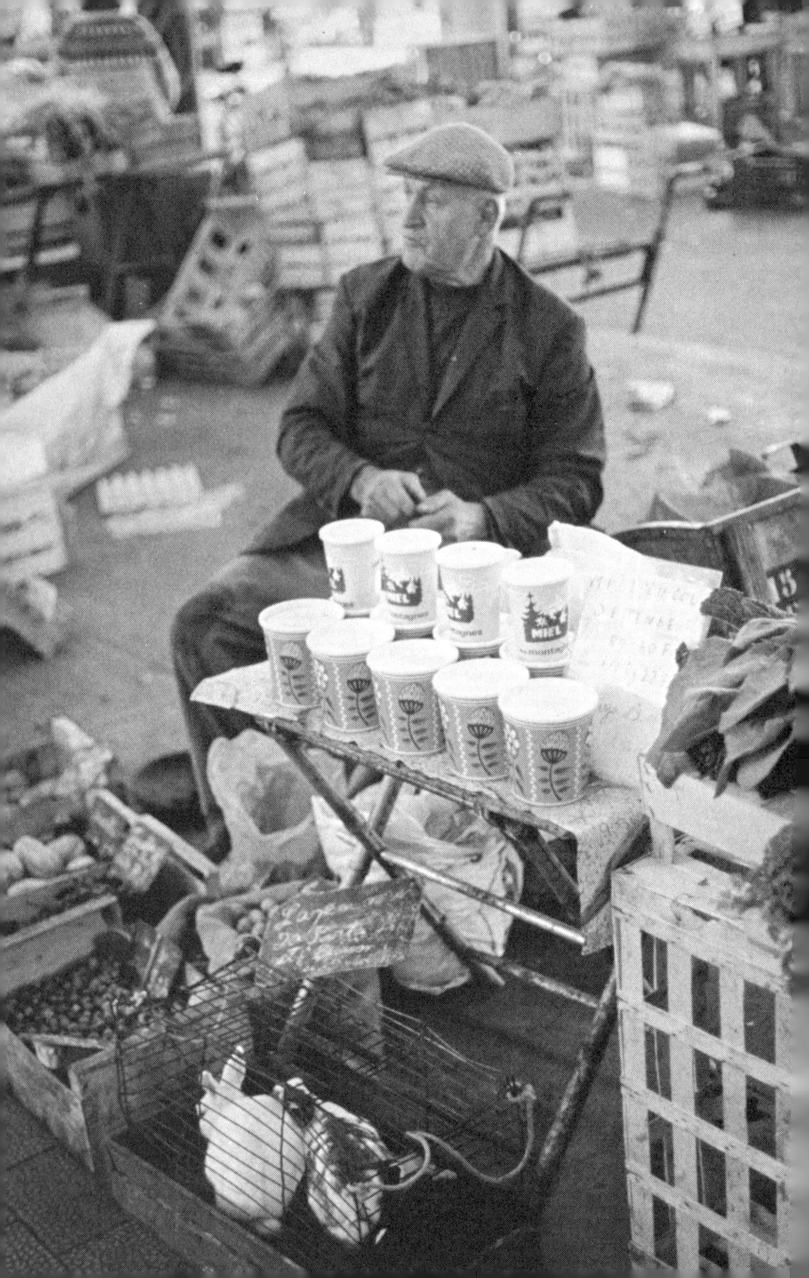
MIEL

Stadt auf Hochglanz poliert ist, hat sich Cannes auf die Vorderfront beschränkt.

Cannes ist ein günstiger Ausgangspunkt für **Ausflüge** in alle vier Himmelsrichtungen. Freilich sind sowohl die Straßen, die nach Norden zur Autobahn führen, als auch die Küstenstraßen häufig hoffnungslos verstopft. Um das Auto zu *genießen*, muß man schon ins **Musée de l'Automobile** nördlich der Autobahn fahren (*Aire de Bréguières*, von der Ausfahrt Cannes aus gut beschildert), wo Hunderte von Autos ausgestellt sind, die zwar alle angeblich noch fahren, aber eigentlich viel zu schön sind, um benutzt zu werden. Die Palette reicht von einem *Benz*, Baujahr 1894, bis zu neuen Formel-1-Wagen, von repräsentativen *Bugattis* bis zu den herrlichen runden *Ferrari-Sportwagen* aus den fünfziger Jahren.

Westlich von Cannes schließen sich **Mandelieu** und **La Napoule** an, wo von fern eine Burg zum Besuch einlädt. Sie wurde 1929 errichtet und stammt aus der Phantasie eines reichen Amerikaners, der sich für einen Bildhauer hielt. Ich schlage vor, die Einladung abzuschlagen und statt dessen auf der gewundenen Küstenstraße weiterzufahren ins *Estérel-Gebirge*, das hinter La Napoule anfängt. Die Mimosenwälder, die früher den Besucher empfingen, sind freilich durch Waldbrände und frostige Winter sehr geschädigt, aber das läßt die Kargheit und Wildheit dieses Gebirges im Kontrast zur Bucht von Cannes nur um so stärker hervortreten. Dort, im Reich der roten Porphyrfelsen, wird die Gewalt der Natur wieder spürbar, die im Treibhausklima der Küste zwischen Cannes und Nizza sehr gezähmt ist. So gibt es denn auch gerade in diesem Ge-

---

Nirgendwo ist Honig aromatischer – ein Händler auf dem Markt in Cannes bietet die eigene Produktion feil

biet einige beachtliche Versuche, die Ferienarchitektur der Landschaft statt die Landschaft der Ferienarchitektur anzupassen, so etwa *Jauqes Couelles* Feriensiedlung bei *La Galère* und die Wohnwaben des finnischen Architekten *Anti Lovag* nahe *Théoule*. Das Estérel bietet auch hübsche versteckte Badestrände und wenig begangene Wanderwege. Der attraktivste führt in der Nähe von *Agay* auf den *Pic du Cap Roux*. Von den bizarren roten Felsen schweift der Blick über das spärliche Grün aufs blaue Meer, dann auf den schönen Schwung der Bucht von Cannes und schließlich auf das Innere des Gebirges selbst, das menschenleer so aussieht, als sei dort noch unbekanntes Land zu entdecken.

Der bequemste Ausflug aber ist zweifellos der auf die **Inseln Sainte-Marguerite** und **Saint-Honorat,** die **Iles de Lérins,** denn man erreicht sie auf angenehme Weise mit kleinen Booten, die in kurzen Abständen vom Hafen aus übersetzen, nicht eben eine Seereise, aber doch eine Möglichkeit, die Küste einmal vom Wasser her zu sehen. In Sichtweite der Croisette ist das Leben auf den Inseln beschaulich. Sainte-Marguerite, dicht mit Eukalyptusbäumen, Pinien und Kiefern bestanden, bietet Rundwege nach der Art eines botanischen Gartens, also die Möglichkeit, sich ein wenig mit botanisch-ökologischen Phänomenen der Côte d'Azur vertraut zu machen. Das mächtige Fort aus dem 17. Jahrhundert lädt dazu ein, *Alexandre Dumas'* Geschichte von dem rätselhaften «Mann mit der eisernen Maske» fortzuspinnen, der dort tatsächlich auf Geheiß des Königs zwischen 1687 und 1698 eingekerkert war.

Auf der kleineren Nachbarinsel **Saint-Honorat** hingegen betritt man historischen Boden, einen Ort, der über Jahrhunderte geistig und materiell das Zentrum der ganzen Region bildete, bis *Aix* und *Arles,* ja bis *Lyon* und sogar Irland ausstrahlte (s. a. S. 55). Die Klostergründung Honorats Anfang des

5. Jahrhunderts steht am Beginn des abendländischen Mönchtums, dem sie die erste kodifizierte Ordnung gab. Die lange Einflußgeschichte der Ideen, die aus Saint-Honorat kamen, kann ich hier ebensowenig verfolgen wie den Weg, mit dem die frommen Mönche auch zu bedeutenden Landbesitzern wurden. Ein historisches Blitzlicht mag aber immerhin eine Vorstellung von der ehemaligen Bedeutung geben: Im 13. Jahrhundert lebten dort 3700 Mönche. Zum Klosterbesitz zählten große Ländereien in *Fréjus, Antibes,* im provenzialischen Hochland bei *Riez,* in *Ventimiglia* und sogar in *Arles. Vallauris* und das, was es von *Cannes* schon gab, gehörten ebenfalls den Mönchen, die noch bis zur Französischen Revolution die größten Landbeitzer der Côte blieben.

Wenn man von der historischen Bedeutung der Lerinischen Inseln weiß, dann wird man von einem Besuch auf Saint-Ho-

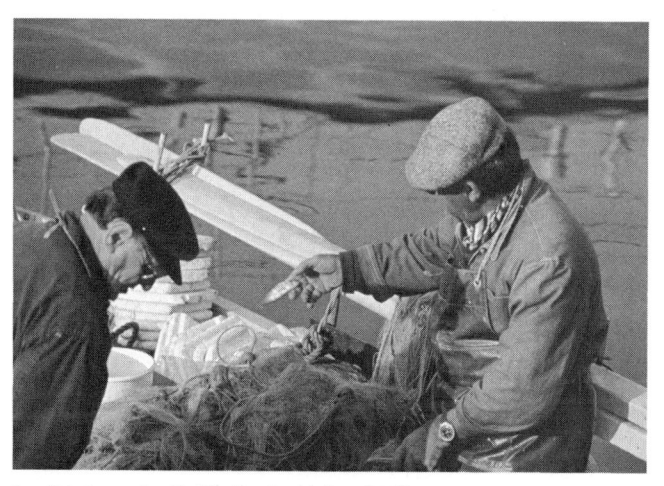

Es gibt sie noch, die Fischer im Hafen von Cannes

norat leicht enttäuscht sein, denn von der einstigen Größe sind nur wenige Spuren geblieben, obgleich nach der Periode der Säkularisierung seit 1869 wieder (Zisterzienser-)Mönche auf Saint-Honorat leben. Die Neubauten, um die Jahrhundertwende für sie errichtet, atmen nicht den Geist des Mutterhauses Senanque, sondern sind dem Operettenstil näher, in dem zu dieser Zeit auch gegenüber in Cannes gebaut wurde.
Aus der großen Vergangenheit blieben drei Kirchen erhalten. Auf der Westseite der Insel liegt die Kapelle *Saint Sauveur,* auf der östlichen *Sainte Trinité*. Die Datierung beider Bauwerke ist umstritten. Während Fachleute früher davon ausgingen, sie stammten aus der Gründungszeit des Klosters, nehmen sie heute eher das 10. Jahrhundert als Entstehungszeitraum an. Kaum ein Besucher wird sich in diesen Streit einmischen können, aber alle werden empfinden, daß zum Beispiel der ebenso schlichte wie massive Bau von Saint Saveur in der Form eines unregelmäßigen achteckigen Sterns aus einer geschichtlichen Zeit stammt, die sich sowohl von der römischen Periode als auch vom Barock prinzipiell unterschied und ebenso vom 19. Jahrhundert – drei Epochen, die in der ganzen Umgebung den Kirchenbau prägten. Die meisten Besucher zieht die *Monastère Fortifié* genannte **Klosterburg** an, die selbst an einem heitern Sommertag noch etwas von der Bedrohung spüren läßt, die die Bewohner dieser Küste jahrhundertelang empfunden haben müssen. Der Bau auf einem Felsvorsprung, dessen Eingang meterhoch über dem Erdboden lag und alles enthält, was für das Klosterleben nötig war, hat innen einen zweistöckigen Kreuzgang, dessen oberer Teil sich zur *Chapelle de la Sainte-Croix* öffnet, wo die zahlreichen Reliquien untergebracht waren. Vom Dach des Gebäudes hat der Besucher einen einzigartigen Rundblick auf die Bucht von Cannes.

Von Saint-Raphaël bis Toulon

*267 Was den westlichen Teil der Küste
von der klassischen Côte d'Azur unterscheidet*
*271 Unter dem Strand die Geschichte: Saint-Raphaël
und Fréjus*
279 Elemente eines Mythos: Saint-Tropez
*286 Die blühenden Inseln der Côte d'Azur
und ihre Waffenschmiede: Hyères und Toulon*

Was den westlichen Teil der Küste von der klassischen Côte d'Azur unterscheidet

Gleich, ob man die Küste zwischen der Bucht von Cannes und dem Hafen von Toulon noch «Côte d'Azur» nennt oder nicht, klar ist jedenfalls, daß dieser Küstenteil einen anderen Charakter hat als der zwischen Menton und Cannes. Freilich fällt es nicht leicht, die Unterschiede zu bezeichnen. Sicher, im Hinterland von Nizza sieht man die bis über 3000 Meter hoch ragenden Alpen mit ihrer kahlen Gipfelkette, während das *Estérel-Gebirge* und das *Massif des Maures* trotz des imposanten Eindrucks, den sie von der Küste aus machen, nur ein paar hundert Meter hoch sind. Sicher fehlt damit weiter westlich auch die Vegetation des alpinen Mittel- und Hochlandes, während die Kiefern, Pinien, Kastanien, Eukalyptusbäume und Korkeichen allein die Landschaft beherrschen.

Aber schließlich ist es doch der gleiche Geruch aus Meer und Kiefernharz, meist legiert mit dem von Sonnenöl und Autoabgasen, der hier wie dort in die Nase steigt. Sicher beginnt westlich der *Siagne* ein anderes Departement, das Departement *Var* mit seiner «Hauptstadt» Toulon, sicher liest man dort den *Var-Matin* statt des *Nice-Matin* – aber es ist doch die gleiche Sonne, das gleiche Licht, das gleiche Wasser, der gleiche Mistral.

Als die Colette in Saint-Tropez wohnte, da ließ sich noch mit Grund der natürliche, beschauliche Charakter dieser Region gegen den Snobismus Nizzas oder Monacos ins Feld führen. Aber da ging Brigitte Bardot noch nicht einmal in den Kindergarten und ahnte weder etwas von Playboys noch von Robben. Mittlerweile sind die Robben dezimiert, und die Playboys haben sich vervielfacht – jedenfalls ist die Region um «Saint Trop» vom Virus des Snobismus nicht weniger befallen als die zwischen Menton und Cannes. Soziologisch gesprochen: Auch in diesem Gebiet haben Landwirtschaft, Weinbau, Korkenherstellung, Fischerei an Bedeutung verloren zugunsten des Tourismus. Auch im Departement *Var* konzentrieren sich drei Viertel der Bevölkerung des ganzen Departements an der Küste, während das Hinterland kaum noch vergleichbares Auskommen bietet. Erst in Toulon, in dessen Einzugsbereich doppelt so viele Menschen leben wie im ganzen restlichen Departement, dominiert die Orientierung auf den Tourismus nicht mehr das Wirtschaftsleben. An die Stelle der Abhängigkeit vom Tourismus tritt dort freilich die Abhängigkeit von der Rüstungsindustrie der Marine, von Werften und Militär.

Und doch müssen da wichtige «atmosphärische» Unterschiede sein zwischen den beiden Küstenabschnitten, was schon daran zu erkennen ist, daß Liebhaber der klassischen «Côte» nicht in Saint-Tropez und längst nicht in kleinen Küstenorten wie *Sainte-Maxime,* in *Les Issambres,* in *Aiguebelle,* in *Le Lavandou* die Ferien verbringen mögen, während umgekehrt die Liebhaber dieser Orte von Herzen die Formulierung teilen, die Tucholsky an einem sonnigen Novembertag des Jahres 1925 in Les Sablettes zu Papier brachte: «...ich habe noch nicht heraus, was mir unangenehmer ist: Nizza, wenn es voll ist, oder Cannes, wenn es leer ist.»

Auf die Spur der wichtigsten Differenz führt ein Brief von Alphonse Karr an Stephen Liégard. Liégard verdankt die Côte ja ihren Markennamen, dem im 19. Jahrhundert vielgelesenen Karr verdankt sie ihren Ruf beim französischen Publikum, denn er war Chefredakteur des *Figaro,* bevor er Paris verließ und vor der Stadt an die damals noch ländliche französische Mittelmeerküste floh, von wo aus er in regelmäßigen Episteln seinen hauptstädtischen Lesern das Lob des einfachen Lebens sang. Karr ging zunächst nach Nizza, bevor er sich 70 Kilometer weiter bei Saint-Raphaël endgültig niederließ. Über die Motive des erneuten Umzugs schrieb er Liégard: «Wenn ich Nizza verlassen habe, dann deswegen, weil Nizza eine Großstadt geworden ist, und wenn ich Großstädte lieben würde, ginge ich zurück nach Paris.»

Damals kamen in Nizza, Cannes und Monte Carlo die adeligen Zelebritäten in Sonderzügen an und führten die Lebensgewohnheiten der europäischen Hauptstädte mit sich, es entwickelte sich dort eine Architektur, die nichts mit einem bäuerlichen *Mas* oder einem traditionellen Fischerhaus am Hafenkai zu tun hatte. Diese Entwicklung ging an den Küstenorten im Schutz des Estérel und des Massif des Maures in wortwörtlichem Sinne vorbei, denn die Straße umging diese unwegsamen Gebirge (wie noch die heutige Autobahn) im Norden, um erst bei Cannes wieder die Küste zu berühren. Die heutige Küstenstraße, die *Corniche d'Estérel,* entstand erst im 20. Jahrhundert. Das *Estérel,* wo schon Saint-Honorat die Einsamkeit gefunden hatte und das noch 1500 Jahre später der französischen Résistance Schutz bot, blieb den Außenseitern, den Räubern, den Nachfahren der entlaufenen Galeerensträflingen vorbehalten.

Kaum anders das *Massif des Maures,* das «schwarze Gebirge», über das Maupassant schrieb, es sei eine «unwahrscheinlich wilde Gegend ohne Straßen, ohne Weiler und ohne Häuser.» Wie hätten da Grand-Hotels entstehen können, wo sollten da die Kunden der Casinos herkommen?

Aber hat nicht heute der Tourismus die Differenzen nivelliert zwischen der «städtischen» Côte d'Azur und der kleinstädtischen Küste, die sich westlich anschließt? Sind nicht überall verstopfte Straßen, überall Ferienappartements, überall überlaufene Strände? Was bleibt vom kleinstädtischen Charakter eines Ortes, wenn er an einem Juliwochenende das Zehnfache seiner Bevölkerung aufnimmt? Wo wäre da die Stille, die Abgeschiedenheit, die die frühen Gäste dieser Region suchten und fanden?

Aber auch eine hoffnungslos überfüllte Kleinstadt bleibt eine Kleinstadt, ebenso wie Inseln ländlich-beschaulicher Lebensweise aus einer Großstadt noch kein Dorf machen. Und *Saint-Raphaël, Sainte-Maxime, Saint-Tropez, Le Lavandou, Hyères* sind Kleinstädte trotz des weltstädtischen Flairs, das sie sich für drei Sommermonate geben. Wer die routinierte Rückverwandlung eines Touristenzentrums in eine beschauliche Kleinstadt miterleben will, muß sich nur einmal nach der «Rentrée», dem Beginn des französischen Schuljahres im September, an der Côte einlogieren. Gregor von Rezzori hat die herbstliche Transformation des überlaufensten dieser Orte beschrieben: «Wenn die Flut der Fremden abgezogen ist, macht Saint-Tropez den Eindruck, als sei es davon reingewaschen... Saint-Tropez wird übergangslos, ohne die geringsten Umstellungsbeschwerden zur erzbürgerlichen, erzfranzösischen Kleinstadt.» Wenn der permanente Menschenstau auf dem Quai sich aufgelöst hat, dann kann man den Weg um den kleinen Hafen wieder in fünf Minuten machen, wenn der Blick nicht abgelenkt wird von hübschen Mädchen oder schönen Männern, dann sieht man, daß die *Place des Lices* nur drei Minuten vom Hafen entfernt liegt – das Großstädtische ist mit den Großstädtern abgereist, während es sich der Küste zwischen Cannes und Monaco unverlierbar eingeprägt hat.

Unter dem Strand die Geschichte: Saint-Raphaël und Fréjus

Saint-Raphaël, mit mehr als 25000 Einwohnern der größte Ort zwischen Cannes und Saint-Tropez, ist eines jener Städtchen, die Reiseführerautoren in Verlegenheit setzen: Wer hierher kommt, sucht Sonne, Strand, Unterkunft, Einkaufsmöglichkeiten, erschwingliche Restaurants, sucht Mittelmeerferien. Vielleicht sucht er sogar ein Kasino oder einen Golfplatz. All das gibt es in Saint-Raphaël, sogar manchmal einen Parkplatz: Die Appartement- und Hotelbauten sind nicht zu übersehen, sondern machen weitgehend das Stadtbild aus; es ist meteorologisch verbürgt, daß hier weniger Regen fällt als in allen anderen französischen Städten; der Sandstrand ist so gut wie kein anderer an dieser strandarmen Küste; Restaurants findet man zuhauf zwischen Bahnhof und Hafen. Das kann reichen, um wunderbare Ferien zu verbringen, aber wozu bräuchte es da einen Führer? Daß man die im Krieg gesprengten Gebäude um den Hafen nicht gerade durch geschmackvolle Neubauten ersetzt hat, daß es der Stadt auf historische Patina nicht ankommt, sieht man leicht mit eigenen Augen. Und wer das Kasino besucht, der interessiert sich im allgemeinen für anderes als für die Tatsache, daß dieses Kasino auf dem Gelände gebaut wurde, wo in der Antike luxuriöse Ferienvillen reicher Römer standen.

Natürlich waren auch in Saint-Raphaël die Ligurer, die Römer, die Sarazenen, die Seeräuber. Die wehrhafte Templerkirche aus dem 12. Jahrhundert läßt von ferne noch etwas von der Bedrohung ahnen, die vom Meer her kam. Saint-Raphaël könnte sich sogar rühmen, daß von da aus Napoleon in die Verbannung nach Elba geschickt wurde – aber der Ort ist eben seit römischer Zeit ein Ferienort, und da kommt es weniger auf die Spuren der Vergangenheit als auf den Genuß der Gegenwart an.

Die Nachbarstadt **Fréjus** hatte ihre große Zeit in der Vergangenheit. Cäsar soll es gewesen sein, der beschloß, die kleine ligurische Siedlung an der Mündung von *Argens* und *Reyan* zu einem römischen Flottenstützpunkt zu machen. Oktavian, der spätere Kaiser Augustus, ließ Hafen, Werften und Arsenale rasch ausbauen. Um Christi Geburt hatte «Forum Julii» einen 22 Hektar großen Hafen, vier Kilometer lange Quais und war neben Ostia der größte römische Hafen im westlichen Mittelmeer. 40 000 Menschen, darunter viele Veteranen der römischen Armee, sollen damals innerhalb der zirka drei Kilometer langen Umfassungsmauer der Stadt gelebt haben.

Immer wieder, wenn man auf die römische Provence trifft, kann man sich dem Staunen über das zivilisatorische Niveau der Römerzeit nicht entziehen. Ähnlich wie in Cimiez wurde in Fréjus in der Antike ebenfalls eine Wirtschafts- und Lebensweise gepflegt, gegen die die spätere Existenz dieser Orte am Rande der Geschichte unbegreiflich absticht. Im Falle von Fréjus hatte der Bedeutungsverlust in nachantiker Zeit nicht nur globalhistorische Gründe, sondern hing auch damit zusammen, daß der Hafen, von dem das Schicksal der Stadt abhing, allmählich verlandete, bis man ihn im 18. Jahrhundert völlig aufgab. Der heutige Reisende empfindet Fréjus als Stadt im Binnenland.

Überhaupt braucht man heute viel Phantasie, um sich die einstige Bedeutung der Stadt vorzustellen, die allmählich verschüttet wurde, bis sich die Spuren buchstäblich im Sand verloren. Die Arenen von *Nîmes* und *Arles,* die Theaterwand der Arena von *Orange,* der *Pont du Gard* vermitteln unmittelbar sinnlich eine Vorstellung des römischen Gallien. Man sieht sie, selbst wenn man sie nicht sucht, sie bildeten und bilden das natürliche Zentrum ihrer Städte. In Nîmes bauten die Bewohner während des Mittelalters ihre bescheidenen Häuser in die römische Arena, die Schutz bot und alles weithin überragte, obgleich man ihre Steine zum Neubau der Häuser brach. Erst im geschichtsbewußten 19. Jahrhundert wurden die Häuser abgerissen, wurde das Innere der Arena wiederhergestellt. In Fréjus hingegen legte man das imponierendste Bauwerk aus römischer Zeit, das Amphitheater, das wahrscheinlich fast 10000 Plätze hatte, erst 1828 wieder frei.

Neben dem relativ schlechten Erhaltungszustand der historischen Monumente dürfte noch ein weiterer Grund dafür verantwortlich sein, daß Fréjus auf den Reiserouten der Bildungsreisenden immer weit hinter den römischen Siedlungen im Rhonetal rangierte: Was vom antiken Fréjus erhalten ist, präsentiert sich schlicht und schmucklos trotz der vormaligen Größe der Stadt. Oder vielleicht *wegen* des plötzlichen Wachstums der Stadt? Vielleicht ließ militärischer und ökonomischer Ehrgeiz wenig Platz für ästhetische Erwägungen? Der Gedanke mag – zugegeben – von der heutigen Bebauung der Côte d'Azur inspiriert sein: Wenn eine gnädige Natur die in wenigen Jahrzehnten des 20. Jahrhunderts an dieser Küste entstandene pseudofunktionale Ferienarchitektur einmal bedecken sollte, werden sich die Archäologen künftiger Jahrtausende bei ihren Ausgrabungen noch weit mehr darüber wundern, weshalb unsere an technischen und materiellen Möglichkeiten so reiche Zivilisation hier im allgemeinen so weit unter diesen Möglichkeiten blieb.

Von der Stadtmauer und ihren vier großen Toren, durch die die Via Aurelia führte, ist außer einigen Mauerresten vor allem der große Rundbogen der *Porte des Gaules* erhalten. Ansonsten wird das antike *Forum Julii* sinnfällig durch die Arena. Obgleich ihr Oval nur unwesentlich kleiner ist als die der Arenen von Arles und Nîmes, wirkt sie doch wegen des Erhaltungszustands, besonders der verlorenen gegangenen äußeren Fassade, erheblich weniger monumental, darin der Arena von *Cimiez* vergleichbar. Auch die Reste des Aquädukts, der einmal Wasser von der Quelle der *Siagne* an die Stadt heranführte, wirken gegenüber vergleichbaren Anlagen eher bescheiden. Immerhin kann man sich doch – anders als in Cimiez – entlang der erhaltenen Ruinen eine Vorstellung von Verlauf und Bauweise des Aquädukts bilden.

Dem Kenner der Antike und der Archäologie bietet die Stadt natürlich viel mehr. Es gibt verschiedene Ausgrabungen mit teilweise bedeutenden Funden, die im Stadtmuseum untergebracht sind, wo der Besucher auch Auskunft über Lage und Charakter der einzelnen Ausgrabungsstätten bekommt. Es liegt im Kathedralbezirk, der vom mittelalterlichen Fréjus nicht weniger eindrucksvoll Zeugnis ablegt als Arena und Aquädukt vom antiken.

Fréjus

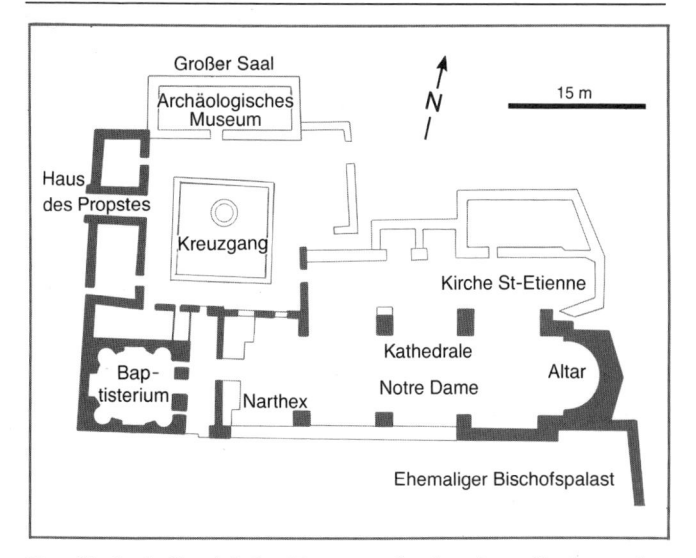

[Plan: Großer Saal, Archäologisches Museum, Haus des Propstes, Kreuzgang, Kirche St-Etienne, Baptisterium, Narthex, Kathedrale Notre Dame, Altar, Ehemaliger Bischofspalast; 15 m, N]

Der **Kathedralbezirk** im Zentrum der heutigen Stadt an der *Place Formigé* besteht aus einem Baptisterium des 4. Jahrhunderts, einer Kathedrale, die zum Teil auf das 10., zum größeren Teil aber auf das 12. Jahrhundert zurückgeht, flankiert von Trakten aus dem späten Mittelalter und dem ehemaligen Bischofspalast. Der Komplex wirkt nicht spontan überwältigend. Die Kathedrale ähnelt der von Grasse, der schöne Kreuzgang um den kleinen Brunnen hat Mühe, gegen die Erinnerung an Senanque, Le Thoronet oder Sainte-Trophime zu bestehen. Die Einmaligkeit des Kathedralbezirks von Fréjus ist im herausragenden Einzelwerk nicht zu greifen, sondern nur im historischen Prozeß, dem sie folgt: In Fréjus finden sich nicht nur Zeugnisse der Antike, sondern auch die noch viel selteneren aus jener Zeit, als die antike Zivilisation zerfiel und die des christlichen Abendlandes begann. Das oktogonale Baptisterium auf quadratischem Fundament bringt diesen historischen Moment zum Vorschein. Wie der heidnische Katechumen durch die kleinere Tür des Baptisteriums trat, dort seine Taufe empfing, um dann gerettet durch die größere Tür zu seinem ersten Gottesdienst in die Kathedrale zu schreiten, so bewegte sich die abendländische Geschichte von der Antike über das frühe Christentum in die sakrale Frömmigkeit des Mittelalters. Das Baptisterium läßt die Aura eines großen historischen Wendepunkts spüren: Das Erbe der römischen Welt ist in den Säulenkapitellen, im Stil der Mosaiken des weißen Marmorbodens noch stolz vorhanden, aber das Taufbecken läßt keinen Zweifel, daß diese alte Welt sich hier einer neuen beugen mußte, die zugleich primitiver und lebenskräftiger war. Die Kathedrale, Symbol der neuen Zeit, in die der Getaufte eintrat, besteht eigentlich aus zwei Kirchen. Der Kern der ersten stammt aus dem 10. Jahrhundert, überwölbt und überragt von einer zweiten, die um das Ende des 12. Jahrhunderts in spätromanischem Stil entstand. Stilgeschichtlich gesehen gehört die Kathedrale also überwiegend einer Spätzeit an, dennoch hat sie nichts Verspieltes oder Dekorsüchtiges. Es ist kein größerer Kontrast denkbar als der zwischen den Barockkirchen Nizzas und den mächtigen, schmucklosstrengen Kreuzgewölben der Kathedrale von Fréjus, obgleich ihr wertvollstes Gemälde, das *Polyptychon* von Durandi, in den Zusammenhang der Nizzaer Bréa-Schule gehört.

Der angrenzende Kreuzgang umschließt mit seinen regelmäßigen marmornen Doppelsäulen einen kleinen Brunnen. Die

---

Am Südportal der Kathedrale Notre-Dame in Fréjus zeigen reichgeschnitzte Türen aus dem 16. Jahrhundert Szenen aus der Bibel und zwei Medaillons, wahrscheinlich Porträts der Stifter

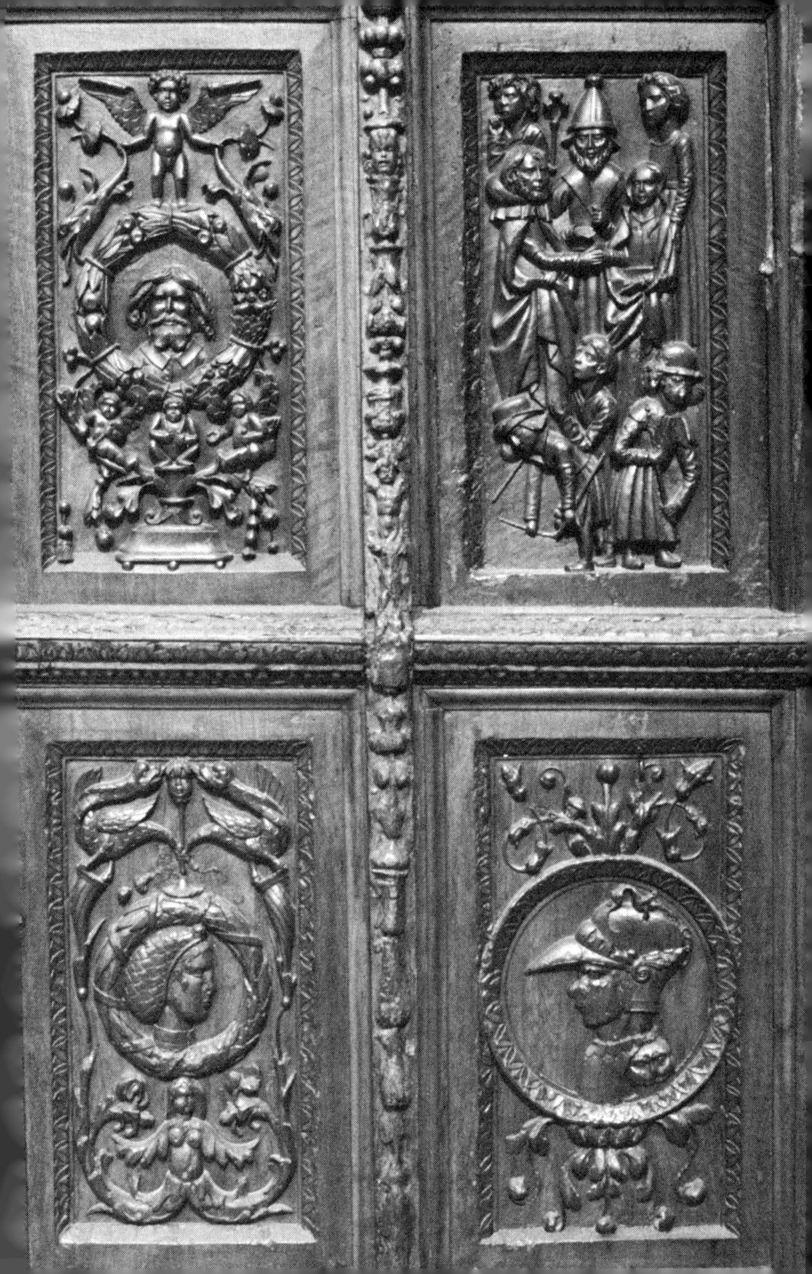

Anlage dürfte zur gleichen Zeit wie die Kathedrale gebaut worden sein. Der in sich ruhende, maßvolle Charakter des Kreuzgangs kontrastiert seltsam mit katalanisch inspirierten Malereien auf der später (14.Jh.) eingezogenen Holzdecke: phantastische Tiere, furchtbare Schreckgestalten der Apokalypse springen dem Betrachter entgegen. Wie am Portal von Saint-Gilles oder von Saint-Trophime erweist sich auch hier sinnfällig, daß das südfranzösische Mittelalter nicht nur Erbe antiker Ästetik ist, sondern überdies die Ästhetik des Schrecklichen und Grotesken in sich aufgenommen hat.

Der angrenzende Bischofspalast aus dem roten Porphyr des Estérel wird heute als Rathaus genutzt, sichtbares Zeichen einer geschichtlichen Kontinuität, die im mediterranen Frankreich allenthalben wie selbstverständlich spürbar wird.

Das Schwemmland von Argens und Reyan hat Fréjus freilich wohl für immer seine Bedeutung gekostet: daß der Hafen verlandete, wäre noch zu verschmerzen gewesen. Daß der Ort heute ein paar Kilometer von der Küste entfernt liegt, ist für sein touristisches Schicksal hingegen tragisch, obgleich man mit **Fréjus-Plage** versucht hat, diese Distanz zu überbrücken. Der unbarmherzig auf die schmale Nahtstelle zwischen Meer und Land fixierte Tourismus schert sich nicht um Städte, die nicht unmittelbar am Meer liegen.

Die Küste zwischen Fréjus/Saint-Raphaël und Saint-Tropez bietet landschaftlich wie touristisch wenig Spektakuläres. *Saint-Aygulf, Les Issambres, San Peiré, Val d'Esquières, La Garonette* sind Orte, die nicht konkurrieren wollen und können mit den berühmten Nachbarn im Osten wie im Westen. Sie sind ihrem Charakter nach Orte für die «Sommerfrische», wie man das früher nannte. Wer sich auf den meist kleinen Strand in den Orten selbst beschränkt, der hat in dieser Gegend durchaus noch Chancen, nach einer Woche die meisten

Nachbarn zu kennen; wer sich die Mühe macht, von der Küstenstraße hinunter zu den kleinen, versteckten Stränden zu klettern, der wird auch im August einen hübschen, bescheidenen Winkel des Mittelmeeres für sich haben. Bei *Sainte-Maxime* werden die Villen dann schon wieder größer und die Palmenreihen dichter, der Golf von *Saint-Tropez* beginnt.

Tief im Inneren der Bucht liegt **Port Grimaud,** ein Ort, dem das gleiche Schicksal bestimmt schien wie Fréjus, der sich aber mit diesem Schicksal nicht abfinden wollte: Der kleine antike Hafen von Grimaud verlandete im sumpfigen Delta der *Giscle* wie Fréjus im Delta von *Agens* und *Reyan.* Grimaud aber drängte wieder zur Küste. Seit 1964 wird Port-Grimaud nach Plänen der Architekten F. Spoerry auf Pfählen ins Wasser des Golfs von Saint-Tropez gebaut. Spoerry orientierte sich optisch an der Form mediterraner Fischerdörfer, paßte die Gebäude jedoch ganz modernen Wohnbedürfnissen an. Jedes Haus hat nach vorn Zugang zum Wasser, nach hinten zur Straße – ein wenig Saint-Tropez und ein wenig Venedig in Fertigbauweise. Mittlerweile hat die Zeit den künstlich vielfältig gemachten Fassaden des Ortes ein wenig Patina verliehen. So verhilft sie wider Erwarten diesem Projekt eines Postmodernismus avant la lettre noch zu einem beachtenswerten Rang unter den Versuchen, Ferienarchitektur zu gestalten.

Elemente eines Mythos: Saint-Tropez

Es gibt nur wenige Ferienorte, die den Stoff zum Mythos haben. **Saint-Tropez** gehört dazu. Das kann nicht nur daran liegen, daß es ein schönes Städtchen ist mit allem, was an dieser

Saint-Tropez — 200 m — N

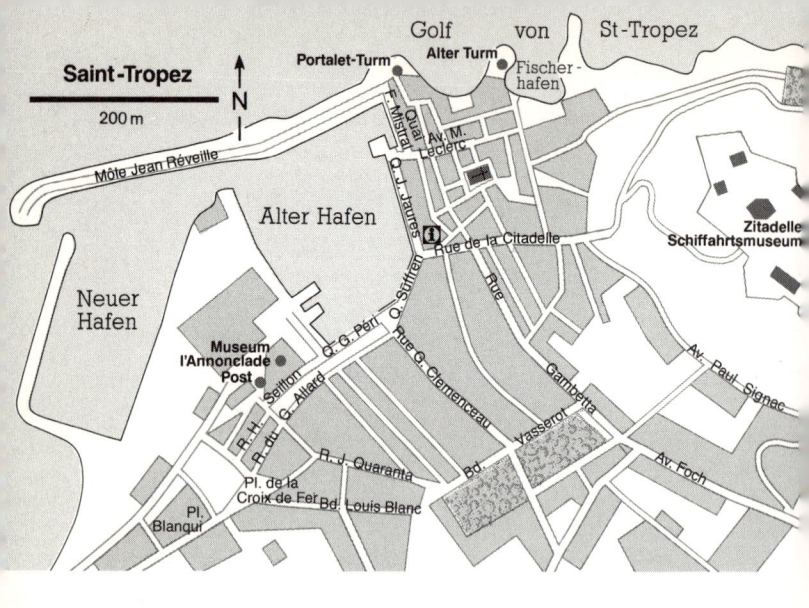

Golf von St-Tropez
Portalet-Turm • Alter Turm • Fischerhafen
F. Mistral · Quai Mistral · Qu. J. Jaurès · Av. M. Leclerc
Môle Jean Réveille
Alter Hafen
Rue de la Citadelle
Zitadelle
Schiffahrtsmuseum
Neuer Hafen
Museum l'Annonclade
Post
Q. F. G. Péri · Q. Suffren · Rue G. Clemenceau · Rue
R. H. · R. du · R. de G. Allard · Seillon
R. J. Quaranta
Pl. de la Croix de Fer
Bd. Louis Blanc
Pl. Blanqui
Vasserot · Gambetta · Bd.
Av. Paul Signac
Av. Foch

Küste unbedingt dazugehört: eine ideale Lage direkt am Meer, zugleich aber im Schutz einer tiefen Bucht, ein kleiner Fischerhafen, umstanden von einer Flucht eng aneinandergereihter Häuser im ligurischen Stil, ein großer platanenüberdachter Platz, eine Kirche, eine Zitadelle als großartiger Aussichtspunkt, dazu auf der Halbinsel einige gut gelegene Strände sowie das Hinterland des dichtbewachsenen Maurenmassivs. Zur Gunst der Natur muß die Gunst der Geschichte treten. Im Falle von Saint-Tropez, dessen antike Ursprünge so bedeutend nicht gewesen sein dürften, hieß das zunächst, daß man einen prominenten Märtyrer als Namenspatron und eine wundersame Gründungslegende hatte. So etwas war im Mittelalter für das Gedeihen eines Ortes wichtiger als die Strandnähe. Tropes, der Märtyrer, auf den man den Ortnamen gern zurückführt, soll ein römischer Soldat gewesen sein, der sich unter Nero zum Christentum bekehrte und folglich den Kopf abgeschlagen bekam. Der blieb, so die Legende, in Pisa zurück, während man den Körper zusammen mit einem Hahn und einem Hund in einem Boot aussetzte. Göttliche Vorsehung und glückliche Winde machten, daß das Boot unbeschädigt bei Saint-Tropez anlandete, wo schon eine hübsche Christin namens Celerina wartete, die durch Traumgesichte über die baldige Ankunft der seltsamen Reisenden informiert war und Tropes bestattete. Das Grab wurde zum Wallfahrtsort, bis die arabischen Sarazenen, die im 9. und 10. Jahrhundert ihr befestigtes Hauptquartier im Maurenmassiv nahe dem heutigen *La Garde-Freinet* hatten und an dieser Küste gern für alles Böse verantwortlich gemacht werden, den Ort mehrfach zerstörten. Dabei ging auch der Heilige verloren, nicht aber die Erinnerung an ihn, denn jedes Jahr im Mai wird seiner durch eine seltsame «Bravade» gedacht, die zu den bekanntesten der traditionellen Feste an der Küste gehört.

Jeden 16. Mai findet Tropes zu Ehren eine Prozession statt: an der Spitze die geschmückte Büste des Heiligen, dahinter, nicht weniger geschmückt, die städtischen Würdenträger; über ihnen schwingen Adjutanten die Stadtfahne, auf die das Boot mit dem kopflosen Märtyrer samt Hahn und Hund gestickt ist; sodann Trommler, Trompeter und Pfeifer in Uniformen des 18. Jahrhunderts und vor allem Musketiere, die ihre Vorderlader in immer neuen Salven aufs Pflaster entladen. Das alles macht einen Höllenlärm, in den auch die Glocken und die Hörner der Schiffe im Hafen noch gern einstimmen – so recht die Mischung von Tradition und Spektakel, die an dieser Küste die populären Feste bestimmt.

Natürlich ist niemand verpflichtet, die fromme Geschichte zu glauben. Aber wenn sie nicht wahr, sondern eine typische mittelalterliche Legende sein sollte, wie ortsfremde Forscher sagen, so muß man doch zugeben, daß ihre Erfinder außerordentlichen historischen Weitblick hatten. Schließlich war damals vom gallischen Hahn noch nicht die Rede und Saint-Tropez gehörte noch nicht zu Frankreich. Noch mehr Weitblick brauchte man aber, um vorherzusehen, daß Saint-Tropez im 20. Jahrhundert ein Ort werden würde, wo es weniger auf den Kopf denn auf den Körper ankommt, ein Ort also, dem Tropes gleichsam auf den Leib geschnitten ist.

Die Mai-Bravade wiederholt sich übrigens am 15. Juni in leicht veränderter, aber keineswegs weniger lärmender Form als *Spanier-Bravade*. Dann wird gefeiert, daß die Bürger von Saint-Tropez 1637 aus eigener Kraft eine stolze Streitmacht von 21 spanischen Schiffen in die Flucht schlugen. Damals war ihr Ort eine kleine, weitgehend autonome Republik. Die Autonomie war etwa 200 Jahre vorher vom provenzalischen Fürsten und vom französischen König gewährt worden, um die Ende des 14. Jahrhunderts erneut zerstörte und von ihren Bewohnern verlassene Region wieder zu besiedeln und so den Küstenschutz zu gewährleisten. Auf diese Weise siedelten sich Genueser Familen an, die unter ihren Stadthauptleuten von allen Steuern befreit waren.

Zur frommen Legende kam also die Tradition republikanischen Bürgerstolzes, und beides zusammen überlebte im Bewußtsein der Bewohner auch die Zeiten bescheidener Bedeutung. Ein weiteres wichtiges Element war die Entdeckung des Ortes durch die Pariser Maler-Bohème im 20. Jahrhundert. Der eigentliche «Entdecker» von Saint-Tropez wurde *Paul Signac*, dem so viele folgten, die in der nachimpressionistischen Malerei Rang und Namen hatten. Matisse, Bonnard, Braque, Derain, van Dongen, Dufy, Dunoyer de Segonzac, Seurat sind nur die bekanntesten Namen. Zwischen den beiden Weltkriegen siedelte sich die Colette auf der Halbinsel von Saint-Tropez an und verließ sie 14 Jahre lang nicht mehr,

Cocteau kam, der Ort wurde zu einer Art Ferien-Montparnasse. Man war am Mittelmeer und doch zugleich in erwünscht deutlicher räumlicher Distanz zu den reichen Bürgern der Gegend um Nizza.

Natürliche Vorzüge, fromme Legenden, Bürgerstolz, ein Hauch von Bohème – man will es gern für eine Verirrung halten, daß zu dieser Mischung nach dem Krieg die Playboys und Filmstars kamen. Aber gerade das machte Saint-Tropez erst zu einem modernen Mythos. Die Schauspieler folgten den Künstlern der Zwischenkriegszeit, wie der Film auf die Malerei folgte. Und realisierten die begüterten «Playboys» nicht als erste das, wovon in den prüden Aufbaujahren nach dem Krieg woanders zunächst nur geträumt werden konnte, die Reisen in fremde Länder und eine sexuelle Freiheit, für die schon das Saint-Tropez der fünfziger Jahre stand und die nördlich der Alpen erst in den späten Sechzigern Mode wurde?

Wenn es um dieses Thema geht, sollte man besser Gunter Sachs als die Dichter befragen, der rückblickend auf das Saint-Tropez der fünfziger Jahre formulierte: «Wir waren alle jung und fühlten uns frei von überlebten Konventionen: niemand trug eine Jacke, geschweige denn eine Krawatte. Für uns lag die Freiheit in dieser lauen, vom Geruch der Pinien erfüllten Luft.» Die Freiheit, ermäßigt auf die Freiheit vom Krawattenzwang, das war der Trivialmythos Saint-Tropez' in den fünfziger und sechziger Jahren. Und heute? Abermals Gunter Sachs: «Saint-Tropez hat das Träumen weitgehend verlernt. Wir sind Geschäftsleute geworden. Saint-Tropez und seine Bistrotiers haben es geschäftlich bemerkenswert weit gebracht. Weiter auf jeden Fall als die meisten Gäste.»

Das ist ohne Zweifel wahr. Der *Quai Suffren* am Hafen, der auf der einen Seite von den Jachten, auf der anderen von Restaurants und Boutiquen gesäumt wird, ist nach dem prominenten französischen Admiral Pierre André de Suffren benannt. Saint-Tropez hat seinem berühmten Sohn ein Denkmal gewidmet. Man weiß von Suffren, daß er im 18. Jahrhundert vor Indien die englische Flotte das Fürchten gelehrt hat. Weniger bekannt ist, daß Suffren im Alter von 59 Jahren an einem mißglückten Aderlaß starb. Saint-Tropez hat daraus gelernt: Geschickt durchgeführter Aderlaß an den Gästen aus aller Herren Ländern gehört heute zur Routine.

Außerhalb der Saison sind die natürlichen Vorzüge, die geschichtlich erworbenen Eigenschaften, sind die Spuren der KünstlerBohème im banalen Kleinstadtleben immer noch auszumachen. Man merkt nicht, daß die Häuser um den Hafen Rekonstruktionen der im Krieg zerstörten Fischerhäuser sind, die *Place des Lices* eignet sich großartig für eine Partie Boules, und die millionenfach fotografierte Aussicht von der Zitadelle auf die Stadt und den Golf ist so schön wie je.

Von einem Besuch des Ortes während der Saison raten die einschlägigen Führer dem Kunstreisenden meist entschieden ab. Ich weiß nicht, ob sie recht daran tun. Natürlich ist Saint-Tropez dann so voll wie ein Fußballstadion. Man wünscht nach kurzer Zeit die Straßenmusikanten zum Teufel, die ununterbrochen vor den Restauranttischen lärmen, man wünscht sich vielleicht sogar weniger nackte Haut, damit der Phantasie wenigstens etwas Platz bleibe. Dem Interesse an der Kunst aber steht dieser ganze lärmende Sommerzirkus kaum im Wege, denn das Interesse an Kunst bedeutet in Saint-Tropez Besuch des **Musée de l'Annonciade** und das wird vom allgemeinen Tohuwabohu kaum berührt. Das Museum ist ein Glücksfall und von seiner Qualität in der Region nur mit der Fondation Maeght und dem Picasso-Museum in Antibes zu vergleichen, nur, daß es eher noch intimer ist.

Zu einem solchen Glücksfall gehören ein geeigneter Ort, der mit der ehemaligen Kapelle leicht gefunden war, ein reicher Sammler als Stifter und ein sachkundiger Betreuer. Der Betreuer war *Dunoyer de Segonzac,* selbst einer der bedeutendsten Maler, die im Gefolge von Signac um die Jahrhundertwende in dieses *Worpswede des Südens* gekommen waren. Das Prinzip erscheint ganz einfach: Es werden überwiegend Werke ausgestellt, die an der Schwelle zur Moderne in Saint-Tropez entstanden. Daß so etwas gelingt, ist freilich der Ausnahmefall. Die Museen von Aix enthalten beispielsweise kein einziges Gemälde von Cézanne, obgleich die doch dort entstanden und durch die dortige Motivwelt geprägt sind. In Saint-Tropez aber sieht man die hier entstandenen Hauptwerke der europäischen Malerei zwischen Impressionismus und Kubismus, als sei es selbstverständlich, daß sie da blieben, wo sie geschaffen wurden. Stilgeschichtlich gesehen, gehört dieses Museum zwischen das Renoir-Museum in Cagnes und die Museen, die sich an der modernen Malerei orientieren, seien es die Fondation Maeght, das Picasso-Museum in Antibes, das Léger-Museum in Biot oder die Museen, die in Nizza Chagall und Matisse gewidmet sind. Die Malerei zwischen Impressionismus und klassischer Moderne ist an der Côte d'Azur reich vertreten.

Für einen eingehenden Kommentar der Exponate des Museums fehlt hier der Platz. So kann nur behauptet werden, daß zum Beispiel die drei ausgestellten Bilder von Matisse das ganze Spektrum seiner Malerei auf ein paar Blicke anschaulich machen, ein Vorzug, den kein anderes Museum der Welt für sich beanspruchen kann. Es ist ein besonderes Vergnügen, Gemälde wie Valtrats *Vue de l'Estérel,* Camoins *La Place des Lices à St-Tropez* oder Braques *Paysage de l'Estaque* in der Nähe der Landschaften zu sehen, die sie zeigen. Die Maler der nachimpressionistischen Periode haben sich vom Abbildgebot noch nicht völlig emanzipiert.

Wer aus dem Museum in den sommerlichen Ort hinaustritt, wird die Hektik, die Absonderlichkeit des Ferienrummels um so intensiver empfinden. Aber der Besucher kann sich ja zurückziehen in die Berge des Massif des Maures, wie es die Küstenbewohner immer schon bei Invasionen und Belagerungen getan haben. Schon *Ramatuelle, Gassin* und *Grimaud,* unmittelbare Nachbarn von Saint-Tropez, sind weniger überlaufen, *La Croix-Valmer* mit seinen stattlichen Villen aus der Belle-Epoque verliert seine Gemächlichkeit nie ganz, und in *La Garde-Freinet* oder in *Collobrière* spätestens übertönt der Lärm der Motoren den Lärm der Grillen nicht mehr.

Die blühenden Inseln der Côte d'Azur und ihre Waffenschmiede: Hyères und Toulon

Auch auf der Küstenstraße in Richtung Hyères geht es bald hinter Saint-Tropez etwas ruhiger zu. Man kommt durch zahlreiche Orte, die eifrig dabei sind, das, was an ihnen hübsch war, der Gästestatistik zu opfern. *Le Lavandou* ist der größte von ihnen.

In **Hyères** ist das anders. Der Ortsname klingt für französische Ohren genauso wie das französische Wort für «gestern». Das paßt gut. Hyères hat eine Vergangenheit und versteckt sie im Gegensatz zu den meisten Nachbarn nicht unter einem hektischen Modernismus. Die Stadt war der erste Badeort an der Côte d'Azur, beherbergte schon Gäste, als die Engländer Nizza noch nicht entdeckt hatten. Irgendwann ist es dann wie zum Beispiel auch Grasse aus der Mode gekommen, konnte

Hyères: Altstadt / Schloß

aber ein wenig vom altmodischen Charme vergangener Zeiten retten. Verlandung hat auch in diesem Fall bewirkt, daß das alte Zentrum der Stadt, die einst am Meer lag, nun fünf Kilometer landeinwärts liegt.

Die **Altstadt** unterhalb des Schloßbergs gruppiert sich um die *Place Massillon,* die auch als Marktplatz dient wie wohl schon im 13. Jahrhundert, als die *Tour Saint-Blaise* von den Tempelrittern gebaut wurde. Zum Hügel, der von der *Eglise Saint-Paul* gekrönt wird, sollte man schon wegen der Aussicht hinaufsteigen. Man blickt auf die Stadt, die der Küste vorgelagerten Inseln und auf die fruchtbare Ebene ringsumher, wo Gemüse, Obst und Wein angebaut sowie in großen Gärtnereien subtropische Pflanzen gezogen werden. Das bewirkt zusammen mit der Salzgewinnung auf der Halbinsel *Giens* eine lokale Wirtschaftsstruktur, die nicht völlig vom Tourismus abhängt.

Das interessanteste Gebäude der Stadt war lange ganz vergessen und wird auch heute von den Einheimischen noch mißtrauisch betrachtet: das «kubistische Schloß», das Charles und Marie-Laure de Noailles 1924 vom Pariser Architekten Mallet-Stevens bauen ließen. Das Schloß mit seinen 1600 Quadratmetern ist von der Art deco inspiriert und den Tendenzen des Bauhauses sowie des russischen Konstruktivismus verwandt. Es nahm vieles revolutionär vorweg, was sich erst nach dem Zweiten Weltkrieg durchsetzte. So gab es einen Gymnastikraum, ein großes Schwimmbad, einen Squashraum, alles Elemente, die der Hotellerie der Zeit als völlig überflüssig erschienen. In den 30 Gästezimmern des Schlosses war die ästhetische Avantgarde der Zeit zu Gast: Giacometti, Auric, Cocteau, Buñuel, Dominguez, Lipchitz, Braque, Breuer, Gray... Man Ray drehte hier einen seiner wenigen Filme, *Le Mystère du Château de dé.*

Iles de Hyères: Port-Cros

Sehenswertes ganz anderer Art bieten die vorgelagerten **Iles de Hyères,** die man von der Halbinsel Giens, von Le Lavandou oder von Toulon aus mit dem Schiff erreicht. Das Auto muß auf dem Festland zurückbleiben. Die Inseln bieten «nur» Natur – aber wie kostbar ist das an dieser Küste, die ansonsten mit der Natur so nachlässig umgeht. Man kann sich nicht genug darüber wundern, daß in diesem Fall die Bauspekulation einmal nicht über den Wald gesiegt hat. Die schönste der Inseln ist **Port-Cros.** Sie wurde 1963 von ihren privaten Besitzern dem Staat gestiftet unter der Bedingung, daß hier ein Naturschutzpark entstehe. Und so geschah es. Jedes Jahr kommen über 100 000 Touristen auf die Insel herüber. Sie dürfen nicht rauchen, nicht campen und müssen sie abends wieder verlassen, denn es gibt nur ein einziges kleines Hotel. Das ist Voraussetzung und Preis der Erhaltung der dichten grünen Wälder, einer Flora und Fauna, in der vieles überlebt hat, was sonst an der Küste längst ausgestorben ist. Lehrpfade helfen dabei, es kennenzulernen. Da rings um die

---

Besuch bei den Sträflingen in Toulon

Es ist eine dumme Ungehörigkeit, die Sträflinge zu besichtigen. Ehrbare Frauen kommen hierher und betrachten sie durch ihre Lorgnons, um zu sehen, ob es Menschen sind. – Miene des Spießers, der dort in weißen Handschuhen herumging! Ihre Pritschen: Darauf toben sie ihre Wut aus und...! O Dichter, komm des Nachts hierher und belausche ihre Träume, und du wirst die Geschichte der Menschheit schreiben! Was gäbe man nicht dafür, eines jeden Geschichte zu wissen! ...Der Typus des Sträflings verschwindet: indem man alles Menschenunwürdige unterdrückt (Zellenwagen, philantropische Verwaltung), hat man ihm seine Poesie und vielleicht allen Trost genommen. – Ein Zellenwagen nahte: Wer mochten seine Insassen sein?

Iles de Hyères: Porquerolles / Ile du Levant

Insel Fischfang und Unterwasserjagd ebenfalls verboten sind, bietet sie auch den Tauchern eine an dieser Küste einmalige Artenvielfalt.

Die Nachbarinsel **Porquerolles** ist größer, aber buchtenärmer und weniger grün als Port-Cros, denn es fehlen die Quellen. Auch diese Insel gehört zu weiten Teilen dem Staat. Sie wird aber immerhin von 350 Menschen bewohnt, die sich mit den staatlichen Naturschützern um Bauvorhaben streiten. Jedenfalls gibt es auf Porquerolles neben Pinien, Kiefern, Mimosen, Tamarisken, Eukalyptus, neben Badebuchten und verfallenden Befestigungsanlagen auch einen kleinen Hafen sowie ein paar Hotels und Restaurants.

Die **Ile du Levant** am östlichen Rand der Inselkette ist größtenteils militärisches Sperrgebiet. Auf dem felsigen, nur spärlich bewachsenen Küstenstreifen von rund acht Kilometern Länge im Westen liegt das größte Nudistenzentrum der Côte d'Azur. Auf der Rückfahrt von den Inseln sieht man in der Ferne schon Toulon.

Hier warteten ihre alten Kameraden auf sie. — Man fühlt eine Wut auf das dumme Volk der königlichen Staatsanwälte mit ihrem Aplomb, auf diese Herren, die alle diese Menschen wegen eines Verbrechens hierher schicken, das sie aufgrund der Verhältnisse und ihrer Natur begehen mußten. — Man möchte ihre Ketten zerbrechen und sie wieder auf die Menschheit loslassen. — «Aber wohin kämen wir, mein Herr, wenn alle Welt dächte wie Sie? Was würde aus meinen Besitzungen, aus meinem Hab und Gut? Gesetze sind nötig, um die Gesellschaft aufrechtzuerhalten; die Elenden müssen bestraft und dazu gezwungen werden, ihre bösen Triebe zu unterdrücken. Sie selbst, mein Herr, der Sie gegen die Gesellschaft wettern, sind ganz zufrieden, in ihrem Schutz zu leben...»
(Gustave Flaubert)

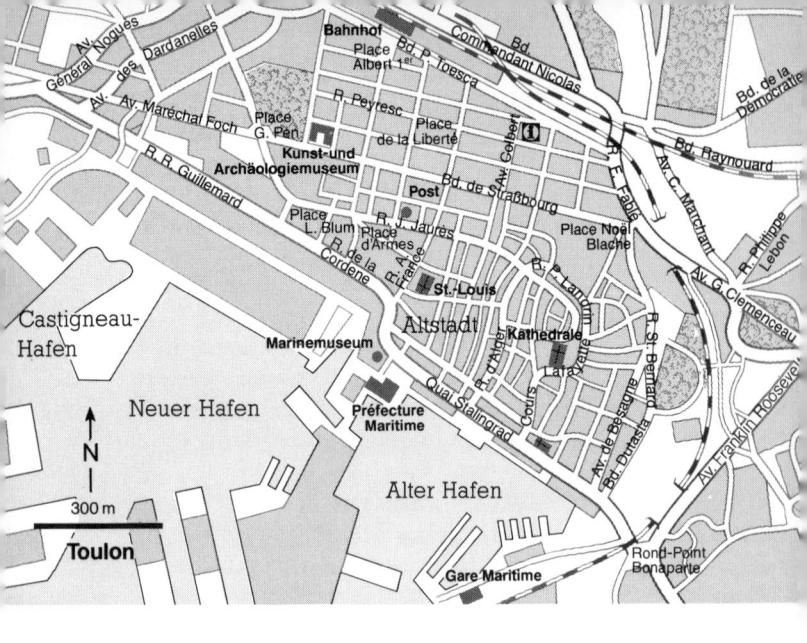

Um **Toulon** machen die meisten Besucher der Côte einen Bogen, nicht nur wegen des Verkehrs. Toulon, das ist eine Großstadt mit Departementsverwaltung, mit Industrie, mit Werften, mit Waffenfabriken und Waffenlagern, mit Arbeitslosigkeit und Ausländerproblemen, Toulon ist trotz der Lage am Mittelmeer gerade das, was man hinter sich lassen mag, wenn man Urlaub macht. Zudem wurde im Zweiten Weltkrieg die Häuserfront um den alten Hafen einschließlich des Rathauses und des Arsenals weitgehend zerstört, so daß die hübsche **Altstadt** um die Kathedrale *Sainte-Marie-Majeure* oder um die *Place Puget* nun isoliert wie eine Insel in der Stadt liegt und deren Gesicht nicht mehr wirklich prägt.

Von Anfang an war Toulon eine aufs Praktische gerichtete Stadt. In römischer Zeit wurde dort aus den reichlich vorhandenen Purpurschnecken in einem aufwendigen Verfahren der überaus kostbare Purpurfarbstoff für die Gewänder der Kaiser und Senatoren gewonnen. Toulons eigentliche Bestimmung datiert aber aus dem 17. Jahrhundert, als Vauban, der Festungsbaumeister von Ludwig XIV., den Hafen zum Kriegshafen der französischen Marine ausbauen ließ. Vor diesem Hafen verdiente sich der junge Offizier Bonaparte mit seiner ersten militärischen Glanztat den Generalsrang. Vergessen und namenlos sind hingegen die Galeerensträflinge, die meist keine Verbrecher waren, sondern politische und religiöse Oppositionelle. Sie wurden an den Rudern angekettet, und die Kette öffnete sich erst wieder, wenn der Sträfling zu Tode geschunden war. Der guten Gesellschaft des 18. Jahrhunderts galten die Sträflingsgaleeren ebenso wie das berühmte Bagno-Zuchthaus als beliebte Sehenswürdigkeiten. Die beiden Atlanten des Bildhauers Puget, die heute das Portal des Marinemuseums schmücken, vergegenständlichen etwas von der Anstrengung und dem Schmerz derer, auf denen die Last des Kriegsgeschäfts schließlich ruhte. Während des Zweiten Weltkriegs versenkte sich in Toulon ein Großteil der französischen Kriegsmarine, um die Schiffe nicht zur Beute der Wehrmacht werden zu lassen.

Es gibt in Toulon ein interessantes **Stadtmuseum,** ein ausgezeichnetes **Marinemuseum,** man kann eine große Hafenrundfahrt machen, kann mit der Drahtseilbahn auf den *Mont-Faron* fahren, der einen weiten Blick über Stadt und Hafen erlaubt – aber dennoch meiden die Urlauber den Ort, wo die blaue Ferienküste wieder an den Alltag stößt.

Am Fuß der Berge: von Grasse bis Saint-Paul-de-Vence

292 Wohlgeruch: Grasse
300 Eine lange Geschichte: Vence
307 Zusammenschau: Saint-Paul-de-Vence und die Fondation Maeght

Wohlgeruch: Grasse

Der Weg von Cannes nach Grasse durch ein weites Becken, das von sanften Hügeln, im Norden aber auch von nackten, abweisenden Bergketten begrenzt wird, führt in einen Landstrich, der in vielfacher Hinsicht Region des Übergangs zwischen der Côte und der Provence ist. Das Rauhe und Karge des provenzalischen Hochlands kann man freilich erst im Hintergrund ahnen, aber die Blautöne der offenen Küstenlandschaft sind schon gedämpft. *Patrick Süskind,* der Grasse als wichtigsten Schauplatz für seinen Roman *Das Parfum* wählte, beschreibt die Eindrücke, die sein mörderisches Geruchsgenie Grenouille bei der ersten Annäherung an die Stadt hatte, auf die folgende Weise: «Am anderen Ende der großen Schüssel... lag, oder besser gesagt, klebte an den ansteigenden Bergen eine Stadt. Sie machte, aus der Entfernung gesehen, keinen besonders pompösen Eindruck. Da war kein mächtiger Dom, der die Häuser überragte, bloß ein kleiner Stumpen von Kirchturm, keine dominierende Feste, kein auffallend prächtiges Gebäude. Die Mauern schienen alles andere als trutzig, da und dort quollen die Häuser über ihre Begrenzung hinaus, vor allem nach unten zur Ebene hin, und verliehen dem Weichbild ein etwas zerfleddertes Aussehen. Es war, als sei dieser Ort schon zu oft erobert und wieder entsetzt worden, als sei er es müde, künftigen Eindringlingen noch ernsthaften Widerstand entgegenzusetzen – aber nicht aus Schwäche, sondern aus Lässigkeit oder sogar einem Gefühl von Stärke. Er sah aus, als habe er es nicht nötig, zu prunken... Dieser zugleich unansehnliche und selbstbewußte Ort war die Stadt Grasse, seit einigen Jahrzehnten unumstrittene Handelsmetropole für Duftstoffe, Parfümeriewaren, Seifen und Öle.»

Der Roman spielt im 18. Jahrhundert, aber die Beschreibung hat auch für heute Gültigkeit, nur sind immer mehr Häuser aus den Mauern der Stadt «gequollen». Aber die Mischung von Lässigkeit, ja Vernachlässigung einerseits, Stolz und Selbstbewußtsein andererseits ist immer noch typisch für die bis heute wichtigste Parfümstadt der Welt. Zu Grenouilles Zeiten, am Ende des Ancien régime, war Grasse neben Aix die reichste Stadt der Provence, und in der Tat ähneln sich die beiden Städte ein wenig. Wie die «Hôtel» genannten reichen Bürgerhäuser am Cours Mirabeau von Aix auf beinahe protestantische Art angestammten Reichtum hinter strenger Bauweise verbergen – das Gegenteil der parvenühaften Fassadenarchitektur des 19. Jahrhunderts in den Küstenstädten der Côte –, so stellten auch die Bürger von Grasse den Reichtum nicht aus; wie dort eine Oligarchie alteingesessener Familien die Geschicke der Stadt bestimmen, so auch in Grasse, 20 Kilometer von Cannes entfernt.

Zu diesem Bild paßt, daß die Region reich an frühgeschichtlichen Funden ist. Man hält auf Tradition in Grasse. Zurück-

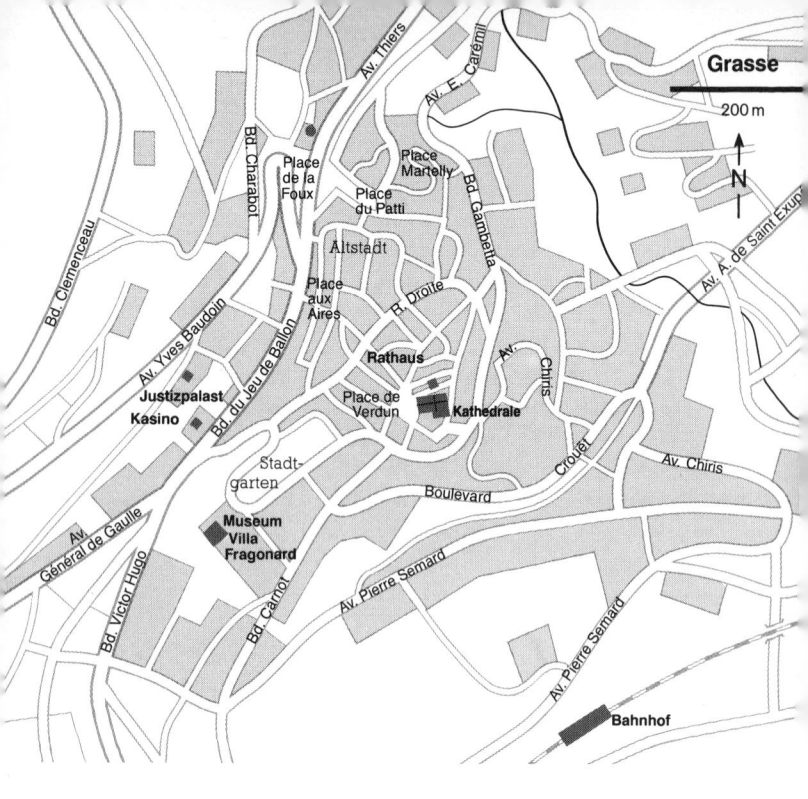

verfolgbar ist die jedenfalls bis ins frühe Mittelalter, als die Stadt eine wichtige Rolle im Handel zwischen Norditalien und der Provence spielte. Damals traten zur regional üblichen Ausfuhr von Olivenöl und Getreide die Geldgeschäfte und vor allem die Lederwarenproduktion. Katharina von Medici brachte nicht nur einige Rezepte von Italien mit nach Frankreich, die am Beginn der großen französischen Küchentradition stehen, sondern auch die Mode parfümierter Handschuhe. So entwickelte sich die von wohlriechenden Blumen umgebene Stadt der Bankiers und Lederwarenproduzenten allmählich zu einer Stadt der Parfümhersteller. Das «Non olet» stimmt dort nicht ganz. Geld stinkt nicht, aber in Grasse duftet es immerhin. Wo es Bürger gibt, sind auch Revolutionäre, und so fanden die Ereignisse von 1789 in Grasse ebenfalls Widerhall, während sie in Nizza nur eine seltsame Episode blieben. In der leider 1851 baulich veränderten *Eglise de l'Oratoire* tagten die Sansculotten und wurden die Kirchengüter versteigert.

Grasse schaute nach Paris, nicht nach Turin oder gar nur auf den eigenen Hinterhof. Aus Grasse stammte *Fragonard,* der bekannteste Pariser Hofmaler des Ancien régime, aus Paris bezog dessen Sohn die Anregungen für seine Malerei. Der Epochenumbruch, der sich hier im Generationsumbruch einer Malerfamilie spiegelte, ist im **Museum Villa Fragonard** zu studieren. Über Grasse zog der noch einmal aus der Verbannung zurückgekehrte Kaiser der Franzosen auf einer Alpenstraße, die einmal nach ihm die *Route Napoléon* heißen sollte, dem hunderttägigen Epilog seiner glorreichen Herrschaft entgegen. Auch als Badeort hat Grasse eine längere Tradition als die Küstenstädte, freilich verstand man darunter eine zivilisierte Prozedur zugunsten hinfälliger Leiber und zog sich lieber auf seriöse Werte zurück, als diese das Baden erfolgreich als übermütige Geste gebräunter Muskelmenschen zu vermarkten begannen.

Der «Stumpen», den Grenouille sah, ist der einzige Rest einer Burg aus dem 10. Jahrhundert, der zwei Jahrhunderte später in ein bischöfliches Palais integriert wurde, das heute noch als Rathaus dient. Daneben entstand – ebenfalls im 12. Jahrhundert – die Kathedrale **Notre-Dame-du-Puy,** so daß auf dem Plateau über der steilsten Stelle des Hangs, an den Grasse gebaut ist, das historische Zentrum der Stadt liegt. Die Kathedrale wurde im 17. Jahrhundert erweitert und macht so von

Wohlgeruch wohlfeil: Verkaufsräume einer Parfümfabrik in Grasse

außen einen sehr uneinheitlichen Eindruck. Innen dagegen kann der Besucher an der schlichten dreischiffigen Grundform, dem hohen, engen Gewölbe, den schmucklosen, starken Rundpfeilern, den unverputzten Quadern, dem verschlossenen, wehrhaften Charakter der Anlage noch den Zeitpunkt der Entstehung ablesen, obgleich die Bilder (neben einem Triptychon von *Louis Bréa* ein heimischer Fragonard und drei Rubens) überwiegend aus dem 17. und dem 18. Jahrhundert stammen.

Hinter Kathedrale und Rathaus beginnt die **Altstadt,** deren Größe der früheren Bedeutung der Stadt entspricht. Sie ist gerade deshalb so reizvoll für Touristen, weil sie nicht in erster Linie nach den Wünschen der Fremden zurechtgemacht ist, sondern sich nach den Bedürfnissen der Einheimischen richtet. Auf der *Place de la Poissonnerie* ist wirklich noch Fischmarkt, auf der *Place aux Herbes* (jetzt *Place Jean-Jaurès*) werden wirklich täglich Kräuter und Gemüse verkauft, und in den vielen Bürgerhäusern wohnen wirklich Bürger. Der schönste Platz aber ist die unregelmäßige, arkadengesäumte *Place aux Aires*. Dort waren die lederverarbeitenden Gewerbe angesiedelt, als noch ein Bach den Platz der Länge nach durchfloß, an dem die Gerber die Häute wuschen, um sie anschließend zum Trocknen aufzuhängen. Es muß ziemlich gestunken haben, aber auch profitabel gewesen sein. Die umstehenden Häuser zeugen von der Wohlhabenheit des ursprünglich reichsten Gewerbes der Stadt, das durch die Parfümherstellung von dieser Position verdrängt wurde.

Das **Parfüm** liegt an der fünften Stelle der französischen Exportgüter, die französische Parfümindustrie hat einen jährlichen Gesamtumsatz in der Größenordnung von etwa neun Milliarden DM. Allein in Grasse hängen ungefähr 2500 Arbeitsplätze direkt von der Parfümherstellung ab. Ihre unangefochtene Stellung als Hauptstadt des Parfüms verdankt die Stadt unter anderem ihrer günstigen Lage inmitten vieler für die Duftstoffgewinnung wichtiger Blüten, Früchte und Kräuter im Verein mit einer alten Handelstradition, die es erlaubt, aus der ganzen Welt zu beziehen, was angenehm duftet. Dabei werden in Grasse im wesentlichen die zur Herstellung der jeweiligen duftenden Wässerchen mit den klingenden Namen unabdingbaren Grundessenzen hergestellt. Diese Fabrikation liegt traditionell in den Händen von rund 20 Unternehmen, die immer noch überwiegend alteingesessenen Familien gehören. Sie verarbeiten im Januar und Februar Mimosen, im März und April Ginster und Orangenblüten, im Mai Rosen, im Juni Lavendel, im August Jasmin und Hyazinthen tonnenweise zu winzigen Mengen von Konzentraten, deren Gewicht in Gold aufgewogen wird. Freilich darf man sich Grasse nicht als das ganze Jahr über in ein Blütenmeer eingebettet denken, denn die Anbaugebiete liegen teilweise mehr als 100 Kilometer entfernt. Die Mimosen kommen aus dem Tannerongebirge, den Lavendel beziehen die Betriebe aus der Haute Provence... Die Tourismusmanager haben zwar auf den Spuren der Blüten eine **Route du Parfum** beschildert, aber wer wirklich bei der Ernte zusehen möchte, muß sich nach der richtigen Jahreszeit erkundigen und sehr früh aufstehen. Wie das köstliche Material in den Fabriken verarbeitet wird, können sich Interessierte in einigen von ihnen zeigen lassen, so bei *Fragonard* in der Nähe des *Cours,* des *Musée Fragonard* und des volkskundlichen Museums *(Musée d'Art et d'Histoire),* aber auch bei etwas außerhalb gelegenen Firmen wie *Galimard* und *Molinard.* Hübsche junge Damen erklären Heerscharen von Besuchern mehrsprachig die Techniken der Destillation, der Mazeration, der Wachsextraktion, der «Enfleurage», aller Methoden, den Pflanzen und Tieren ihre Düfte zu entwenden, um sie zu kombinieren, in Flaschen zu schließen und zu verkaufen wie in der großen Verkaufsausstellung, wo jede Führung endet. Dennoch behält der Versuch, Pflanzen und Tieren ihre Duftseele zu rauben, um selbst verführerisch zu erscheinen, etwas Geheimnisvolles, das durch die großen, edel glänzenden Kupferkessel, die gläsernen Zylinder und Kolben, die farbigen Salze, die Hunderten von Gläsern mit Geruchsextrakten im Laboratorium der «Nase» – wie man im Französischen den seltenen Beruf der Parfümkompositeure nennt – und deren seltsame, an das Vokabular der Weinkenner erinnernde Sprache noch unterstrichen wird. Dies Geheimnisvolle hat nicht nur über die Instrumente mit Alchimie zu tun, sondern auch über das verbotene, aber ewig reizvolle Ziel, neue liebenswerte Körper aus dem Nichts oder vielmehr aus dem Tod ausgelaugter (Blüten-)Seelen zu schaffen.

Grasse ist das Tor zu den verlassenen, unwegsamen Bergen der Provence; von dort aus kann der Reisende über die *Route Napoléon* auf ebenso kurvenreiche wie landschaftlich reizvolle Weise bis nach Grenoble fahren oder zu den **Gorges du Verdon,** den tiefsten, wildesten Felsschluchten Europas, die ein kleiner Fluß durch mächtiges Kalkgestein gezogen hat. Die meisten Besucher aber wenden sich wieder nach Osten und fahren am Fuß der «Baous» in Richtung Vence. Es ist am besten, nicht den direkten Weg zu wählen, denn das Land zwischen Bergen und Meer, durch das man jetzt fährt, lädt zu zahlreichen Abstechern ein. Wer sich für Architektur und Geschichte interessiert, wird die Ruine **Notre-Dame-du-Brusc** südlich von **Opio** nicht versäumen wollen. Die versteckt gelegene, selten besuchte Anlage steht auf ältestem geschichtlichem Boden, denn dort war schon in vorchristlicher Zeit ein Begräbnisplatz, zur Zeit der Römer eine Tempelanlage, dann in der karolingischen Periode ein Baptisterium, bevor im 11.Jahrhundert die Kapelle entstand, deren Mauern heute zu sehen sind. Das **Château de Gourdon** im gleichnamigen kleinen Ort hoch über dem Tal des *Loup* wird jedoch wegen des atemberaubenden Rundblicks häufig besucht. Der harmonische Renaissancebau mit seinen behauenen, unverputzten Quadersteinen enthält zwei kleine Museen. Eines zeigt schöne Waffen, Möbel und einige sehenswerte Gemälde, vorwiegend aus dem 16.Jahrhundert, das andere ist ganz der naiven Malerei gewidmet.

Man könnte jetzt dem Lauf des Loup durch seine enge Schlucht hinauf in die Berge folgen. Bis zum Wasserfall sähe man gelegentlich Besucher, aber oben auf der Hochfläche von **Gréolières** angekommen, wäre man allein in einer fast menschenleeren Gegend von karger Schönheit. Bleibt man hingegen «unten» und folgt der Straße über **Tourette-sur-Loup,** einem hübschen alten Dörfchen mit geschlossenem Ortsbild, nach **Vence,** dann taucht man wieder ein in die hektische, moderne Kultur der Küste.

Eine lange Geschichte: Vence

Nur für den, der von Osten kommt, sieht Vence noch so aus wie auf Chagalls Bild *Die Liebenden von Vence,* also nach der Art eines «Village perché» wehrhaft, eng und starkt steigend um die Spitze eines Hügels gebaut. Auf der gewöhnlich benutzten Straße merkt man nur, daß die Häuser ein wenig enger stehen, der Verkehr noch dichter wird – und schon findet man sich auf dem großen (Park-)Platz vor dem alten Stadttor, der *Porte Peyra,* immer noch bewacht von der *Tour Carrée,* deren gedrungene, quadratische Form so seltsam mit ihren schmalen, zierlichen gotischen Fenstern kontrastiert. Dem ersten Eindruck entgegen ist aber die mittelalterliche Anlage der Altstadt von Vence weitgehend intakt, der Verkehr wird außen um den ovalen Mauerring geleitet. Sie unterscheidet sich von vielen anderen sofort dadurch, daß sie zwar auf einer Erhebung liegt, innerhalb der Mauern aber fast eben ist. Und natürlich dadurch, daß man nicht auf beliebigen Wegen hineinkommen kann, sondern nur durch die alten Stadttore. Dadurch erscheint Vence nicht verwirrend, verwinkelt, chaotisch, sondern als planvoll angelegt: vor den Stadtmauern ein kleiner Platz, die *Place du Frêne,* um eine große Esche, hinter dem Stadttor gleich wieder ein kleiner Platz *(Place du Peyra)*

Vom Wasser hängt alles ab. Brunnen in Saint-Paul-de-Vence

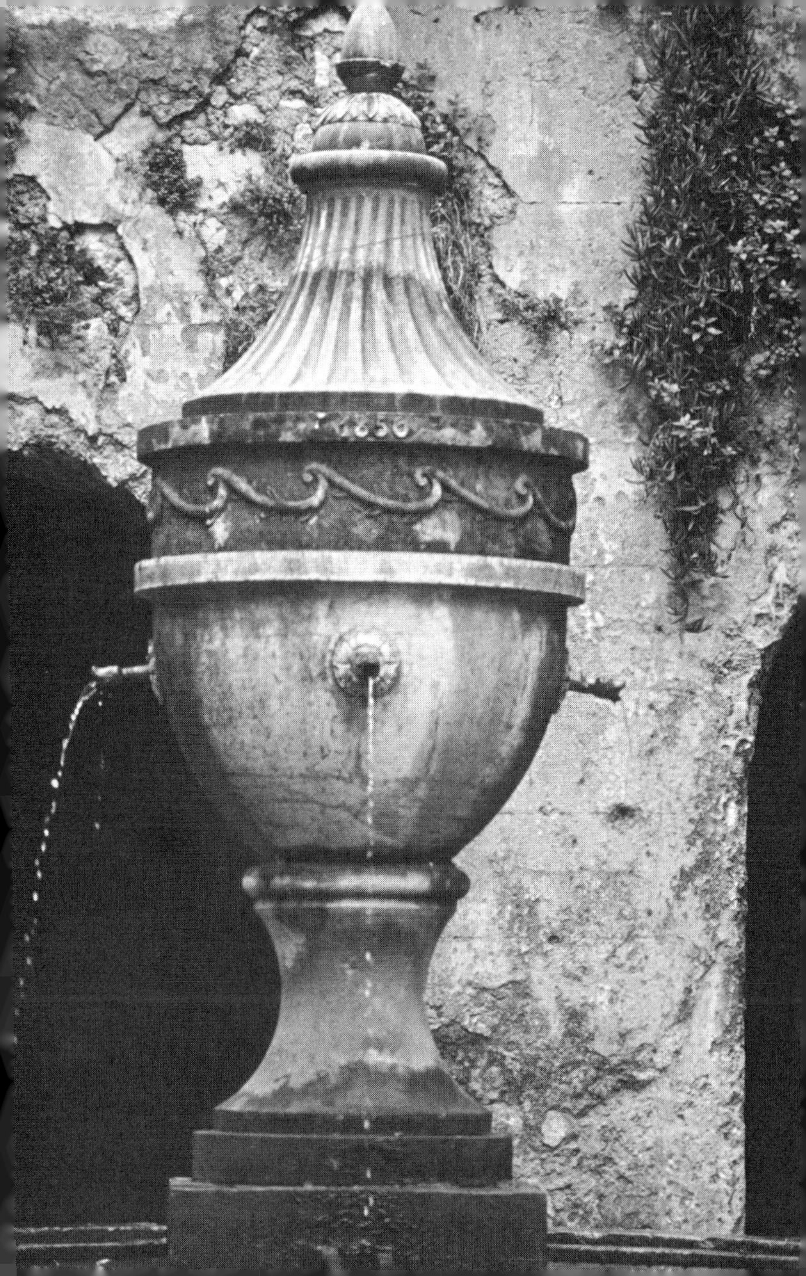

mit einem großen Brunnen, von den Kronen imposanter Kastanienbäume überschattet. Die Wege im Inneren vorbei an Eßbarem guten Geschmacks und Mitbringseln manchmal weniger guten Geschmacks wiederholen die ovale Grundanlage und öffnen sich noch mehrfach zu kleinen Plätzen.

Es fällt nicht schwer, sich vorzustellen, daß dies ein uralter Siedlungsplatz ist, gewissermaßen ein überhaupt nicht museales Museum mit Zeugnissen aus allen Perioden der Geschichte der Region. Der Name «Vence» verweist auf die vorrömische Zeit, unter der römischen Verwaltung war dieser Fleck am Fuß der Berge des Hinterlandes ein militärischer Vorposten. Kurz nach der Christianisierung durch die Mönche von Saint-Honorat wurde die Stadt Bischofssitz und hatte offenbar auch Glück mit seinen Bischöfen, denn Veran, dessen Name heute noch präsent ist, wurde auf Betreiben der Bevölkerung heiliggesprochen. Nach der Pax Romana und der Christianisierung folgte die dunkle Zeit der Sarazeneneinfälle, in der Vence offenbar völlig zerstört wurde. Vom 10. Jahrhundert an blühte das Gemeinwesen wieder auf, und es hätte sich beinahe rühmen können, Herkunftsort eines Papstes zu sein, hätte nicht Paul III. den Heiligen Stuhl sofort dem Hirtenstab von Vence vorgezogen. Politisch orientierten sich die Bewohner früh mit der Provence nach Frankreich, und ein Bürger von Vence, *Antoine Godeau*, gründete mit Richelieu die Académie Française. Erst als sich die Grafschaft Nizza an Frankreich anschloß und die Küstenregion dank dem Tourismus schnell an Bedeutung zunahm, geriet Vence ein wenig in den Hintergrund.

Die **Kathedrale** hat viele steinerne Zeugnisse der Vergangenheit bewahrt: da zeugen Weihinschriften von einem Heiligtum der Kybele und des Mars, eine Seitenkapelle mit Sarkophagen aus dem 4. Jahrhundert von den heiligen Saint Veran

Vence: Kathedrale

und Saint Lambert, da wurden in die Mauern des Kathedralneubaus aus dem 10. und 11. Jahrhundert Steine und Schmuckbänder der viel älteren, von Sarazenen zerstörten Kirche eingebaut; im 17. und 18. Jahrhundert wurde der Bau wesentlich erweitert. Die gesamte Anlage präsentiert sich heute als Kuriosum, das zwar sehenswert ist, aber keinen zusammenhängenden Eindruck hinterläßt. Die Verwirrung fängt schon beim Blick von außen an. Von der Ostseite her sieht die Kathedrale aus wie ein romanischer Bau aus dem frühen Mittelalter. Die Westfront wurde hingegen 1879 im Rokoko-

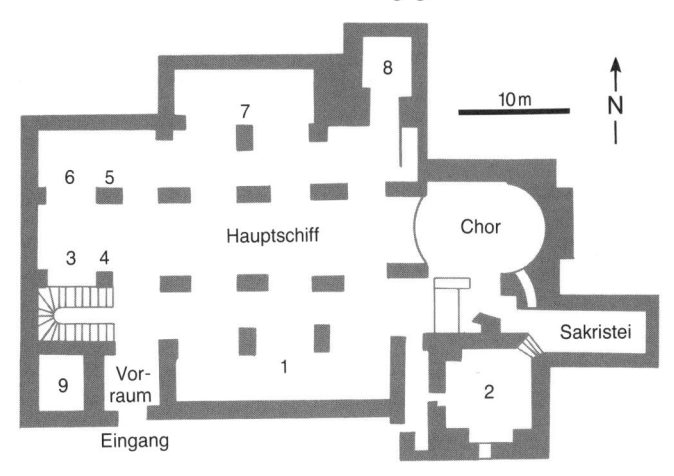

Kathedrale St-Veran

1 Kapellen: hl. Maria, hl. Lambert, hl. Veran
2 Evangelisten-Kapelle
3 Empore
4 Kruzifix
5 Baptisterium
6 Kirchenschatz
7 Kapellen der Heiligen Familie, der Heiligen und Engel
8 Glockenturm
9 Sankt-Lambert-Turm

stil (!) vorgebaut. Innen ist das Bild noch verwirrender. Die romanische Grundanlage wurde durch Pseudoseitenschiffe, durch den Einbau von Vorräumen, Emporen und Treppen unkenntlich gemacht; die Verkleidung der Pfeiler, Stuck und Farbe taten ein übriges. Dabei ist die Empore mit dem Chorgestühl aus dem 15. Jahrhundert, die auch den Zugang zum Kirchenschatz ermöglicht, für sich genommen sehr schön. Unten schweift der Blick über Altarretabeln, Holzbüsten aus dem späten Mittelalter, ein Mosaik von Chagall, alte Reliquien und neue Altäre, pergamentüberzogene Türen und würdige Holzschreine. In jedem Teilbereich wiederholt sich die babylonische Verwirrung der Zeiten und Stile: so sind in der alten Kapelle des Glockenturms nebeneinander Reliefplatten aus karolingischer Zeit, Tafeln aus dem 18. Jahrhundert und eine mittelalterliche Holztür ausgestellt. Draußen vor der Tür atmet der Betrachter beim Blick auf die reinen Proportionen und den je individuellen Schwung der wenigen erhaltenen Arkaden des Bischofspalasts auf.

Die andere berühmte Kirche von Vence, die von Matisse gestaltete **Chapelle du Rosaire,** ist der Kathedrale ganz entgegengesetzt: hier ungeordnete Vielfalt, dort Einheitlichkeit und planvoll kalkulierte Verknappung; hier viele Handschriften, dort eine einzige; hier Spuren aus 3000 Jahren, dort das Streben nach Zeitlosigkeit.

Matisse war 80 Jahre alt, als ein Zufall ihm die Möglichkeit in die Hände spielte, den Neubau der Dominikanerkapelle von Vence zu gestalten. Er hat sich vier Jahre dieser Aufgabe gewidmet. Jedes Detail unterwarf er seinem Formwillen, bemalte nicht nur Wände, sondern entwarf sie, maß ihnen Menge und Farbe des Lichts zu, bestimmte über Fenster, Türen, Altar, Meßgeräte und selbst Meßgewänder – ein von Grund auf neu entworfenes Gesamtkunstwerk, nicht nur eine Umgestal-

Vence: Chapelle du Rosaire

tung, wie sie Picasso in Vallauris oder Cocteau in Menton hinterließen.
Matisse hat die 1951 eingeweihte Chapelle du Rosaire, die nur an zwei Tagen der Woche zugänglich ist, als Krönung seines Werkes angesehen. Ein Teil der Kritik ist ihm darin gefolgt, ein anderer reagierte mit wenig verhohlener Ablehnung, und so reagieren die Besucher noch heute teils mit Befremden, teils mit Zustimmung. Obgleich der historische Abstand heute auch die zeitgebundenen Elemente der Kapelle hervortreten läßt, verleiht die an vielen Vorstudien geschulte Anstrengung, die 14 Stationen des Kreuzweges in letzter zeichnerischer Vereinfachung darzustellen, dem Werk unbestreitbar einen hohen künstlerischen Rang. Ob jemand unter den Meisterwerken der Moderne an der Côte die Arbeiten Picassos aus seiner Zeit in Antibes oder die beinahe gleichzeitig entstandene Chapelle du Rosaire vorzieht, hat damit zu tun, ob der Betrachter höchste Kunst als durch die Zeit hindurchgegangen oder zeitenthoben, als Vergegenständlichung einer reichen Individualität oder als Akt der Reinigung von aller Individualität und allem persönlichen Stil begriffen, ob er die Vitalität und Mehrdeutigkeit oder die Strenge und Einheit, die materielle Verwurzelung in Raum und Zeit oder die ätherische Spiritualität bevorzugt.
Von Vence aus haben Sie wiederum die Wahl zwischen Straßen, die radikal verschiedene Aspekte der Côte erschließen. Der Weg hinauf zum **Col de Vence** wird zunächst noch von Villen und Luxushotels gesäumt, verliert sich dann aber schnell in unbewohnter, wilder Kalksteinlandschaft. Östlich führt die Straße unter der imponierenden Südwand des schönsten *Baou* nach **Saint-Jeannet,** dann weiter nach **Gattières** hinunter ins Tal des Var und dann wieder hinauf an dessen rechtem Ufer ins alte **Carros**, nach **Le Broc** oder **Bouyon,**

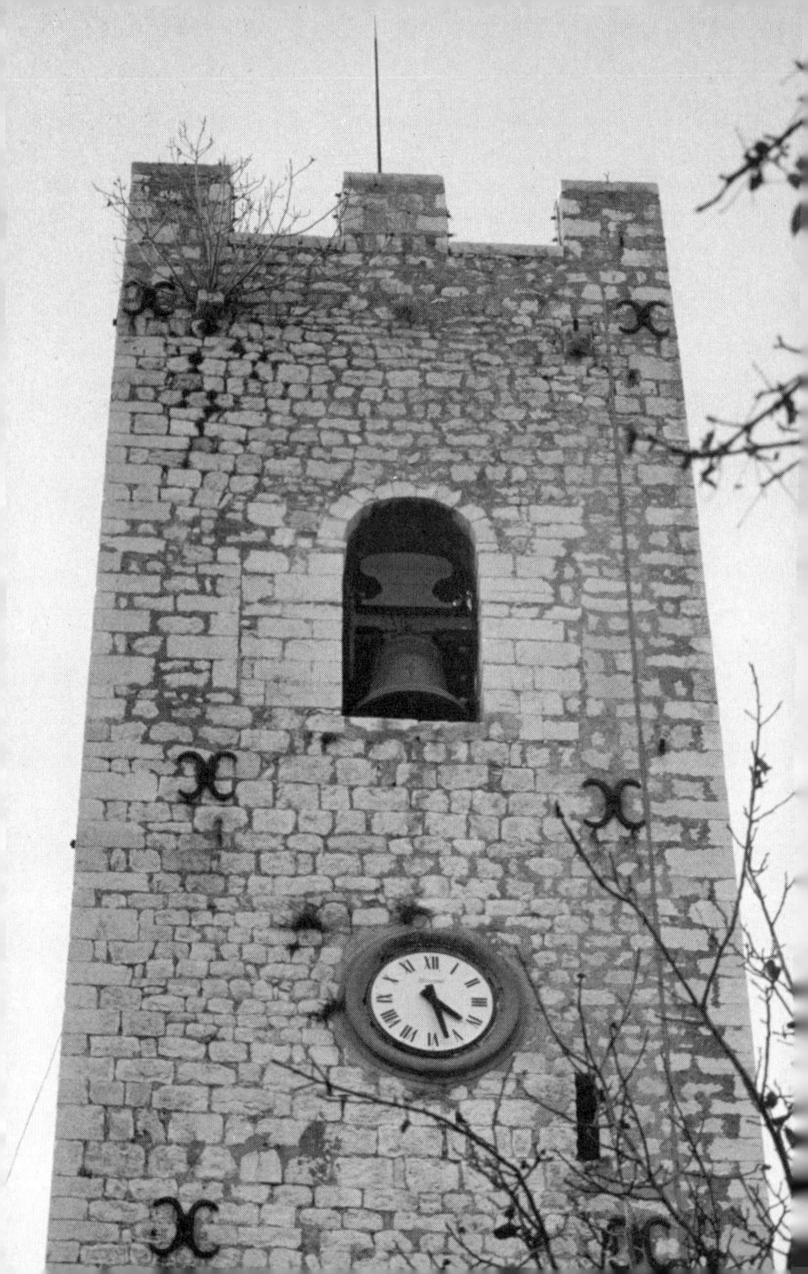

wo spätestens wieder jede Spur mondänen Küstenlebens verloren ist. In allen diesen Orten, die ein wenig summarisch am Ende dieses Überblicks stehen, ließe sich eine Entdeckungsreise ebenfalls beginnen. Sie können, sie werden für manche Besucher die ersten sein, obschon sie in diesem Führer unter den letzten sind.

Zusammenschau: Saint-Paul-de-Vence und die Fondation Maeght

Zum Schluß sei hier jedoch der Weg von Vence wieder hinunter zur Küste in Richtung auf **Saint-Paul-de-Vence** gewählt. Der Ort thront, von allen Seiten her sichtbar, steil und mauerumgürtet auf einem Hügel. Die Lage macht unmittelbar einsichtig, warum im 16. Jahrhundert der französische König lieber Saint-Paul als Vence selbst zur Grenzbefestigung ausbauen ließ, eine Maßnahme, dem er seine heutige geschlossene Form weitgehend verdankt. Saint-Paul ist einer der schönsten Orte an der Côte, aber nicht unbedingt einer der angenehmsten. Zu viele wollen da schnell den Eindruck von einem typischen kleinen Dorf erhalten. Saint-Paul bietet ihnen nicht nur Fassaden, sondern schöne alte Häuser, aber deren angestammte Bewohner wurden weitgehend durch reiche Besitzer von Zweitwohnungen, durch Kunstgewerbler und Verkäufer von Kitsch für den gehobenen Geschmack verdrängt. Alles ist ein bißchen zu schön und ein wenig zu teuer, das Alte ein wenig zu neu, das Einfache ein wenig zu sehr poliert. So wird

Wehrhafter Glockenturm der Kathedrale in Vence

man rasch der Wegweisung durch ein Stabile *Calders* zur **Fondation Maeght** am Ortsrand folgen, wo es nie so überlaufen ist wie unten im Zentrum. Die Fondation Maeght ist ein einmaliger Glücksfall für die Kunst der Moderne und für die Côte zugleich, ein Glück, an dem man teilhaben kann.

Die 1964 eingeweihte Anlage ging aus einer Stiftung des französischen Kunsthändlerehepaares Maeght hervor, das viele der wichtigsten modernen Künstler vertrat. Sie besteht aus einem architektonischen Komplex mit Ausstellungsräumen, die sich auf Höfe und Gartenanlagen öffnen, aus einer Bibliothek, einer Buchhandlung, einem Vortrags- und Vorführungssaal. Die Stiftung verfügt über eine große Sammlung von Arbeiten unter anderen von *Alechinsky, Arp, Braque, Pol Bury, Giacometti, Kandinsky, Léger, Matisse, Calder, Tal-Coat, Ubac, Bram Van Felde, Lam, Soulages* und organisiert regelmäßig große Ausstellungen moderner Klassiker wie *Kandinsky, Chagall, Miró, Calder, Bonard, Tapiès, Klee, Giacometti.*

Das freilich macht allein nicht die Besonderheiten der *Fondation Maeght* aus. Die besteht vor allem darin, daß an dieser Stelle der Versuch gelang, einen Museumskomplex unter Einbeziehung der Künstler, des Architekten, der Landschaft und der Bedürfnisse des Publikums zu planen. Wie schwer das ist, auch wenn die Mittel vorhanden sind, zeigte die Fondation Rothschild auf dem Cap-Ferrat (S. 210/211), wo den Ausstellungsobjekten auch ein reiches Gebäude und ein großer Park geschaffen wurden und doch nur der Eindruck des Disparaten, Geschmäcklerischen bleibt.

Aimé und Marguerite Maeght gewannen *José Luis Sert,* einen engen Freund Mirós und Mitarbeiter Le Corbusiers, als Architekten. Sert, der schon den berühmten Pavillon der Spanischen Republik auf der Weltausstellung von 1937 gestaltet hatte, bezog die natürlichen Geländeunebenheiten in den Bau ein, so daß die Ausstellungsräume auf verschiedenen Ebenen liegen. Überall eröffnen sich plötzlich überraschende Durchblicke auf die Exponate, auf die Betrachter, auf die Innenhöfe und die Landschaft hinter den Pinien. Sert verwendet Natursteine aus nahen Steinbrüchen für die das Grundstück umgebenden Mauern und verlieh den Gebäuden Spannung durch die Kombination von handgeformten rosa Backsteinen mit unverputztem Schalbeton. Die wannenförmige Dachkonstruktion, die zum Symbol der Anlage geworden ist, zitiert die Regenzisternen mediterraner Architektur. Die kleineren Vierteltonnen über den Lichtschächten regulieren das natürliche Licht der Ausstellungsräume und lockern spielerisch die Strenge der Spannbetondächer. Zugleich ließ Sert Raum für die Ideen der anderen. *Chagall* und *Tal-Coat* trugen Wandmosaike bei, *Braque* und *Ubac* entwarfen Glasfenster, *Pol Bury* schuf einen Brunnen, dessen blitzende Stahlzylinder sich im Rhythmus des fließenden Wassers langsam bewegen. *Miró* gestaltete ein Labyrinth aus großen Plastiken und Keramiken, dessen Symbolismus nicht abschreckt, sondern die spielenden Kinder dazu bewegt, die Fabeltiere aus weißem Carraramarmor zu besteigen und mit ihren Körpern zu polieren.

Eine Reise zu den Sehenswürdigkeiten der Côte kann an vielen Punkten ihren Ausgang nehmen, kann vielerlei Wege beschreiten, und man wird niemals wirklich sagen können, am Schluß angekommen zu sein. Die Auseinandersetzung mit einer fremden Region wird sich immer in der Form einer Spirale vollziehen und nicht in der Form einer Linie. Dennoch hat jede Reise, jeder Aufenthalt, jedes Buch und jede Führung ein wie auch immer vorläufiges Ende. Daß der Weg durch die Côte d'Azur, den dieses Buch vorschlägt, mit dem Besuch der Fondation Maeght endet, ist nicht ohne Vorbedacht geschehen, sondern krönt die heimliche Absicht, den Blick für die schönen Seiten einer Region zu öffnen, der es an problematischen nicht fehlt, die Absicht, ihn zum Komplizen einer Liebe zu machen, die nicht blind sein will. Die Fondation Maeght ist nicht typisch für diesen Teil Frankreichs, sondern Ausdruck dessen, was er meist nur sein könnte, aber manchmal auch zu sein vermag: Einheit von einmalig begünstigter Natur und Kunst, von Bodenständigkeit und Internationalität, von mediterraner Tradition und Moderne, von Mythologie und Vergnügen, von Luxus und Schlichtheit, von unbedingtem Gestaltungswillen und spielerischer Vielstimmigkeit. Mit dem Blick vom Hafen in Antibes auf die Hügel, auf einem von denen wir nun stehen, begann die Rundreise. Die Perspektive am Schluß folgt der entgegengesetzten Richtung aufs Meer. Ob der Über-Blick am Ende schöner ist als der Voraus-Blick des Anfangs, muß nicht entschieden werden.

Noch mehr nützliches Wissen

Zeittafel

vor Christus

ab ca. 380 000	Erste Spuren der Besiedlung der Region in der Altsteinzeit. Zahlreiche Dokumente vorgeschichtlichen Lebens aus verschiedenen Perioden
um ca. 1000	Die Ligurer bewohnen die Küste und das Hinterland
ca. 550	Phokäische Griechen landen und gründen ihren Handelsstützpunkt Marseille, von dem aus sie allmählich die östliche französische Mittelmeerküste erschließen. Gründung von «Nikaïa» (Nizza) und «Antipolis» (Antibes) und zahlreichen weiteren Küstenorten
125 und 124	Die Griechen, eine See- und Handelsmacht, rufen gegen die Überfälle der Kelto-Liguren die Römer zu Hilfe. Die Römer siegen und gewinnen Einfluß in der Region
58–51	Cäsar besetzt Gallien
49	Das «griechische» Marseille verliert seine Unabhängigkeit und wird Teil der römischen Provincia Narbonensis. Bedeutende römische Siedlungen entstehen: Cemenelum (Cimiez), Fréjus u.a. Wachsende strategische Bedeutung der Region auf dem Landweg nach Spanien und Gallien
25–8	Augustus unterwirft in mehreren militärischen Kampagnen die rebellischen Alpenstämme und sichert den Landweg (Via Julia Augusta). Siegessäule bei La Turbie

nach Christus

1.–3. Jh. n. Chr.	Periode der Pax Romana. Unter der nun unangefochtenen römischen Herrschaft erlebt die Region eine lange Friedenszeit, in der sich eine entwickelte Kultur herausbildet
Ende des 4. Jh.	Ausgehend von St. Honorat gewinnt das Christentum Einfluß in der Region
4. und 5. Jh.	Die Völkerwanderung zerschlägt die Machtstrukturen und die Kultur der Römischen Provinz an der französischen Mittelmeerküste. Vandalen, Burgunder, Ostgoten, Wisgoten und Franken besetzen nacheinander die Region, deren Sozialstruktur und politische Kultur zerfällt
7.–9. Jh.	Mangels einer starken Zentralgewalt ist die Küste regelmäßig Angriffen der Sarazenen ausgesetzt. Der Handel wird beschränkt, die Städte werden an unzugänglichen Orten gebaut und befestigt Generell erlebte die spätere Côte d'Azur in der Periode zwischen dem Ende des Römischen Reiches und dem 10./11. Jh. finstere Zeiten am Rande der Geschichte, von denen man nur wenig mehr weiß als die Tatsachen der Bedeutungslosigkeit und der Bedrohung
10. und 11. Jh.	Die Grafschaft Provence als Teil des Königreichs Burgund entwickelt sich zum Machtzentrum im südöstlichen Frankreich. 1023/34 wird sie Teil des «Reiches». Praktisch liegt jedoch die Macht in den Händen der sich allmählich herausbildenden städtischen Oligarchien. Langsamer historischer Wiederaufstieg
1246	Die Provence kommt an das Haus Anjou
1388 (def. 1419)	Die Grafschaft Nizza kommt zu Savoyen
1419	Monaco fällt den Grimaldi zu und erhält sich künftig unter wechselndem Protektorat seine Unabhängigkeit

Zeittafel

1486	Die Provence wird französisch. Über Jahrhunderte bleibt die Côte d'Azur geteilt in einen französischen Teil westlich des Var (u.a. Antibes, Cannes, Grasse usw.) und einen savoyardisch/piemontesischen um Nizza. Zahlreiche wechselseitige Kriege und Besetzungen infolge dieser Teilung
1706	Nach mehreren Besetzungen läßt Ludwig XIV. 1706 die militärisch entscheidende Festung Nizza schleifen, aber die Franzosen ziehen sich schließlich doch wieder über den Var zurück, und Nizza bleibt savoyardisch.
1789	Die Französische Revolution erreicht allmählich auch den französischen Süden. Das Fürstentum Monaco und die Grafschaft Nizza kommen zu Frankreich. Es folgen Reformen, vor allem des Verwaltungs- und Unterrichtssystems
1814/15	Nach der definitiven Niederlage Napoleons werden die vorrevolutionären Verhältnisse wiederhergestellt. Nizza wieder savoyardisch
1860	Die Grafschaft Nizza kommt auf friedlichem Weg an Frankreich. Monaco verliert Menton und Roquebrune, aber der Rest bleibt unabhängig unter französischem Protektorat (Zollunion)
2. Hälfte 19. Jh.	Die Côte d'Azur wird zum bevorzugten Winterquartier des europäischen Adels und der europäischen Bourgeoisie. Beispielloser Aufstieg als Ferienregion. Eisenbahnbau
1914	Mit dem Ersten Weltkrieg geht der die Côte d'Azur prägende Lebensstil der Belle Epoque zu Ende
Zwischen den Weltkriegen	Der alles bestimmende Tourismus ändert allmählich seinen Charakter: Sommer- statt Wintertourismus; Kurzurlaub statt Saisonurlaub; Massentourismus
1942–1944	Im Zweiten Weltkrieg nach der italienischen zwei Jahre deutsche Besetzung. Befreiung durch alliierte Truppen

Mini-Sprachführer: Wichtige Wörter und Wendungen

Deutsch-Französisch

Im Alltag

ja, nein	oui, non
Guten Tag	Bonjour (Madame, Mademoiselle, Monsieur)
Auf Wiedersehen	Au revoir
bitte	s'il vous plaît
danke (sehr)	merci (beaucoup)
Entschuldigen Sie	pardon
Ich verstehe nicht	Je ne comprends pas
Sprechen Sie Deutsch?	Parlez-vous allemand?
wann	quand
Um wieviel Uhr?	A quelle heure?
heute	aujourd'hui
gestern	hier
morgen	demain
am Morgen	le matin
am Mittag	à midi
am Nachmittag	l'après-midi
am Abend	le soir
wo ist?	où est?
Kann man besichtigen?	Peut-on visiter?
Schlüssel	clé
Licht	lumière, minuterie
Kirchendiener	sacristain
Führer	guide
Aufsichtsperson, Portier	gardien, concierge
geöffnet	ouvert
geschlossen	fermé
Eingang	entrée

Sprachführer

Ausgang	sortie
kein Eingang	entrée interdite
Man wende sich an…	s'adresser à…
warten	attendre
Treppe	escalier
Flur	couloir
rechts, links	à droite, à gauche
hinten	au fond
Norden, Süden	nord, sud
Osten, Westen	est, ouest
Wie geht es Ihnen?	Comment allez-vous?
(das ist) alles	(c'est) tout
groß, klein	grand, petit
Preis	prix
(zu) teuer	(trop) cher
viel, (ein) wenig	beaucoup, (un) peu
wieviel kostet…?	Quel est le prix de…?
mehr, weniger	plus, moins
Scheck	chèque
Bargeld	espèce
Bank, Sparkasse	banque, caisse d'épargne
Wechselstube	change

Auf der Post

Ansichtskarte	carte postale
Brief	lettre
Briefmarke	timbre(-poste)
Briefkasten	boîte aux lettres
Paket	colis
Post	poste (P.T.T. oder P.e.T.)
postlagernd	poste restante
Telefon	téléphone
Telegramm	télégramme

Sprachführer

Französisch-Deutsch

Unterwegs

abbaye	Abtei
aéroport	Flughafen
alpage	Alm
vers, après	nach, hinter
arrondissement	Stadtbezirk
art	Kunst
attention	Achtung, Vorsicht
autel	Altar
belvédère	Aussichtspunkt
bois, forêt (domaniale)	Gehölz, Wald, Forst
camp militaire	militärisches Gebiet
carrefour	Straßenkreuzung
cascade, saut	Wasserfall
ceinture	Sicherheitsgurt
centre ville	Stadtzentrum
chalet	(Berg-)Hütte
chantier, travaux	Baustelle, -arbeiten
chartreuse	Kartause
château	Schloß, Burg
chaumes	Stoppelfeld
cloître	Kreuzgang
côte	Berghang, Anhöhe
cours	Allee, Hof
danger (de mort)	Gefahr (Lebens-)
dangereux	gefährlich
défilé, gorge	Engpaß, Schlucht
départ	Abfahrt, Ausgangspunkt
direction	Richtung, Leitung
douane	Zoll
donjon	Bergfried, Wohnturm
église, chapelle	Kirche, Kapelle

Sprachführer

étang, lac	Teich, Weiher, See
exposition (temporaire)	Ausstellung (Wechsel-)
ferme	Gehöft, Bauernhof
ferme-auberge	Bauernhof mit Gaststätte
feux de signalisation	Lichtsignale
feux tricolores	Verkehrsampeln
fontaine	Brunnen, Quelle
garage	Ausweichstelle, Garage Werkstatt
gare (-routière)	Bahnhof (Busbahnhof)
gasoil	Diesel
gravillons	Rollsplit
hôpital	Krankenhaus
hôtel	Hotel, Stadtpalais
hôtel de ville	Rathaus
impasse	Sackgasse
jardin	Garten
limitation de vitesse	Geschwindigkeitsbeschränkung
maison (forestière, M.F.)	Haus (Forst-)
marais, marécage	Sumpf, Moor, Bruch
marché	Markt
mairie	Bürgermeisteramt
monastère, couvent	Kloster
mont, montagne	Berg, Gebirge
musée	Museum
passage interdit	keine Durchfahrt
passage protégé	Vorfahrtsstraße
place	Platz
plage	(Bade-)Strand
plaine	Ebene
point de vue	Aussichtspunkt
pont	Brücke
port	Hafen
porte	Tor, Türe
priorité (à droite)	Vorfahrt (von rechts)

puits	Brunnen
quartier	Stadtviertel
ralentir, ralentissez	langsam fahren
refuge	Schutzhütte
rempart	Stadtmauer, Wall
retable	Altaraufsatz
rivière	Fluß
roc, rocher	Fels, Felsen
route, rue	Strecke, Straße
route barrée	Straße gesperrt
saut	Wasserfall
sens unique	Einbahnstraße
sentier	Weg, Pfad
serrez à droite	rechts fahren
sommet	Gipfel
source	Quelle
son et lumière	Ton- und Lichtschau
stalles	Chorgestühl
table d'orientation	Orientierungstafel
toutes directions	alle Richtungen
train	Zug
travaux	Bauarbeiten, -stelle
trésor	Kirchenschatz, Schatzkammer
val, vallée, vallon	Tal
ville, village	Stadt, Dorf
virage	Kurve
voie unique	Einbahnstraße

Literaturhinweise

Diese Bücherliste kann nicht mehr sein als eine kleine Auswahl aus der Fülle der bei Erscheinen dieses Führers lieferbaren deutschsprachigen Titel über Frankreich und die Côte d'Azur. Darüber hinaus führt jede Buchhandlung und jede Bibliothek zahllose ältere und neuere Werke auch aus dem Bereich der Belletristik. Französischsprachige Titel kauft man aus einem reichhaltigen Angebot regional bezogener Literatur am besten vor Ort.

Baier, Lothar: Firma Frankreich. Eine Betriebsbesichtigung (Wagenbach, Berlin)
Bertier de Sauvigny, Guillaume A. de: Geschichte der Franzosen (Hoffmann & Campe, Hamburg)
Butz, Rudolf W.: Die Tenda-Linie. Wiederaufbau einer berühmten Alpenbahn (Orell Füssli, Zürich)
Der Frankreich-Brockhaus. Frankreich von A bis Z (Brockhaus, Wiesbaden)
Gallo, Max: Die Engelsbucht (Fischer, Frankfurt)
Haensch, Günter und Paul Fischer: Kleines Frankreich-Lexikon (Beck, München)
Hänsch, Klaus: Frankreich. Eine Länderkunde (Hoffmann & Campe, Hamburg)
Hartmann, Moritz: Tagebuch einer Reise durch Languedoc und Provence (Societätsverlag, Frankfurt)
Koeppen, Wolfgang: Reisen nach Frankreich (Suhrkamp-TB 530)
Legler, Rolf: Côte d'Azur. Frankreichs Mittelmeerküste von Marseille bis Menton (DuMont, Köln)
Lyall, Archibald: Midi. Ein Führer durch Frankreich am Mittelmeer (Prestel, München)
Müller-Marein, Josef und Catherine Krahmer: 25mal Frankreich (Piper, München)
Sieburg, Friedrich: Gott in Frankreich? (Societäts-Verlag, Frankfurt)
Weis, Erich und Heinrich Mattutat: Globalwörterbuch Französisch-Deutsch/Deutsch-Französisch (Klett, Stuttgart)

Informationen und praktische Tips von A bis Z

Anreise

Mit dem Auto: Man braucht neben dem Führerschein die Zulassungspapiere und ein Nationalitätenkennzeichen. Die grüne Versicherungskarte kann nützlich sein, ebenso ein vorgedrucktes Unfallprotokoll Ihrer Versicherung. Die Polizei kommt nur bei Unfällen mit Personenschäden.

Anreiserouten: Generell gilt, daß man, aus dem Norden kommend, entweder um die Alpen herum durch das Rhonetal reisen kann oder einen der großen Alpenpässe nach Italien überqueren muß. Zeitlich und finanziell dürfte das meist auf das gleiche hinauslaufen: Die Fahrt durch das Rhonetal (Anreise aus der Schweiz über Genf, aus der Bundesrepublik Deutschland über Müllheim – Belfort – Besançon) verläuft durchgehend auf – gebührenpflichtigen – Autobahnen und ist etwas weiter, aber auch ereignisloser und bequemer als die Routen über den St. Bernhard, den San Bernardino, den Gotthard-Tunnel oder gar den Brenner. Die Pässe und Tunnels sind meist ebenfalls gebührenpflichtig, ebenso wie die italienischen Autobahnen. Wer sich ein wenig Zeit nehmen kann, sollte sich das kurvige Vergnügen der Anreise über die «Route Napoléon» durch die Südalpen gönnen (Grenoble – Cannes).

Mit der Bahn: Die Reiserouten verlaufen im Prinzip ebenso. Es gibt ganzjährig durchgehende Züge über die Strecke Straßburg – Lyon – Marseille – Nice, über die Strecke Genf – Lyon – Nice sowie über den Gotthard nach Mailand, Genua und Ventimiglia. Es empfiehlt sich, Plätze im Liege- oder Schlafwagen zu reservieren. Wöchentlich Autoreisezüge nach Fréjus/St-Raphaël. Im Sommer kann man von Genf aus über Grenoble und Digne mit dem Zug quer durch die Alpen nach Nizza fahren – langsam, aber landschaftlich überaus beeindruckend. (S. 203).

Informationen und praktische Tips

Mit dem Flugzeug: Landung immer auf dem Flughafen Nice-Côte d'Azur, wo man auch Mietwagen bekommen kann. Flugzeit von Frankfurt am Main zirka anderthalb Stunden. Erkundigen Sie sich nach Sondertarifen.

Ärzte, Apotheken und Krankenhäuser

Das Netz — auch der Fachärzte — ist dicht. Adressen im gelben Anhang der Telefonbücher. Will man vorsichtig sein, so sollte man sich vor Reiseantritt von der Krankenkasse des Herkunftslandes einen Anspruchsausweis geben lassen (Blatt E 111) oder eine Auslandsversicherung auf Zeit abschließen, die meist auch Rückführungskosten einschließt, die sonst nicht bezahlt werden. Ohne Anspruchsausweis muß man zunächst zahlen und bekommt die Kosten dann später von der Versicherung mehr oder minder vollständig erstattet.

Apotheken sind am grünen Kreuz auf weißem Grund zu erkennen.

Auskünfte

Französische Fremdenverkehrsämter im deutschsprachigen Ausland:
Kaiserstraße 12, D-6000 Frankfurt am Main 1,
  Tel. (069) 75 20 29 und 75 20 20
Berliner Allee 26, D-4000 Düsseldorf,
  Tel. (0211) 32 85 64
Bahnhofstraße 16, CH-8000 Zürich,
  Tel. (01) 211 30 85
Rue Thalberg 2, CH-1201 Genève,
  Tel. (022) 32 86 10
Landstraßner Hauptstraße 2, A-1030 Wien,
  Tel. (0222) 75 70 62
Monegassisches Fremdenverkehrsamt
Fürstentum Monaco — Staatliche Zentrale für Tourismus und Kongresse, Mainzer Landstraße 174, D-6000 Frankfurt am Main,
  Tel. (069) 73 05 39
An der Côte d'Azur gibt es in praktisch jedem Ort, auch dem kleinsten, unter der Bezeichnung Office du Tourisme oder Syndicat d'Initiative lokale Fremdenverkehrsbüros, die alle üblichen Informa-

Informationen und praktische Tips

tionen zur Verfügung stellen. Sie vermitteln auch die Adressen von einheitlich klassifizierten Hotels und von Agenturen, die Ferienwohnungen vermieten, fungieren jedoch nicht selbst als Agentur. Für Informationen über die ganze Côte d'Azur wendet man sich an:
Accueil de France, avenue Thiers, F-06000 Nice,
 Tel. 93 87 07 07 und
Accueil de France, SNCF, B. P. 262, F-06401 Cannes,
 Tel. 93 99 19 77

Ausrüstung
Je nach Vorhaben und Sportart. Im Prinzip bekommt man alles vor Ort, wenn man etwas Wichtiges vergessen hat. Gute Dienste leistet ein Feldstecher. Wer mit dem Auto reist, sollte eine Decke mitnehmen für das Picknick oder den Mittagschlaf im Grünen.

Autofahren
Höchstgeschwindigkeiten: innerorts 60 km/h, auf Landstraßen 90 km/h, auf Autobahnen 130 km/h. Sicherheitsgurte auf den Vordersitzen obligatorisch. Bei Zweirädern, selbst bei Mofas, herrscht Helmzwang.

Man muß während des ganzen Jahres mit Staus rechnen. Bei Ausflügen geringe Durchschnittsgeschwindigkeiten kalkulieren, denn im Küstenbereich hindern die anderen Autos, im Hinterland die Berge am Fortkommen. Die Fahrweise wird häufig von Besuchern aus dem Norden als aggressiv empfunden, ist aber zugleich recht flexibel. Immer Parkplatzprobleme, manchmal trotz der kostenpflichtigen Parkhäuser. Die Benzinpreise sind etwa ein Drittel höher als die in der Bundesrepublik. In den größeren Städten findet man rund um die Uhr geöffnete Tankstellen. Das Netz an Tankstellen mit bleifreiem Benzin ist ausreichend, aber noch nicht allzu dicht. Wenn Sie gern Wertsachen offen im Auto liegen lassen, sollten Sie vielleicht woandershin fahren. Eine Diebstahlversicherung kann keinesfalls schaden. Spezielle Informationen für Autofahrer bei den Geschäftsstellen des ADAC und des AvD in der BRD, des ÖAMTC in Österreich sowie des TCS und des ACS in der Schweiz.

Informationen und praktische Tips 324

Autovermietung
Problemlos in allen Preisklassen. Vermittlung über die Luftverkehrsgesellschaften, die Bahn (SNCF), Reisebüros und direkt bei den großen Gesellschaften.

Baden
Westlich von Nizza bis Cannes meist Kiesel- oder Sandstrand, östlich meist felsige Buchten. Die Straße und die Eisenbahn sind meist recht nahe, ebenso das Handtuch des Nachbarn. Überwiegend kostenlos, aber es gibt auch Privatstrände, zu denen man Zutritt bekommt, indem man Matratze und Sonnenschirm mietet. Dort kann man meist auch essen, trinken, Sport treiben, Boote mieten, Wasserski fahren und anderen lärmenden Unsinn anstellen. Preise und Niveau sehr unterschiedlich.

Banken
Die Banken sind meist Montag bis Freitag von 9 bis 12 und von 14 bis 16 Uhr geöffnet. Reise- und Euroschecks können nur mit Paß oder Personalausweis eingelöst werden. Es gibt auch Geldinstitute, die samstags geöffnet haben, spezielle Wechselstuben in den größeren Städten selbst zu unorthodoxen Zeiten. Ultima ratio: die Spielcasinos, wo man fast immer tauschen kann. Die üblichen Kreditkarten sind verbreitet.

Boote
Alles, was man möchte, vom Surfbrett und Tretboot bis zur Jacht mit Besatzung. Auskünfte bekommt man entweder bei den Fremdenverkehrsämtern der Hafenstädte oder bei den dortigen Clubs nautiques. Vermietung meist auch über private Agenturen.
Es gibt auch Segelschulen, die Kurse zum Erwerb von Segelscheinen anbieten.
Generell ist Wassersport relativ ungefährdet möglich. Vorsicht jedoch bei starken ablandigen Winden.
Wildwasser- und Kanufahrten auf den Flüssen des Hinterlandes nur für Geübte.

Botschaften

der Bundesrepublik Deutschland in Paris
  13–15, av. Franklin D. Roosevelt (VIII), Tel. 43 59 33 51
der Bundesrepublik Österreich in Paris
  6, rue Fabert (VII), Tel. 45 55 95 66
der Schweiz in Paris
  142, rue de Grenelle (VII), Tel. 45 50 34 46
Frankreichs in der Bundesrepublik Deutschland
  Kapellenstraße 1a, D-53 Bonn 1, Tel. (0228) 36 20 31
Frankreichs in Österreich
  Technikerstraße 2, A-1010 Wien, Tel. (222) 65 47 47
Frankreichs in der Schweiz
  Schoßhaldenstraße 46, CH-3000 Bern, Tel. (031) 43 24 24

Camping

Es gibt über 4000 Campingplätze in der Region. Sie sind außerhalb der Saison häufig geschlossen, im Sommer in Küstennähe ebenso häufig überfüllt. Rechtzeitig reservieren. Die Campingplätze sind offiziell in vier Kategorien eingeteilt. Wild zu campen ist untersagt und wegen der Waldbrandgefahr auch meist gefährlich. Auskünfte über die einschlägigen Führer bzw. bei
— ADAC, Am Westpark 8, D-8000 München 70, Tel. (089) 76 76 70
— Deutscher Camping-Club, Mandlstraße 28, D-8000 München 40
— Touring Club de France, 6–8, rue Firmin-Gillot, F-75736 Paris-Cedex 15, Tel. (1) 42 65 90 70

Devisen
Siehe Geld

Diplomatische Vertretungen
Siehe Botschaften

Ein- und Ausreiseformalitäten
Paß — nicht länger als fünf Jahre abgelaufen — oder Personalausweis bzw. Identitätskarte. Kinder unter 16 Jahren brauchen einen Kinder-

ausweis oder müssen im Paß der Eltern eingetragen sein. Aufenthalt bis zu drei Monaten ohne formelle Aufenthaltserlaubnis (Carte de séjour). Haustiere: Tollwutimpfung obligatorisch.

Einkaufen und Spezialitäten

Öffnungszeiten der Läden sehr uneinheitlich, meist von ca. 8.30 bis 12.30 und 16.00 bis 19.00 Uhr. Lebensmittelgeschäfte öffnen viel früher und haben auch am Sonntagmorgen geöffnet, bleiben dann aber meist montags geschlossen. Supermärkte haben über Mittag geöffnet, häufig auch mehrere Wochentage bis 22.00 Uhr. Grundregel: Lebensmittel bekommt man fast immer, nur am Sonntagnachmittag mit Schwierigkeiten; beim Einkauf von anderen Artikeln in kleineren Läden muß man die lange Mittagspause einkalkulieren.

Beliebte Mitbringsel sind zum Beispiel Seifen, Lavendel in Wäschebeutelchen, Essenzen und Parfüms aus Grasse, Keramik aus Moustiers-Ste-Marie, Glas aus Biot, Santons, Olivenöl und Schnitzereien aus Olivenholz. All das gibt es in guter Qualität, aber auch geruch- und geschmacklos.

Generell kann man an der Côte d'Azur sehr gut einkaufen, aber gewiß nicht billiger als in Paris, Zürich, Wien oder Frankfurt.

Elektrizität

220 Volt. Manche mitgebrachten Geräte passen nicht in die älteren Steckdosen. In Elektrogeschäften gibt es Adapter. Glühlampen haben häufig Bajonettfassung.

Essen und Trinken

Siehe «Bouillabaisse und Estocaficada: Essen und Trinken», S. 108

Fahrräder

An größeren Bahnhöfen und bei privaten Vermietern kann man gegen Kaution Fahrräder mieten. Deren Qualität reicht selten für genußreiche Touren ins bergige Hinterland aus. Wer sportlich radfahren möchte, sollte sich sein eigenes Rad mitbringen. Ein gutes Rennrad ist schwerer zu leihen als ein Auto oder Mofa.

Informationen und praktische Tips

Feiertage
1. Januar, Ostermontag, 1. Mai, Christi Himmelfahrt, Pfingstmontag, 14. Juli (Nationalfeiertag), 15. August (Mariä Himmelfahrt), 1. November (Allerheiligen), 11. November (Waffenstillstand 1918), 25. Dezember.

Feste
Siehe «Feste feiern und Festivals zelebrieren», S. 122

Flugverkehr
Neben dem Flughafen «Nice-Côte d'Azur», dem zweitgrößten in Frankreich, gibt es für kleine Flugzeuge den von Cannes-Mandelieu. Vom Flughafen Nizza aus gibt es einen Hubschrauber-Pendeldienst nach Monaco und die Möglichkeit, Hubschrauber zu mieten.

FKK
Wird meist toleriert, ist aber eher unüblich. Verbreitet ist hingegen der Mini-«Monokini», das Sonnenbad «oben ohne». Große FKK-Terrains stehen auf den Inseln von Hyères zur Verfügung.

Fotografieren
Mit den üblichen Einschränkungen (Gottesdienste, militärische Anlagen) ist Fotografieren praktisch überall erlaubt. Fotomaterial und Fotoarbeiten sind etwas teurer als in den deutschsprachigen Ländern. Preisvergleiche vor Ort lohnen sich.

Geld
(s. a. Banken)
Einfuhr von Francs und Devisen ist in unbegrenzter Höhe erlaubt, Ausfuhr von Francs und Devisen auf 5000 FF. beschränkt.
Der Franc ist in 100 Centimes unterteilt. Es gibt Münzen im Wert von 5, 10, 20 Centimes sowie ½, 1, 2, 5 und 10 Franc; außerdem sind Scheine zu 10, 20, 50, 100, 200 und 500 Franc im Umlauf. Für Ausländer irritierend ist die Tatsache, daß die meisten Franzosen für größere Summen ab ca. 10000 Franc nach wie vor in alten Francs rech-

nen. Das geht dann rasch in die Millionen. Da hilft nichts: Sie müssen rückfragen, wenn Ihnen die Summe absurd hoch erscheint.

Gesundheit
Siehe Ärzte, Apotheken, Krankenhäuser

Hotels
Es gibt etwa 100 000 Hotelbetten in der Region. Sie sind allenfalls in der Hauptsaison und während des Grand Prix in Monaco oder während der Filmfestspiele in Cannes ausverkauft. Auf den Fremdenverkehrsämtern bekommt man Hotellisten mit Preisen und Informationen über die Kategorien. Dort werden fünf Kategorien unterschieden:
****L: Luxushotel der Spitzenklasse
****: Luxushotel
***: Sehr komfortables Hotel
**: Hotel mit gutem Konfort
*: Hotel mit mittlerem Konfort

Generell sind Hotels in Frankreich etwas billiger als im angrenzenden Ausland. Für die Luxushotels, an denen die Côte d'Azur außergewöhnlich reich ist, gilt das freilich nicht.

Die meisten Zimmer sind immer noch mit «grand lit», und da man das Zimmer zahlt, nicht die Zahl der Betten, reisen zwei Personen erheblich billiger. Der (rote) Guide Michelin, der Guide Kléber und der Guide Gault & Millaut informieren auch über Hotels.

Information
Siehe Auskünfte, Botschaften

Jugendherbergen
Gibt es unter anderem in der Nähe von Cannes, von Fréjus, von Menton, in Nizza. Man braucht einen deutschen oder internationalen Jugendherbergsausweis. Auskünfte:
Deutsches Jugendherbergswerk
  Bülowstraße 26, Postfach 220, D-4930 Detmold 1,
  Tel. (05231) 74010

Informations und praktische Tips

Fédération Unie des Auberges de Jeunesse
  6, rue Mesnil, F-75116 Paris, Tel. (1) 45 05 13 14

Kleidung
Von speziellen Anlässen abgesehen wenig formell. Schick ist wichtiger als Förmlichkeit. Manches, was weiter im Norden als «zu gewagt» gilt, wirkt in der Ferienatmosphäre der «Côte» eher brav. Wer im Hinterland wandern will, sollte entsprechende Schuhe und einen Regenschutz einpacken. Im Winterhalbjahr empfiehlt es sich, warme Kleidung für den Abend mitzunehmen, denn es kühlt abends empfindlich ab, und es wird weniger geheizt als in kälteren Regionen.

Landkarten
Für normale touristische Bedürfnisse reicht die Michelin-Karte Nr. 196 im Maßstab 1:100 000 aus. Hochgebirgswanderer werden auf Spezialkarten der Editions Didier & Richard oder Paschetta zurückgreifen. Für Hochgebirgstouren gibt es Spezialführer.

Märkte
Die Märkte spielen in der alltäglichen Versorgung und der Infrastruktur der Städte und Stadtviertel noch eine große Rolle. Meist ist täglich Markt, auch am Sonntag, während montags in der Regel nur wenige Stände geöffnet haben.

Mahlzeiten
Das Frühstück ist meist bescheiden, beschränkt sich auf Kaffee/Tee, Baguette, Croissant sowie ein wenig Butter, Marmelade und Honig. Mittags und abends essen die Franzosen «warm», meist ein dreigängiges Menü. Wenn man ein Restaurant besucht, wird im allgemeinen damit gerechnet, daß der Gast ein mehr oder minder «komplettes» Menü bestellt, nicht etwa «nur» eine Vorspeise. Für solche Bedürfnisse haben sich immer mehr «Snacks» etabliert. Rechnungen werden im allgemeinen pro Tisch ausgestellt, nicht pro Gast. Über bemerkenswerte Restaurants geben unter anderem der (rote) Guide Michelin, der Guide Kléber und der Guide Gault & Millaut Auskunft.

Informationen und praktische Tips

Museen
Die Öffnungszeiten der Museen sind oft eine Quelle des Ärgers. Will man wirklich sichergehen, sollte man vorher anrufen, besonders bei Museen wie der «Chapelle du Rosaire» von Matisse, die zugleich sakrale Funktionen haben. Ansonsten gilt die Faustregel, daß die Museen zwischen 12.00 oder 12.30 und 14.00 auf jeden Fall, nach 17.00 Uhr meist geschlossen sind. Die staatlichen Museen haben überwiegend am Dienstag zu, die anderen am Montag. Mittwoch bis Sonntag von 9.00 bis 12.00 und von 14.00 bis 17.00 Uhr ist die Chance recht gut, offene Türen zu finden. Häufig unterscheiden sich die Öffnungszeiten im Sommer- und Winterhalbjahr.

Nachtleben
Abends ißt man, dann flaniert man, setzt sich noch in ein Straßencafé — wer mehr will, muß sich auf eine lange und teure Nacht einrichten. Diskotheken sind teuer, der Betrieb beginnt selten wirklich vor Mitternacht und endet selten vor dem Morgengrauen. Klassische Revuen werden — außer in Monaco — kaum mehr vorgeführt. Hard-Core-Nachtleben findet sich kaum, keine Eros-Center, keine Peep-Shows, wenig organisierte Prostitution.

Notrufe
Notrufnummern sind einheitlich an der ganzen Küste: Polizei 17, Feuerwehr 18, ärztlicher Notdienst 93 92 55 55.

Öffnungszeiten
Siehe Einkaufen, Museen, Post

Paßvorschriften
Siehe Ein- und Ausreiseformalitäten

Post
Die Bureaux de poste (PTT) sind werktags von 8 bis 12 und von 14 bis 18.30 sowie samstags von 8 bis 12 Uhr offen. Briefmarken gibt es auch in Tabakläden und Bars.

Informationen und praktische Tips

Da sich die Portosätze häufig ändern, ist es ratsam, sich im Postbüro nach den aktuellen Tarifen zu erkundigen.

Sport
Siehe Baden, Boote, Fahrräder, Wandern und Skifahren und «Sport und Spiele», S. 133

Sprache
Selbst geringe Kenntnisse der französischen Sprache können das Urlaubsvergnügen schon erheblich erhöhen. Sie können als Deutschsprachiger — außer an Flughäfen, in Luxushotels usw. — nicht damit rechnen, ohne Schwierigkeiten verstanden zu werden. Englische Sprachkenntnisse sind recht verbreitet, freilich ist die Aussprache im allgemeinen eigenwillig.

Telefon
Orts- und Ferngespräche kann man von allen Postämtern und Telefonzellen aus führen. Die Automaten akzeptieren ½-, 1-, 2- und 5-Franc-Stücke. Vielerorts gibt es nur noch Automaten, die für Telefonkarten eingerichtet sind; man bekommt sie zwar meist in der Nähe, nicht immer jedoch mit dem gewünschten Gebührenvolumen. Der Auskunftsservice (überall unter der Nummer 12) läuft nicht immer reibungslos, dafür bietet aber das «Minitel-System» (die sehr verbreitete französische Variante von Bildschirmtext) kostenlosen Zugriff auf alle französischen Rufnummern.
Telefonieren von der Bundesrepublik Deutschland, von Österreich und der Schweiz nach Frankreich:
Zuerst die Auslandsvorwahl 00, dann die 33 für Frankreich, dann die achtstellige Rufnummer des gewünschten Teilnehmers.
Bestandteil der französischen Nummer ist die Vorwahl des Départements, also 93 im Falle der Alpes-Maritimes, 94 im Falle des Départements Var.
In Frankreich von einen Département zum anderen:
Man muß nur die Rufnummer des gewünschten Teilnehmers (acht Ziffern) wählen.

In Frankreich nach Paris:
Erst die 16 wählen, dann die 1, dann die 8 Ziffern. Falls Sie eine siebenstellige Nummer anrufen wollen, ergänzen Sie bitte eine 4 am Anfang.
Von Paris in andere französische Départements:
Erst die 16 und dann die Rufnummer.
Von Frankreich ins Ausland:
Erst die Vorwahl Ausland: 19. Akustisches Freizeichen abwarten.
Dann Vorwahl des Landes:
   BRD 49
   Österreich 43
   Schweiz 41
dann die Vorwahlnummer des jewiligen Ortes ohne Null und die Teilnehmernummer.

Toiletten und Duschen
Die unbequemen Steh-Toiletten verschwinden allmählich, nicht aber das braune, glatte Toilettenpapier.
Öffentliche Duschen an vielen Stränden.

Trinkgeld
Ist in Hotels, Restaurants, Cafés normalerweise im Preis inbegriffen. Dennoch wird, wer zufrieden war, den Rechnungsbetrag nach oben abrunden — bis zu zirka zehn Prozent der Rechnungssumme. Auch Friseure, Taxifahrer, Gepäckträger usw. erwarten Trinkgeld.

Trinkwasser
Das Wasser ist immer einwandfrei, wenn auch geschmacklich von unterschiedlicher Qualität. Wo es aus den Seealpen herangeführt wird, schmeckt es ausgezeichnet. Es ist üblich, zum Essen eine Karaffe meist eisgekühlten Wassers zu bestellen.

Umwelt
Auch wenn viele Franzosen die ihr Land bedrängenden Umweltprobleme nicht wahrhaben wollen — es gibt sie, und zwar nicht zu

knapp. Die Côte d'Azur und ihr Hinterland sind vielleicht weniger betroffen als andere Regionen des Landes, dennoch hat unüberlegte Bautätigkeit so manches Landschafts- und Ortsbild beeinträchtigt oder gar zerstört. Die Verwendung von zuviel Chemikalien in etlichen Bereichen ist auch in Südfrankreich ein Problem; in manchen Gegenden — vor allem in den Städten — ist die Luft schlecht, der Regen sauer. Die Gewässer sind zum Teil verschmutzt, die Wälder krank, die Tierwelt ist dezimiert und geschädigt. Der einzelne Tourist kann dagegen kaum etwas tun, aber er sollte sich der weltweiten Misere bewußt sein und als Gast ganz besonders darauf achten, daß er keine Schäden anrichtet. Lassen Sie bitte nach einem Picknick keine Abfälle liegen, zerstören Sie keine Vogelnester, reißen Sie keine geschützten Pflanzen ab, zünden Sie im Wald kein Feuer an.

Unterkunft
Siehe Camping, Hotels, Jugendherbergen

Wandern und Ski fahren
Es gibt ein großes Netz markierter Wanderwege. Die bekanntesten sind die GR (Sentiers de Grande Randonnée), hochalpine Fernwanderwege. Besonders der GR 5 und der GR 52 führen durch einige der schönsten Gebiete des Hinterlandes. Es gibt aber auch markierte Wege in Küstennähe (Balcon de la Côte d'Azur). Über Details informieren die Fremdenverkehrsämter sowie die im Handel erhältlichen Karten und Tourenführer.
Günstige Wanderzeiten sind für das hochalpine Hinterland das späte Frühjahr und der Herbst. Bis in den Juni hinein und ab November muß man in höheren Lagen mit Schnee rechnen. In Küstennähe ist das Sommerwetter wenig für große Wandertouren geeignet: Man muß mit großer Mittagshitze (Kopfbedeckung!) und mit Dunst rechnen. Auskünfte über Skistationen bei den Fremdenverkehrsämtern.

Zeitungen und Zeitschriften
Das Quasi-Monopol bei den regionalen Zeitungen hat der «Nice-Matin». Er ist unverzichtbar für aktuelle Veranstaltungshinweise und

stellt an den Leser weder sprachlich noch intellektuell höchste Anforderungen. Die nationale Presse ist überall erhältlich, deutschsprachige Zeitungen und Zeitschriften in allen größeren Orten. Außerhalb der Saison ist das Angebot reduziert.

Zoll

Aus EG-Ländern dürfen Waren bis zu einem Gesamtwert von 780 DM eingeführt werden, aus anderen Ländern bis zu einem Gesamtwert von 100 DM. Zudem sind kleinere Mengen Alkohol, Kaffee, Tee, Parfüm und Tabakwaren zollfrei, so etwa 4 Liter (EG) bzw. 2 Liter (andere Länder) Wein, 3 Liter (2 Liter) Schaumwein; 75 Gramm (50 Gramm) Parfüm; 300 Zigaretten (200 Zigaretten). Auskünfte bei den Zollämtern.

Register

Halbfett gesetzte Ziffern verweisen auf ausführliche Beschreibungen, kursiv gesetzte auf Abbildungen.

Agay 264
Aix-en-Provence 120, 121, 124, 173, 264, 285, 293
Aigebelle 269
Albert I. (Fürst von Monaco) 221
Alechinsky, Pierre 308
Algerien 65
Allos 205
Alpes-Maritimes 11, 56, 60, 120, 121, 204
Annot 204, 205
Anquetil, Jacques 190
Antibes **14,** 26, 51, 57, 79, 91, 112, 132, 165, 214, 224, 227, 234, *239, 245,* **238–240, 249–254,** 305, 310
   Cap d'Antibes 16, 30, 42, *82–83,* 132, 179, 239, 265
   Fort Carré 20, 238
   Picasso-Museum 22, 106, *251,* **249–253,** 285
Apollinaire, Guillaume 186, 237
Argens 272, 278
Arles 51, 52, 56, 124, 264, 265, 273, 274
Arp, Hans 308
Asse 205
Aspremont 179, **180–184**

Aubagne 124
Augustus 53, 58, 63, 212, 274
Auric, Georges 287
Auron 23, 79, 103

Bac, Fernand 229, 230
Baleison, Jean 100, 195
Bandol 120, 121
Baou de Saint-Jeannet 140, 299, 305
Barcolonette 16
Bardot, Brigitte 268
Bar-sur-Loup 102
Bashkirtseff, Marie 104
Beaulieu 137, 211, 212
Beckmann, Max 143, 150
Bellet 120
Belvédère 126
Bennett, Hubert 94
Bernhardt, Sarah 61, 219
Bernhard von Clairveaux 79
Bévéra 25, *88,* 190
Bicknell, Clarence 197
Biot 102, 106, **235–238,** 285
Blanc, François 216
Bondy, Walter 106
Bonnard, Paul 96, 105, 282
Boréon 203
Boumeester, Christine 209
Bouyon 102, 305

Braque, George 96, 105, 282, 286, 288, 308, 309
Brassaï 174
Braudel, Fernand 38
Braus (Col de) 192
Bréa, Antoine 100, 175
Bréa, François 100
Bréa, Louis 96, 100, 144, 174, 191, 195, 196, 235, 276, 296
Brec d'Utelle 189
Bréguières (Aire de) 263
Breil-sur-Roya 79, 126, 193
Breuer, Marcel 94, 288
Briançon 141
Brigue (La) 103, 194
Broc (Le) 45, 102, 305
Bronson 102
Brouis (Col de) 192
Buñuel, Luis 287

Cabanel, Alexandre 169
Cagne 26
Cagnes 57, 97, 105, 107, **232–235,** 285
Calder 308
Camois 285
Canavesio, Jean 100, 195, 196
Cannes 10, 12, 26, 29, 36, 38, 55, 61, 64, 65, 73, 79, 91, 94, 107, 108, 111, 112, 122, 128, 131–132, 137, 139, 143, 224, 231, 232, 238, 250, 257, **258–267,** *263,* 268, 269, 271, 292, 293
Capa, Robert 174

Cap d'Ail 16, 223
Cap Ferrat 15, 16, 31, 179, 180, *209–211*
  Villa Ephrussi de Rothschild 42, 209–211, 308
Cap Martin 16, 26, 179, 224
Cap de Nice 180
Carlone, Gian Andrea 233
Careï 227
Cartier-Bresson, Henri 174
Carros 69, 305
Cassis 120, 121
Castellar 230
Castillon 230
Cavour, Camillo 60
Calvino, Italo 194
Cäsar, Julius 212, 272
Casterino 200
Cella, André de la
Cendrars, Blaise 237
Cézanne 173, 285
Chagall, Marc 106, 170, **175–178,** 196, 234, 238, 285, 300, 304, 309
Chambéry 57
Cheiron (Gebirge) *245*
Clément, François A. 169
Cocteau, Jean 106, 207, 227, 228, 234, 253, 283, 287, 305
Colette, Sidonie-Gabrielle 38, 68, 268, 282
Collobrières 286
Cook, James 41
Coppi, Fausto 190
Corniches **206–213**

Register

Cotard-Dupré, Th. M. F. 169
Couelle, Jacques 94, 264
Coulomp 205
Coursegules *84*
Croix-Valmer (La)
Cuneo 24, 203

Daluis (Gorges de) 140
Degas, Edgar 164
Deneuve, Catherine 257
Derain, André 105, 282
Digne 103, 205
Dior, Christian 257
Dominguez, Oscar 287
van Dongen, Kees 105, 282
Dor de la Sochère 249
Draguignan 121
Durandi, Jacques 100, 144, 276
Dufy, Raoul 96, 105, 282
Dumas, Alexandre 264
Dunoyer de Segonzac, André Albert Marie 105, 282, 285

Eiffel, Gustave 211
Ellington, Duke 132
Eluard, Paul 237, 252
Entrevaux 204, 205
Ernst, Max 106
Escoffier, Auguste 119
Estérel-Gebirge 11 ff., 28, 29, 40, 42, 55, *82–83,* 182, 257, 263, 267, 269, 270, 278
Esteron 77
Eugénie (Kaiserin) 224
Eze *80,* 91, 182, 212

Falicon 184
Fenestre (Col de) 24
Fitzgerald, Ella 132
Fitzgerald, Scott 240
Flaubert, Gustave 229, 289
Fondation Maeght 94, 106, *247,* 285, **308–310**
Fondation Volti 209
Fontanalbe 200, 202
Forster, Lawrence 219
Fréjus 12, 53–54, 265, 267, *277,* **272–279**
Fragonard, Jean Honoré 95, 96, 168, 196, 295, 296

Gairault 182, 191
Galère, (La) 264
Gallarato, Joseph 135
Grade-Freinet (La) 281, 286
Garibaldi, Giuseppe 60
Garnier, Charles 211, 216, 219, 223
Garonette (La) 278
Gassin 286
Gattières 305
Gaude (La) 74, 94
de Gaulle, Charles 213
Genf 205
Genua 10, 35, 56, 60, 89, 214, 282
Giacometti, Alberto 287, 308
Gilette 45
Gilot, Françoise 252
Giens (Halbinsel) 287, 288
Giono, Jean 11

Giotto 195
Giscle 278
Godeau, Antoine 302
Goetz, Henri 209
Golfe de Cannes 29
Golfe-Juan 29
Gonzalves, Paul 132
Gorbio 230
Gordes 11
Gordolasque 203
Grasse 26, 34, 35, 50, 57, 60, 77, 79, 106, 124, 180, *247,* 275, 287, *296,* **292–299**
Grenoble 16, 205, 232
Gréolières 102, 294
Grimaldi (Fürsten von Monaco) 213
Grimaldi-Grotten 50, 226
Grimaud 286
Gourdon 299
Guérin, Nicolas
Guillaumes 126, 140

Hartung, Hans 209
Haut-Alpes 204
Haut-Gréolières 77
Haut-Pays **23**
Haute-Provence 11, 13, 173, 258
Hermant, André 177
Hodges, Johnny 132
Hofmannsthal, Hugo von 101
Honorat 55, 264, 265, 270, 302
Hyères 112, 267, 270, **286–290**

Isola 79
Isola 2000 23, 24
Issambres (Les) 269, 278

Jacob, Max 237
Jakovsky, Anatole 169
Jeanne, Königin 57
Josephine, Kaiserin 40
Juan-les-Pins 137, 253–254

Kandinsky, Vassily 308
Katherina von Medici 294
Kelly, Grace 221
Kerr, Alphonse 269
Klee, Paul 308
Korsika *84,* 152

Laghet 179, **184–187,** *185,* 188
Lam, Wifredo 308
Landon, Christian P. 168
Languedoc 31, 201
Lavandou (Le) 269, 270, 286, 288
Le Corbusier, Charles Eduard 236, 308
Léger, Fernand 106, **236–238,** 285, 308
Leopold II. (König von Belgien) 61, 308
Lerinische Inseln (Iles de Lérins) 55
Leiris, Michel 253
Leroux, Gaston 161
l'Escarène 28, 190, 192
Levant (Ile de) 289

Liégard, Stephen 9, 10, 120, 269
Lieuche 102
Ligurer 51
Lipchitz, Jacques 287
Loir, Luigi 169
Loup 26, 234, 299
Lovag, Anti 264
Lucéram *16*, 28, *87*, 102, 144, 190, 191, 258
Ludwig XIV. 59, 92, 148, 211, 212, 291
Ludwig (König von Bayern) 61
Lyon 37, 264

Madone d'Utelle (La) 188
Madone de Fenestre (La) 203
Maeght, Aimé und Marguerite 308
Mallet, Stevens 287
Mandelieu 263
Mann, Heinrich 62
Manosque 11
Man Ray 288
Marina Baie des Anges 18, 234
Marseille 10, 13, 31, 46, 51, 52, 56, 120
Masereel, Frans 106
Maupassant, Guy de 61, 257, 270
Maures, (Massiv de) 121, 267, 269, 270, 280, 281, 286
Maugham, Somerset 209
Matisse, Henri 9, 97, 105, 170, 173, 207, 227, 234, 256, 282, 285, **304–305**, 308

Maximin, Jacques 119
Meailles 204
Medecin, Jacques 119
Medecin, Jean 63
Menton 10, 12, 26, 30, 64, 65, 106, 122, 123, 125, 130, 136, 214, 218, **225–231**, *244*, 253, 267, 268, 305
Mercantour (Nationalpark) 47, 201
Merveilles (Tal und See) 95, 192, **196–203**, *199*
Mesches (See von) 199, 200, 201
Meyer-Gräfe, Julius 106
Mirò, Joan 97, 209, 308, 309
Modigliano, Amedeo 105, 234
Monaco 13, 33, 39, 50, 51, 52, 60, 61, 91, 94, 107, 124, 125, *127*, 128, 131, 136, 139, 206, 212, **213–224**, *217*, 221, 223, 224, 225, 238, *242/43*, 261, 268, 271
 Altstadt 220–221
 La Condamine 220, 222
 Fontvieille 30, 222, 223
 Botanischer Garten 41
 Fontvieille 30, *222,* 223
 Monte Carlo 73, 216, 219, 222
Monet, Claude 14ff., 19, 104
Monod, Eloi 235
Mont-Agel 30, 139
Mont-Bégo 50, 197, 199, 202, 203
Mont-Cima 179, 183
Mont-Chauve 140, 179, 183
Mont-Gélas 16

Mont-Grammont 230
Monti 230
Moreau, Jeanne 257
Mossa, Alexis 104
Mossa, Gustave-Adolphe 104
Mougins 139, 227, **256–259**
Moyen-Pays/Mittelland 18, **24**

Napoléon Bonaparte 21, 212, 229, 272, 291
Napoleon III. 41, 60, 161, 216
Napoule (La) 179, 263
Niermans, Eduard 145
Nietzsche, Friedrich 32, 148, 212
Nîmes 51, 52, 273, 24
Nizza 13, 25, 30, 31, 36, 42, 44, 51, 56–61, 64, 66, 73, 75, 79, 81, *82–83*, 89, *90*, 91, *93*, 111, 112, 114, 123, 124, 126, 128–130, 132, 135, 137, 141, **142–179**, *154*, 155, 156, 187, 191, 203–204, 205, 206, 214, 221, 224, 225, 227, 231, 232, 238, *241*, 263, 268, 269, 276, 283, 287, 295
 Altstadt 58, 70, 118, 150, **161–167**
 Cap de Nice 16, 180, 206
 Château **148–152**, *157*, 161
 Cimiez 52–54, 123, **170–178**, *177*, 272, 274
 Col de Nice 191
 Cours Saleya *66*, 148, *151*, **165–167**
 Engelsbucht 15, 46
 Flughafen 30, 46
 Hafen 152, 180
 Karneval 26, **128–130**
 Kirchen 163, 165, 166, 174, 175
 Lazaret (Grotte) 50
 Museen 178
 Museum Terra Amata **49–150**, 63
 Museum Archeologie 173
 Museum Masséna 103, **144**
 Museum Matisse 173, 285
 Museum Marc Chagall 105, **175–178**, 285
 Museum Jules Chéret 103, 105, **168–169**
 Museum Anatole Jakovsky 169
 Neustadt 150, **167–170**
 Promenade des Anglais 38, **142–148**, 149
 Villa Arson 107, 191
Nizzaer Schweiz 23

Onassis, Aristoteles 216
Orange 52, 273
Opio 45, 299

Paillon 25, 58, 150, 167, 175
Paschetta, Vincent 202
Paul III. 302
Peille 102, 221
Peillon 102, 221
Peira-Cava 190
Plan-du-Var 187

Picasso, Pablo 22, 95, 97, 98, *99*, 177, 196, 207, 209, 227, 237, 238, **249–258,** 285, 305
Pic du Cap Roux 264
Piemont 23
Poiriers, Anne und Patrick *251,* 253
Polanski, Roman 259
Pol Bury 308, 309
Porquerolles 289
Port-Cros 288, 289
Port-La Galère 94
Port-Grimaud 278
Pont du Gard 52, 53
Prévert, Jacques 252
Provence 10, 49, 51, 56, 57, 58, 201, 203, 214, 238, 272, 282, 293, 294, 299, 302
Puget, Pierre 291

Rainier III. (Fürst von Monaco) 213, 216, 218
Ramatuelle 286
Renoir, Jean 104, 169
Restefond-La Bonette (Col de) 24
Rezzori, Gregor von 270
Reyan 272, 278
Rhonetal 35, 57
Richelieu 302
Richier, Germaine 253
Riez 265
Riviera 68
Rodin, Auguste 148
Romains, Jules 184

Roquebillière 102
Roquebrune 91, 125, 214, 218, 224, 225
Roquette (La) 102
Roubion 102
Roure 102
Route Napoleon 299
Roya 25, 47, 79, 103, 191, 192, 201, 203
Rubens, Peter Paul 168, 188

Sablettes (Les) 269
Sachs, Gunter 283
Saint-Aygulf 278
Saint-Cyr 106
Sainte-Agnès 230
Sainte-Maxime 112, 269, 270, 278
Saint-Dalmas-de-Tende 194, 199
Saint-Etienne-de-Tinée 79, 125
Saint-Gilles 278
Saint-Honorat (Insel) 55, 63, **264–267,** 302
Saint-Jeannet 26, *158*
Saint-Jean-Cap Ferrat 105, 210
Saint-Jean-La Rivière 187
Saint-Lambert 308
Saint-Laurent-du-Var 232
Saint-Marguerite (Insel) 264
Saint-Martin-Vésubie 23, 126
Saint-Paul-de-Vence 91, 94, 96, 135, 182, *246, 248, 301,* 307
Saint-Romans-de-Bellet 184
Saint-Raphaël 12, 26, 37, 112, 267, 269, 270

Saint-Saëns, Camille 219
Saint-Sebastien 184
Saint-Tropez 13, 38, 91, 105, 112, 120, 123, 135, 267, 268, 271, 278, **279–286**
Saint-Veran 302
Sanary-sur-mer 106
Sand, George 212
Saorge 79, 91, 193, 221
San Peiré 278
Sarazenen 56, 91, 281, 302, 303
Savoyen 10, 57, 58–60, 165, 192, 207, 214, 238
Seealpen 34
Seillans 106
Senanque 266, 275
Sert, José Luis 94, 308
Seurat, George 105, 282
Siagne 26, 268, 274
Sigale 77
Signac, Paul 105, 282, 285
Sissy (Kaiserin von Österreich) 61, 224
Sisteron 114
Smollet, Tobias 48, 137
Sophie Antipolis 74
Sospel 102, 189, 192, 221, 230
Soutine, Chaim 234
Spoerry, François 279
Springer, Ferdinand 106
Suffren, Pierre André de 284
Sulzer, Johann Georg 59

Tal-Coat, Pierre 308, 309
Tanneron-Gebirge 40, 298

Tende 89, 126, 194, 221
Tende (Col de) 24
Théoule (La) 264
Thiers, Adolphe 61
Thoronet (Le) *78,* 79, 89, 275
Tinée 25, 187
Touët-sur-Var 204
Toulon 10, 13, 37, 120, 267, 268, 288, **290–291**
Tour (La) 102
Tourettes 183
Tourettes-Levens 184
Tourettes-sur-Loup 299
Trouillebert, Pierre D. 169
Tropes 280, 281
Tucholsky, Kurt 269
Turbie (La) 52, 184, 212
Turin 10, 57, 58, 89, 126, 136, 193, 295
Turini (Fôret de) 43, 190
Turini (Col de) 127

Ubac, Raoul 308, 309
Utelle 102, 188
Utrillo, Maurice 105

Vaire 205
Valberg 23
Valbonne 74
Val d'Esquières 278
Vallauris 97, 98, *99,* 107, 227, *246,* 250, **254–257**, 265, 305
Vallonet (Grotte von) 49
Valloton, Felix 234
Valmasque 198, 200, 202

Register

Valtrat 105, 285
Van Loo, Amédée 103, 168, 196
Van Loo, Carl 95, 96, 103, 168, 196
Van Loo, Louis Michel 103, 168, 196
Van Velde, Bram 308
Var 18, 25, 26, 47, 57, 69, 121, 182, 187, 221, 238, 305
Var (Departement) 268, 269
Vauban 21, 204, 291
Vasarély, Paul 94
Vergé, Roger 119
Vence *12,* 26, 34, 57, 105, 106, 256, *306,* **300–307**
Vence (Col de) 305

Ventimiglia 13, 41, 51, 230, 265
Verdon (Gorges de) 140, 205, 299
Vésubie 25, 60, 187
Via Aurelia 52, 53, 276, 277
Vialatte, Alexandre 11
Victoria (Königin von England) 61
Villefranche 106, 112, 180, **206–209**
Villeneuve 57
Villeneuve-Loubet 119
Vlaminck, Maurice de 105

Wallner, Jürgen 107

Ziem, Felix 169